生物學
學理解碼

HOW AND WHY
IS IT IN BIOLOGY

北一女中生物老師、師鐸獎得主
著──蔡任圃

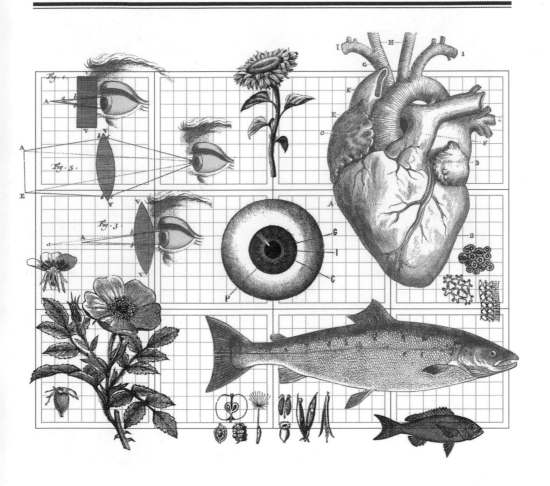

於不疑處有疑，方是進矣

北一女中蔡任圃老師今年預計出版著作，書名為《生物學學理解碼》，特別邀請本人寫推薦序。還沒看到書，我就毫不考慮地立即回應：「樂於效命、責無旁貸。」

臺灣師範大學生命科學系（原生物學系）有個傳統，老師對所有產品（畢業學生）都有信心，都有永遠「售後服務」的默契。何況，作者是我任教期間所屬研究室的「蟑螂家族成員」之一。從大學部開始他就樂於與蟑螂共舞，曾發表相關論文並獲得「生物學系專屬獎學金：繆端生教授論文獎學金」；在碩士班進修時，也曾獲得行政院科技部（原國科會）頒授的「研究生碩士論文獎」。依獎助辦法條文：「研究生碩士論文獎之得獎者，在博士班進修期間參與國科會研究計畫者，每月可獲得 28,000 元的獎助金。」可惜他因故放棄進修與獎助的權利，雖說替政府省了點經費，但是讓國家少了一位拔尖的學者。《禮記·學記篇》中有句名言：「善歌者，使人繼其聲；善教者，使人繼其志。」誠然，留給我「既不善歌，也不善教」的自怨自艾，多年後依然無法淡薄。

後來，聽說他從 100 多名應徵者中脫穎而出，受聘於臺北市立中山女子高級中學。我一度以為從此之後，他會自然而然地「與蟑螂絕緣」。大家都知道，他服務的高中是女校，由經驗與合理的推測，多數女學生一聽到或看到「蟑螂」兩個字，顏面神經會自然發麻，身上肌肉會突然僵硬。沒想到，數年後在學校的支助下，借到樓梯間養起蟑螂。更意外的是，居然有不少女學生跟著他「隨蟑螂起舞」，做起「以蟑螂為實驗動物」的研究。在每年舉辦的台北市科學展覽會場裡，以蟑螂為題材的論文屢屢出現於高中生物組，學生作品也常常獲獎，還多是特優獎項！俗話說「知音難求」，試圖祈求女生不恨蟑

螂則更難。他到底如何讓女學生克服恐懼，甚至對蟑螂的研究樂之不疲？如此翻轉，讓我既好奇，又佩服。「老天有眼」，祂看到了蔡老師的堅持與努力，辛苦成果沒有被埋沒。不久前他受評審青睞，成為教育部 106 年師鐸獎的獲獎人，的確實至名歸，受之無愧，與有榮焉。

　　我推薦的這本書，內容與蟑螂研究無關，而是作者累積多年的生物教學心得，內化成論點的分享。經過徐徐反覆閱讀，喜之，樂之，是以為序。

　　作者對於時下高中生物學的質疑、批判、求證，不是憑空想像，更不是個人天縱英明，而是用心地將多年教學中遭遇到的種種疑問本質，透過經驗、知識的推敲與相關文獻資料的研閱，進行有系統地挖掘、整理，以及有層次的分析，提出文獻的佐證，破除一些習以為常的迷失。進而豐富了生物科教學的內容，增強對生物學的了解與教學上的信心。

　　宋朝張載《經學理窟・義理篇》：「所以觀書者，釋己之疑，明己之未達。每見每知所益，則學進矣。於不疑處有疑，方是進矣。」本書就是針對高中生物學「無疑中懷疑，有疑中求證」的歷程，在博覽群論（相關書籍、期刊論文、文獻）、引經據典、加以批判、推斷，系統化整理成八大領域，以偵探口吻羅列成「案件主題、案情描述、偵查與破案、延伸案情、情資來源（參考資料）、結案結論」，有利循序閱讀與思考。

　　所有讀者不論是生物教師或對生物懷有高度興趣的學生，細讀本書之後，同感於書中蘊涵的「懷疑、求證」精神，在別人無疑之處提出疑問，加以不斷思考、尋找合理的解釋。只要能夠養成「博學、審問、慎思、明辨、篤行」的習慣，日久必有新的發現進而有所成長——這就是所謂「於不疑處有疑，方是進矣。」

臺灣師範大學退休教授、NGC《蟑螂 X 檔案》受訪者

林金盾　　2019 年 01 月 18 日

學生推薦（依姓氏筆畫排列）

登上艦長的小獵犬，展開生物偵查航程

　　首先，讚美一下這本書的內容，精要不花俏。再來便是稱讚寫書的艦長，雖然認識不久但能感受出他是位非常有理想和熱忱的人，這點能立即被本書的寫作動機所驗證。

　　以我的身分來談教育，或許對很多人而言，是毫無說服力的；我從來沒看過論述教育的書籍，對台灣教育的認知也只出自自己淺薄的經驗。但我相信，教育會給予也會剝奪：為了課業犧牲興趣，這是剝奪；同時它也賦予，讓受過基礎教育的我有能力消化更多資料，修正認知。但不論如何，我確實認為台灣的教育出現了相當程度的弊病。

　　這不是要否定整體教育。台灣教育體系中基本上仍有許多想法保留自傳統讀書、考試、高中的價值觀；這屬現象，不是壞事。讀書是努力磨練，考試是檢測學習效益，高中是對能力的肯定。真正的問題出在人心：我們把落榜的人當成笑話，獨尊少數職業，其餘職業則受到許多不平等的觀念。儘管這些現象時有改善，但總體而言，多數人仍受呆板錯誤的思想束縛，忘記學習的本質，以及不能用考試成績衡量一個人。儘管後者都快被大家說爛了，我們也未曾因為聽到耳朵長繭而走心——我覺得這才是問題所在。

　　面對教育的不足，（若個人在意）補全便是首要責任，其後才談改革。然而世上不可能存在完美體制，舉凡我們出生的地區、家庭的背景，多少會限制我們所能選擇的教育管道，我們的性格、特質也永遠都有與目前體系相斥的風險。教育改革的效果必然有限，不可能照顧所有的人、滿足全部的需求，要突破團體存在的限制並普及，絕非易事。

　　面對這類問題的時候，《生物學學理解碼》這類書籍的存在就變得很重要了。如艦長的自序所說，這本書確實不是科普書，它有一定的難度，但它能

補足我們認知的缺陷和錯誤。這本書很大的功能是，讓真正對生物學有興趣的人有系統地看見生物學更真實的面貌。相較之下，網路上的資料良莠不齊，經過艦長的整理，我相信這本書相當具有可信度。艦長是位既認真又謙虛的人，對追求科學事實充滿熱忱，相信書中內容是他翻閱大量資料，反覆求證得出的結果。

我想「閱讀、思考、質疑」大概就是這本書鼓勵的精神，然而就算信任艦長的能力，書中仍可能存在錯誤的知識。發現這些錯誤、求證這些問題，我想會是每位對生物學有興趣的讀者都能做到的事情，也是這本書希望能傳遞的精神——知識可能有誤，但如果擁有理性質疑的精神，必能尋求到更精準的答案。

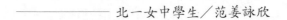

—————— 北一女中學生／范姜詠欣

我想推薦的不只是這本書，而是這半年來我從艦長的課堂與問答中的感受，以及我身處的教育環境所缺乏的精神——懷疑、打破沙鍋問到底，與艦長所說的：「認真搞懂一件小事。」

很幸運自己在北一女中，能接觸到許多身懷絕技的老師不滿足於課本所給的「標準答案」（有時甚至是錯誤答案）與模稜兩可不解釋，而提出更多補充甚至質疑。但這間學府的學子，包括我，常常「好讀書，不求甚解」，或者說不得不「不求甚解」。就算知道課本不一定是對的，但照著課本的說法考試絕對不會錯；老師補充了什麼，就奮筆疾書抄下來；就算好像有問題、好像哪裡不太懂、哪裡怪怪的，隨著「這好像不是重點」、「算了應該不重要」、「考試不會考」……就這麼抹殺了問題意識。到了做專題研究或聽演講必須提

問時，才發現自己根本不會「問問題」。

　　大多數同學如我，小時候應該都是好奇寶寶，但隨著國小、國中、高中，越來越多「科目」被歸類為「這是例外」、「沒有為什麼」，在從老師得到解答的期待一次次落空後，也就習慣不質疑、不「想太多」。生物曾經也是被我歸類為「沒有邏輯」的科目，它不像數學和物理，總有原因、定律、公式。好在自己也許圖像記憶較強，剛好「背」起來很多生物知識，而不至於討厭這門科目。

　　沒有「教師光環」的艦長在初次見面時這麼說，「我唯一不會騙你們的事就是，我一定會騙你們。」身為「好學生」而從來沒想過老師給的答案可能錯誤的我，在接下來的課堂中，看見一個「不完美」的人（我指的是沒有被神格化的、會和學生一起探討生物學的狂人）用盡全力帶我們接觸新的、我們不熟悉的領域，像要介紹我們一位他永遠覺得可以再熟悉一點的摯友般，一言一行都是對生物學的狂熱。艦長一直在示範一種學習的態度：對任何新事物充滿好奇；stay hungry stay foolish；在被問倒時感到興奮；主動深入研究與四處請教而終於懂得更多後充滿喜悅。我一直以為「終身學習」是不斷學新的東西，但在艦長身上我看到學習不只是廣泛接觸，更要精深精熟。

　　我想對於沒有上過艦長的課、沒有聽過、接觸過這個人的同學而言，這本書就是艦長學習態度的最佳體現。其實我和這個人也不太熟，不清楚能不能用「十年磨一劍」來形容，我只知道這本書是艦長在教學現場累積的成果，是他一直努力在做的事情的濃縮精華版。對於像我這樣的學生而言，艦長示範了十足認真去了解一件事情，並做到「過度認真」的地步。比方說他最近在蒐集單眼與雙眼分別能多久不眨眼的數據，或是他很認真地探究每個學生所提出的和他自己碰到的問題，甚至為此寫了書。

　　我很感激學習路上許多老師的努力，也因為這本書讓我知道，即使是老師也有許多教學上遇到的難題與困境。希望這本書的出版能讓更多老師不再以滿滿的無奈「飼育」學生，並讓更多學生盡情探索、盡情「答錯」，爾後興

奮地走上研究與學習之路。

　　這真的是本很硬的書，但我不覺得讀來有負擔。因為我知道我並不是要「盡信書」或是準備考試，而是上一堂嚴謹求證並享受學習樂趣的課。

──────── 北一女中學生／張雅歌

　　這本書不追尋媚俗的大眾喜好，它只求知音。

　　如果你，想窺探生物學完整正確的學理；如果你，對生物學的大千世界充滿好奇，有好多疑惑不能被課本的一句話而滿足；如果你，想知道的永遠是老師無暇解釋的知識；如果你，是即將投身前線的師培生，得在學生的問題海中翻騰──這本書將是一部經典。並非華麗的科普文章帶你認識新名詞，而是像偵查案件般直接深入。

　　從案情描述挑起你的好奇。艾佛瑞、赫雪與蔡斯兩相不同的研究團隊、實驗，皆為嚴謹的設計，同樣證明 DNA 為遺傳物質的結論，為什麼艾佛瑞的研究成果無法馬上說服科學界？從第一偵查室的研究史，看見在現代被視為常理的背後最真實的科學界變遷。

　　從偵查與破案過程，將疑惑一一解決。為何固氮菌好氧又怕氧？先是詳述固氮生物的特性，盈科而後進走向大架構下的細節式提問：為何固氮菌會產生「可被氧破壞」的固氮酶？抽絲剝繭再打通任督二脈──在第二偵查室看見微生物渺小中的大塊精細設計。

　　另外，本書附圖是艦長為了讓讀者能輕鬆理解所親自設計和繪製。若你少了堅強的化學式結構而在生化代謝的描述中百般摸不著頭緒，翻開第三偵

查室，生化代謝反應的結構式就在眼前。單就文字難以想像真核細胞如何形成核糖體？自核糖體蛋白質的基因於細胞核內經轉錄作用合成 mRNA 到細胞質內的 mRNA 與核糖體大、小次單位組裝成轉譯複合體的繁雜步驟，在第四偵查室中以一張圖就讓你深刻理解這樣的過程。一般動物學理書籍的插圖總是複雜，但第五偵查室中只用一張圖就清楚說明眼睛的縱肌、輻射狀肌、環肌、角膜、虹膜、晶體……，機械運動的協調關係不令你花費額外的心思想像，所有生理機制在紙上條理分明。

　　每回案情結束後，是艦長負責任的條列式結案。植物生理的說明中經常出現中學生不熟悉的專有名詞簡寫，第六偵查室補給你對植物生理充分了解之餘，不忘為那些初次接觸這些專有名詞而較為吃力的讀者總結。中學課程的生態學是許多學生公認較為簡單的章節，但嚴謹解釋起來，背後卻有數學計算與物理觀念。艦長在第七偵查室逐一說明案件之後，結案中將案情所負載的知識收束得恰到好處。互換率是指機率還是頻率？要回答一個簡單的問句，往往需要非常多的原理說明，第八偵查室的案件保證讓你在閱讀之後有明確答案，絕不空手而還。

　　現在，就登上艦長的小獵犬，展開生物學的偵查航程！

──────── 北一女中學生／楊淨雯

Contents

推薦序│於不疑處有疑，方是進矣……………………………………… 003

學生推薦│登上艦長的小獵犬，展開生物偵查航程……………… 005

自序│ How and Why is it in Biology ……………………………… 013

第一偵查室：研究史

案例 01——為何美國科學家艾佛瑞證明「DNA 為遺傳物質」的實驗並沒有立即說服科學界？ ……………………………………… 017

案例 02——介紹「米勒—尤里的化學演化實驗」時，為何許多課本只有米勒而無尤里？ ……………………………………… 022

案例 03——「再發現孟德爾遺傳法則」的三位科學家中，為何第三位可能被除名？ ……………………………………… 027

第二偵查室：微生物

案例 04——大腸桿菌是好菌還是壞菌？只分布於人體大腸嗎？ …… 031

案例 05——為何固氮菌好氧又怕氧？ ……………………………… 035

案例 06——脫氮菌為何要脫氮？ …………………………………… 041

第三偵查室：生化代謝

案例 07——光合作用如何產生六分子水？二氧化碳的氧原子如何構成葡萄糖？ ……………………………………… 047

案例 08——有氧呼吸的反應物中，如何消耗六分子的水？葡萄糖的氧原子如何形成二氧化碳？ ……………………………………… 061

案例 09——碳反應為何常在白天發生？為何以前稱之為暗反應？ … 070

案例 10——為什麼 ATP 是生物體最重要的能量貨幣？有其他能量貨幣嗎？ ……………………………………… 078

案例 11——ATP 是否有「高能磷酸鍵」？如何用熱力學說明 ATP 的性質？為何用「ATP 水解的同時形成更多鍵結」來解釋能量變化並不完全正確？ ……………………………………… 086

第四偵查室：細胞與組織

案例 12——如何決定形成粗糙型或平滑型內質網以及游離型或附著型核糖體？ ………… 101

案例 13——為何需要以膜狀胞器分隔細胞內的化學反應？為何代謝過程產生的物質常會轉化成儲存性物質？ ……………… 107

案例 14——核仁與核糖體的組成有什麼關係？核仁有何功能？原核生物有核仁嗎？ ……………… 116

案例 15——有絲分裂的「絲」是指什麼？有「無絲分裂」嗎？ …… 124

案例 16——神經細胞的樹突外有髓鞘嗎？ ……………… 129

案例 17——為何飽和脂肪酸所占比例與膽固醇會影響細胞膜的流體性？膽固醇如何穩定細胞膜？反式脂肪酸屬不飽和脂肪酸，為何對人體健康有壞處？ ……………… 132

案例 18——甘油進入細胞的運輸方式為簡單擴散還是便利性擴散？甘油有何生理功能？ ……………… 141

第五偵查室：動物生理

案例 19——心電圖各期、心音、瓣膜開閉在心動週期中的時間關係為何？ ……………… 147

案例 20——動脈壓曲線變化中，動脈壓下降時，為何出現小的壓力突起？ ……………… 156

案例 21——人類眼中的睫狀肌，是環肌還是縱肌？ ……………… 162

案例 22——散瞳劑的作用原理為何？ ……………… 167

案例 23——為何以氧分壓代表血液中的溶氧濃度？一氧化碳中毒時，會降低血液的氧分壓嗎？ ……………… 171

案例 24——疫苗可救急嗎？急診時「打狂犬病」或「打破傷風」是指疫苗嗎？是否來得及？？ ……………… 177

案例 25——胰臟是唯一分泌脂質水解酶的消化腺嗎？脂溶性養分是透過簡單擴散進入小腸上皮細胞嗎？ ……………… 183

Contents

第六偵查室：植物生理

案例 26——開花素是什麼物質？發現過程有什麼曲折的故事？ …… 189

案例 27——植物為何需要頂芽優勢？有哪些產生機制 ……………… 198

案例 28——向日葵的「追日行為」是否屬於向光性？ …………… 204

案例 29——除了以生長素解釋植物向光性現象，還有其他機制嗎？… 209

第七偵查室：生態學

案例 30——高中教科書對能量塔的定義正確嗎？十分之一法則的源起為

何？ ……………………………………………………… 211

案例 31——為何硝化細菌、亞硝化細菌、硫化細菌是化學自營生物？ 224

案例 32——物種豐富度與均勻度如何影響物種多樣性？ …………… 235

第八偵查室：遺傳與分子生物

案例 33——為何新形成的核苷酸鏈或去氧核苷酸鏈，聚合方向需由 5' 至

3' 進行？ ………………………………………………… 245

案例 34——X 與 Y 染色體是否為同源染色體？是否可進行聯會？ … 256

案例 35——動物粒線體 DNA 一定是母系遺傳嗎？如何維持這種現象？粒

線體 DNA 可能基因重組嗎？ ………………………… 262

案例 36——教科書上的染色體互換實驗，為何只探討雌果蠅？互換率受

性別影響嗎？ …………………………………………… 270

案例 37——互換率是指機率還是頻率？能否代表基因間的距離？ … 280

案例 38——體細胞有減數分裂嗎？為何有些肝細胞會有兩個細胞核或多

倍體現象？ ……………………………………………… 285

案例 39——人類有幾種 tRNA？自然界只有 20 種胺基酸嗎？ ……… 291

How and Why is it in Biology

自序

　　生物學博大精深，教師在備課或授課時，常會遭遇不易解釋的現象或學理機制；莘莘學子在上課時，也常提出許多不知其所以然的疑義。這些在教學過程伴隨而生的疑難雜症，常礙於時間限制，無法妥善介紹、描述其學理機制、發展脈絡、相關知識與故事，對於愛好生物學的學子而言實為可惜。

　　另一方面，許多科普書籍、坊間參考書甚至教科書，對於部分生物學脈絡或概念交代不清、過於偏頗甚至定義錯誤，教師拿著這樣的教材教學，帶著學生一起「走偏了」。因此，筆者自 2014 年開始舉辦生物學研習，開啟「生物學學理解碼運動」，期待能引發生物人針對生物學中的科學史、學理機制、生活應用的深度討論，以「務本求實、格物致知、知識傳遞、分享共進」的精神，建立正確而完整的觀念。本書挑選部分筆者已解碼的議題整理成文，希望能以「生物老師」的作為，推廣「生物學學理解碼運動」的精神。

　　本書設定的讀者為對生物學具興趣甚至狂熱的生物人，以及未來或正在教授生物相關學門的師培生或中學教師。

學習不是餵養，而是一種態度，更是一種滿足自己的過程

　　現代學生學習動機普遍低落，是第一線老師的共同心得，事實上老師的學習動機也不如往常。難道學習不再有趣了？還是資訊過度爆炸，搞壞了大家的胃口？我的解讀是：沒有學習的習慣、沒有高階的需求、沒有學習模式的榜樣，因而造成學習風氣低落；以筆試成績衡量學習成效，造成計較成績而不追求成長的勢利目光，失去了學習的品味；為了吸引學生學習，開設許多動手做或科學探究等「有趣」的課程，卻無相關學理作為支撐，更是扼殺了學習的深度。筆者覺得所謂有趣的課程，應該建立在滿足學習者好奇心，用所學的能力（知識、技能、態度）解決問題，進而滿足自我等高階需求，而不該只是追求流行、主題花俏，或是專有名詞堆砌等形式上的包裝。第一線的科學老師應讓學生了解對事物充滿好奇心之重要。一旦滿足好奇心，會帶來無比的幸福感，因為這個過程會使理解與認知深具意義。

　　「生物學學理解碼運動」之目的，就是提醒老師與學生，科學的問題要用科學探究的方式解決，遇到疑難不要擱在心中，應該馬上去查資料；並且不要只相信權威的說法，要以證據作為依據，且隨時檢視、懷疑、批判手上的資料，直到找到自己滿意的合理解答。

不只追求主動學習，還要檢視真確

　　近幾年教改思潮波濤洶湧，許多教師的教學方法走向多元化，這些改變多是自發性改革，足以證明教師的專業與教育熱忱。但相對於教學法的多元化，似乎較少「教材內容」的精進與討論，正所謂「沒有一無是處的教法，但有學理錯誤的教材！」在高中階段的生物教育，啟發學生思考、辯證固然重要，而建立基本且正確的生物學觀念亦是生物教師的重要任務，本書拋出數個在教師備課時或生物課堂上常出現的疑難雜症，說明其學理基礎或發展脈絡，幫助教師教學或學生學習時，能有堅強的學理基礎為後盾。這本書不

是科普書，它的內容很「硬」；學理機制的資料來源不只是大學的普通生物學或是各領域的專書，絕大部分資料來自期刊，因為這本書並不是要告訴你生物學的有趣，而是倡導完整搞懂一件小事的意義。了解生物學的全部面貌，你仍喜愛它，那才是真愛。

39 則案例——不只尋找正確答案，更是追求止於至善

常說「40 而不惑」，容我斷章取義：39 代表離「不惑」永遠差一步，也就是無論如何探討科學的問題，釐清再多現象與機制，必定會不斷冒出新的疑問，繼續挑戰我們。而勇於接受挑戰、進行解碼是筆者想傳達的理念，因為在人類文明所建立的偉大知識面前，我們只是「小學生」，沒有人能作為生物學的權威，我們都是探索者。「自學」固然是種需要訓練的技能，但更是一種態度——解決問題、滿足好奇、自我實現的魄力。

態度決定高度，知識就是武器

「我不知道的知識，上網就查得到了，為何需要認真探討？」這是許多現代師生面對資訊爆炸與網路發展的心得。網路上的資訊確實很多，但就是太多了，多到參差不齊、真假難辨！面對龐大資料，若學術涵養不夠，很容易被誤導、誘騙。另外，網路資料雖多，但針對關鍵概念的討論卻少之又少、過於皮毛而不夠深入。因此唯有透過深入查閱專業資料，提取關鍵知識、建立整合概念，才能清晰地一窺生物學的奧妙，而這樣的態度與技能無法自網路習得，也是這個世代所需的能力。

不只提供學術的知識，更是追求真理的模式

生物學實在是門類繁雜、博大精深，就算筆者再怎麼努力追求真理，畢竟不是各領域的專家，必有錯誤、遺漏，還望專家前輩不吝指教、斧正。就

如前文所言之理念，「生物學學理解碼運動」希望喚起中學教育對學理機制的重視，若能因本書內容的疑義，引發相關學理或科學史的深度討論，讓生物學教育更加精進，即使起因於本書的瑕疵，其結果亦是美事一件（好個為自己開脫的藉口 ><"）。

共學與感謝

筆者的教學網站（https://goo.gl/nRonCr）中設有「生物學學理解碼」專區，已收錄約 119 則生物學相關議題（2018.12.31 止）；專區內亦有討論管道，歡迎造訪、指教。

這麼小眾又硬的書，是我拚命拜託紅樹林出版社的協助。辜總編輯明知會賠錢，仍然大力相挺，她告訴我一本書要看它的價值而不是銷售，帶給我許多信心。我要感謝我的太太忍受我常常熬夜以及陪伴家人時的失神，她給了我溫暖的照顧與愛。編輯心潔的細心讓我非常安心。謝謝妳們。

由此進入
艦長教學網頁

研究史

案例 1

為何美國科學家艾佛瑞證明「DNA 為遺傳物質」的實驗並沒有立即說服科學界?

二十世紀初,科學家普遍認為遺傳物質為蛋白質而非 DNA。奧斯華・艾佛瑞(Oswald Avery)的研究團隊利用酵素與免疫學方法,於 1944 年證明遺傳物質為 DNA,但一直到 1952 年,阿佛雷德・第・赫雪(Alfred Day Hershey)與瑪莎・考爾斯・蔡斯(Martha Cowles Chase)利用同位素與噬菌體,再度得到相同的結論,科學界才逐漸接受。艾佛瑞的研究設計實為嚴謹,但為何其成果沒有立即說服科學界?

偵查與破案

一、格里夫茲的發現

　　弗雷德里克·格里夫茲（Frederick Griffith）於 1928 年發表著名的細菌轉形（transformation）實驗（Griffith, 1928），發現了肺炎鏈球菌（*Streptococcus pneumoniae*）有不同的表現型，包含光滑型（S 型）與粗糙型（R 型）；其中光滑型可引發老鼠患病而死亡，而粗糙型不會。透過老鼠皮下注射各表現型的菌種，格里夫茲發現若同時注射死亡的光滑型菌種與粗糙型菌種活菌，老鼠會患病後死亡，且體內血液中可發現光滑型的活菌。格里夫茲認為不同菌種會因轉形因子（transforming principle）的傳遞，使粗糙型菌種因獲得光滑型的轉形因子，而轉形為光滑型菌種。這個著名實驗提供了一個研究遺傳物質的生物模式，也許可透過研究轉形因子的特質，一窺遺傳物質的本質。

　　隨著 1939 年第二次世紀大戰的爆發，格里夫茲實驗室擴充成立「緊急公共衛生實驗室中心」（the emergency public health laboratory service），格里夫茲死於 1941 年德軍對倫敦的轟炸，無緣見證其研究成果的後續發展。

「轉形因子」與艾佛瑞的實驗方法

轉形因子（又名性狀轉換因素）是可決定細胞表徵的物質，即使是死亡細胞的轉形因子，亦可決定另一活細胞的表徵。「轉形因子」一詞並未出現在格里夫茲的研究報告中，而是出現在艾佛瑞團隊的研究報告中。

艾佛瑞團隊的研究原理，是透過去除 S 型細菌中各種成分，檢驗何種成分去除後，會影響細菌轉形結果。去除特定成分的方法，包含利用蛋白酶、脂肪酶、核糖核酸酶、去氧核糖核酸酶等各種水解酶，結果發現去氧核糖核酸酶處理後，無法產生轉形作用，進而推論轉形因子可能是 DNA。

二、艾佛瑞團隊的證明 DNA 可能是遺傳物質

1935 至 1944 年艾佛瑞與同事麥克林恩‧馬卡地（Maclyn McCarty）和柯林‧麥克羅（Colin MacLeod），以肺炎鏈球菌作為實驗生物，利用 RNA 酶、DNA 酶、蛋白酶與 R 型菌抗體等材料，證明轉形因子應為 DNA，而不是蛋白質或 RNA，暗示生物體的遺傳物質可能是 DNA（Avery, *et al.*, 1944）。

艾佛瑞團隊的實驗設計精巧嚴謹，1960 年諾貝爾生理醫學獎得主彼得‧梅達華爵士（Peter Medawar）稱讚該研究為「20 世紀最有趣且最前瞻的生物學實驗」（the most interesting and portentous biological experiment of the 20th century）。雖然艾佛瑞團隊的實驗具有重要里程碑，但其論文的結論依然措辭謹慎而保守，只有一句話：我們目前的證據支持「去氧核糖型的核酸」是第三型肺炎鏈球菌轉型因子的基本組成。

三、當代科學家對「DNA 可能是遺傳物質」存疑的原因

雖然艾佛瑞團隊的研究成果支持 DNA 可能是遺傳物質理論，但 1950 年代大部分科學家仍認為蛋白質為遺傳物質。課堂上常用以下理由解釋當代科學家的觀點：

1. 蛋白質由 20 種胺基酸組成，其複雜度大於只由四種核苷酸組成的 DNA。
2. 依據染色體遺傳學說，染色體包含了遺傳物質，而染色體上蛋白質的含量高於 DNA，故蛋白質較可能為遺傳物質。

染色體中有多少蛋白質？

大鼠肝細胞染色質中各種物質的比例如下：

DNA：組蛋白：非組蛋白：RNA ＝ 1：1：1.67：0.1（趙與陳，2010）。

若分析當時的局勢，許多科普書籍（Davies, 2001/2011；White, 2001/2012）亦由以下三方面解釋為何當代科學家沒有接受艾佛瑞的結論：

1. 天時：艾佛瑞團隊的研究成果於 1944 年 2 月印行，當時正是美國介入二次世界大戰的最高峰，因此許多科學家沒有注意到。

2. 艾佛瑞團隊的研究成果發表於《實驗醫學期刊》（*JEM*），主要讀者為免疫學家而非遺傳學家，也不是一般生物學者會注意的刊物。

3. 人和：艾佛瑞在美國洛克斐勒大學的另一位同事阿弗雷德‧莫斯基（Alfred Mirsky），對艾佛瑞的研究成果提出懷疑，認為該研究過程受到蛋白質汙染，因此無法排除蛋白質的角色，而莫斯基的評論頗具影響力。

但事實上，科學家本來就有「懷疑」的精神。早在 1935 年溫德爾‧斯丹里（Wendell Stanley）純化煙草鑲嵌病毒並分析結晶的化學成分後，只發現蛋白質而無核酸類物質，所以科學家一直假設蛋白質是最可能的遺傳物質。雖然艾佛瑞團隊用精巧的實驗設計，提出 DNA 為遺傳物質的證據，科學界仍無法完全確認，即使是艾佛瑞本人，也用保守的態度詮釋自己的研究成果。後來科學家才發現，煙草鑲嵌病毒含 RNA，約占病毒重量 6%，但斯丹里卻沒有偵測到。

艾佛瑞於 1948 提早退休，七年後過世，期間都未從事科學研究。直至 1952 年赫希與蔡斯利用噬菌體與細菌進行研究，證明 DNA 在噬菌體可作為遺傳物質（Hershey and Chase, 1952）；以及科學家逐漸了解 DNA 的分子結構與性質後，艾佛瑞的研究成果才逐漸廣為接受。

所以，並不是當代科學家漠視了艾佛瑞團隊的研究結論，而是科學家本來就不會因幾個實驗的成果，就宣稱發現了真理。

結案

◎艾佛瑞團隊證明「DNA 為遺傳物質」，科學界並無立即接受，可能是因為：

- 斯丹里於 1935 年分析煙草鑲嵌病毒的成分時，沒有偵測到核酸物質，加上蛋白質的組成複雜度大於 DNA，且染色體上蛋白質的含量高於 DNA，所以科學家一直假設蛋白質是最可能的遺傳物質。
- 艾佛瑞團隊發表研究成果時，正值美國介入二戰的最高峰，因此許多科學家沒有注意到此研究成果。
- 該研究成果發表於《實驗醫學期刊》，並非遺傳學家會注意的刊物。
- 莫斯基認為艾佛瑞的研究過程受到蛋白質汙染，無法排除蛋白質的角色。

◎科學家本來就有「懷疑」的精神，不會就少數實驗成果宣稱發現了真理。

情資來源

Avery, O. T., MacLeod, C. M and McCarty, M. 1944. Studies on the Chemical Nature of the Substance Inducing Transformation of Pneumococcal Types: Induction of Transformation by a Desoxyribonucleic Acid Fraction Isolated from Pneumococcus Type III". *J. Exp. Med.* 79(2): 137–158.

Griffith, F. 1928. The Significance of Pneumococcal Types. *J. Hyg.* 27(2): 113–159.

Hershey, A. D. and Chase, M. 1952. Independent functions of viral protein and nucleic acid in growth of bacteriophage. *J. Gen.* Physiol. 36 (1): 39–56.

陳文盛，2017。孟德爾之夢：基因的百年歷史。遠流。

麥可‧懷特（Michael White），2012。科學世界的毒舌頭與夢想家（Acid Tongues and Tranquil Dreamers）。（齊若蘭譯）。遠流。（原著出版年：2001 年）

凱文‧戴維斯（Kevin Davies），2001。基因組圖譜解密 ── 當代科學最偉大的發現（Cracking the Genome：Inside the Race to Unlock Human DNA）。（潘震澤譯）。時報文化。（原著出版年：2001 年）

趙麗、陳紅英，2010。高等職業教育生物技術類專業系列教材──現代基因操作技術。中國輕工業出版社。

案例 2

介紹「米勒—尤里的化學演化實驗」時，為何許多課本只有米勒而無尤里？

哈羅德・尤里（Harlod Urey）是斯丹里・米勒（Stanley Miller）的指導教授，他們著名的米勒—尤里實驗，證明在原始地球的環境下，海水中的簡單物質可能轉變成胺基酸，支持了有機演化理論。但許多教科書此時多僅提到米勒而沒有尤里，為何只出現學生的名字？

偵查與破案

一、簡介米勒—尤里實驗

亞歷山大・伊萬諾維奇・奧柏林（Alexander I. Oparin）與 J・B・S・賀頓（J. B. S. Haldane）分別於 1924 年與 1929 年提出「有機物可由無機物形成」的假說，當時兩人互不相知情，後人稱此假說為「奧柏林—賀頓假說」或「有機演化假說」。隨後米勒在尤里的指導下，將氫、氨、甲烷、水蒸氣等物質置於玻璃瓶中，透過加熱及電擊處理（圖一），模擬原始地球。一週後，溶液中產生胺基酸等構成生物的重要有機物，證明了原始地球海水（原始湯）中的簡單分子，經地熱、閃電等能量作用下，能產生較為複雜之構成生命的物質。該研究成果由米勒單獨於 1953 年發表（Miller, 1953），因此許多教科書介紹米勒—尤里實驗時，只呈現米勒的名字。

二、尤里是米勒的指導老師

米勒是尤里在芝加哥大學指導的博士班研究生，於 1954 年畢業。尤里因為發現氫的同位素氘（deuterium），而獲得 1934 年諾貝爾化學獎；尤里指導米勒時，已是具學術聲望的著名學者。

圖一： 米 勒 · 尤 里 實 驗 的 實
　　　 驗 裝 置 示 意 圖（Miller,
　　　 1953）。

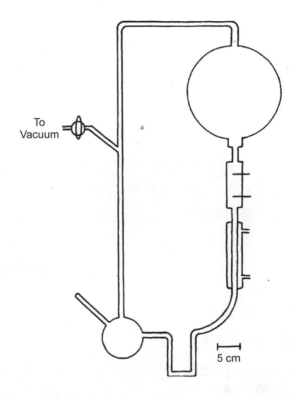

To
Vacuum

5 cm

　　米勒雖然在 1953 年是單獨於《科學》期刊發表「米勒－尤里實驗」，但作者介紹中仍註明：感謝哈羅德．尤里對本研究過程提供了許多有用的建議和指導（Miller, 1953）。但為何尤里不在作者名單之列，這個現象是不是違反了尊師重道的倫理？

三、尤里沒有掛名作者的經過與原因（Bada, 2000）

　　米勒找尤里作為指導教授時，曾向尤里表示自己對有機演化的興趣，但尤里認為有機演化領域的主題具有風險，不一定能完成研究，較難順利畢業，所以建議米勒做較為保險的研究，也就是測量隕石中鈀的含量。可是米

勒沒有接受，也嘗試說服尤里，甚至自行開始做有機演化的實驗。

後來米勒將初步研究數據呈現給尤里後，尤里便被說服了，也認為這是個重要且有意義的主題，並督促米勒應儘速發表這個重要發現，但要求米勒不要將自己掛名為作者，理由是當時尤里已是諾貝爾獎得主，學術聲望高，如果共同發表，尤里的光芒會蓋過米勒的貢獻。

米勒於 1953 年 2 月 13 日將研究成果投稿到《科學》期刊，尤里於 2 月 27 日詢問期刊主編霍華・梅耶霍夫（Howard Meyerhoff）該文的審查進度，甚至為了督促《科學》儘早刊登，於 3 月 10 日要求仍未決定是否刊登的《科學》期刊退件，欲改投《美國化學學會期刊》（JACS）。最後《科學》主編也被惹惱了，直接打電話告知米勒願意刊登，並要求撤銷 JACS 的投稿。

尤里不在作者名單之中，事實上是尤里的要求，顯現老師對學生的愛才與提拔之情。

四、後續發展

尤里與米勒後來繼續共同研究，並一同掛名發表研究成果，但依然將米勒放在第一作者。米勒於 1953 年發表的第一篇著名論文，其濾紙色層分析的結果顯示（圖二），研究過程中形成的胺基酸主要是甘胺酸（glycine）與丙胺酸（alanine），另有較少量的天門冬胺酸（aspartic acid）與 α －胺基正丁酸（α-amino-n-butyric acid）。

隨後於 1959 年尤里與米勒發表後續的研究成果，陸續發現其他的胺基酸與有機物（圖三）。

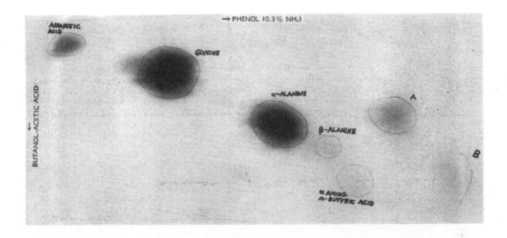

圖二：米勒於 1953 年發表的論文中，胺基酸的濾紙色層分析結果（Miller, 1953）。

圖三：尤里與米勒於 1959 年發
表的論文中，列出胺基酸
與有機物種類（Miller and
Urey, 1959）。

Table 2. Yields from sparking a mixture
of CH_4, NH_3, H_2O, and H_2; 710 mg of
carbon was added as CH_4.

Compound	Yield [moles ($\times 10^5$)]
Glycine	63.
Glycolic acid	56.
Sarcosine	**5.**
Alanine	34.
Lactic acid	31.
N-Methylalanine	1.
α-Amino-*n*-butyric acid	5.
α-Aminoisobutyric acid	0.1
α-Hydroxybutyric acid	5.
β-Alanine	15.
Succinic acid	4.
Aspartic acid	0.4
Glutamic acid	0.6
Iminodiacetic acid	5.5
Iminoacetic-propionic acid	1.5
Formic acid	233.
Acetic acid	15.
Propionic acid	13.
Urea	2.0
N-Methyl urea	1.5

25

結案

◎尤里為米勒的指導教授，米勒於 1953 年單獨於《科學》期刊發表著名的
「米勒－尤里實驗」。

◎尤里要求米勒投稿第一篇論文時，不將尤里掛名作者，隨後發表的研究成
果，亦將米勒放在第一作者，原因是尤里不希望自己學術聲望的光芒掩蓋
了米勒的功績。

◎尤里不在作者名單或不掛名第一作者，是老師對學生的愛才與提拔之情。

情資來源

Bada, J. L., 2000. Stanley Miller's 70th Birthday. Origins of Life and Evolution of the *Biosphere*. 30: 107–112.

Miller, S. L. 1953. Production of Amino Acids Under Possible Primitive Earth Conditions. *Science*. 117: 528-529.

Miller, S. L. and Urey, H. C. 1959. Organic Compound Synthesis on the Primitive Earth. *Science*. 130: 245-251.

Stanley_Miller. (2018, March 18). In *Wikipedia*, the free encyclopedia. Retrieved June 2, 2018, from http://en.wikipedia.org/wiki/Stanley_Miller

案例 3

「再發現孟德爾遺傳法則」的三位科學家中，為何第三位可能被除名？

孟德爾於 1866 年發表了舉世矚目的植物雜交實驗論文，奠定了遺傳學的基礎，但直到 1900 才被荷蘭的雨果‧德‧弗里斯（Hugo de Vries）、德國的卡爾‧柯靈斯（Carl Correns）和奧地利的艾瑞克‧馮‧謝馬克（Erich von Tschermak）各自獨立研究，再次發現了孟德爾論文的重要性。但第三位可能從「再發現者」之列除名，其中有什麼故事？

偵查與破案

一、第三位「再發現者」謝馬克

生物教科書一直是這麼介紹遺傳學發展史的重要情節：「孟德爾於 1866 年發表的論文，直到 1900 年才被『再發現』（rediscovery），從此孟德爾的理論才逐漸被世人重視。」且分別由三個國家的科學家同時注意到孟德爾的貢獻，富含戲劇性。為何孟德爾的論文沉寂 30 多年後，在 20 世紀初突然因三位學者的「再發現」而流行，是另一段精彩故事，需另起新案偵辦。然而「再發現者」中的第三位，也是最年輕的謝馬克，許多科學史學家認為他在學術研究上並無足夠貢獻，建議將其除名。

二、謝馬克被排除於「再發現者」之外的理由

謝馬克在 1900 年時為年輕研究生，其外祖父為愛德華‧芬哲（Eduard Fenzl）；芬哲是孟德爾的老師，故謝馬克極可能早已知悉孟德爾的論文內容。

謝馬克發表的論文標題為〈有關豌豆的人工雜交〉（Ueber künstliche

kreuzung bei *Pisum sativum*），相對於弗里斯與柯靈斯的論文，前者內容較不完整。謝馬克的研究過程與孟德爾的研究類似，但架構較為簡單，其中第二子代（F2）各表徵個體的比例勉強接近 3：1。該論文缺乏基本數據分析，也未發展任何解釋、理論，例如沒有討論 3：1 的可能原因與意義。謝馬克可能也沒有意識到孟德爾成果的重要發現與重要性，例如其文中認為顯性與隱性之間有「過渡階段」（transition stages），代表謝馬克不了解孟德爾的「顯性與隱性概念」；孟德爾認為不同表徵之間是不連續的，也就是顯性與隱性之間沒有中間型。

謝馬克的哥哥阿爾密・馮・謝馬克（Armin von Tschermak）是位生理學教授，任教於維也納獸醫藥學學院與位於布拉格的生理學研究所。謝馬克在知悉弗里斯與柯靈斯在「再發現孟德爾的發現」的嘗試後，才開始著手寫「再發現」的論文，而其論文會廣為人知，是受到哥哥的傳播與幫助。阿爾密利用其學術地位與聲望，幫助弟弟建立「再發現者」的形象，以利提升其學術生涯。史學家認為這樣的手段不符合科學發展的學術論理，故主張將其除名（Hoßfeld, *et al*., 2017、Simunek, *et al*., 2011）。

結案

◎教科書常常描述：孟德爾於 1866 年發表的植物雜交實驗論文，直到 1900 年被三位不同國家的科學家，經各自獨立研究，再次發現了它的重要性；其中第三位是最年輕的學者謝馬克。

◎許多史學家建議將謝馬克自「再發現者」中除名，因其不符合科學發展的學術論理：

● 他極可能早已知悉孟德爾的論文內容。

● 他的論文中缺乏基本的數據分析，也未發展任何解釋、理論。

● 他沒有體認孟德爾研究成果的重要發現與重要性，例如孟氏的「顯性與隱性概念」。

● 謝馬克的論文會成為「再發現者」之列，是因其兄利用自身學術地位與聲望，幫助他提升學術形象。

情資來源

Hoßfeld, U., Jacobsen, H. J., Plass, C., Brors, B. and Wackernagel, W. 2017. 150 years of Johann Gregor Mendel's "Versuche über Pflanzen-Hybriden". *Mol*. Genet. Genomics. 292(1): 1-3.

Simunek, M., Hoßfeld, U. and Wissemann, V. 2011. ,Rediscovery 'revised – the cooperation of Erich and Armin von Tschermak-Seysenegg in the context of the, rediscovery' of Mendel's laws in 1899-1901. *Plant Biology*. 13(6): 835–841.

Moore, R. 2001. The "Rediscovery" of Mendel's Work. *Bioscene*. 27(2): 13-22.

陳文盛（2017）。孟德爾之夢：基因的百年歷史。遠流。

微生物

案例 4

大腸桿菌是好菌還是壞菌？只分布於人體大腸嗎？

課本介紹人體大腸中的大腸桿菌（*Escherichia coli*）有助於維生素吸收，但新聞報導時有感染大腸桿菌而死亡的案例，究竟它是有助於人體健康的益菌還是讓人生病的病原菌？此外，大腸桿菌顧名思義應分布於大腸，其他腸道區域也有大腸桿菌嗎？

偵查與破案

一、簡介大腸桿菌

大腸桿菌屬於兼性厭氧的革蘭氏陰性桿菌，由德國細菌學家西奧多・埃

希（Theodor Escherich）於 1885 嘗試找出霍亂病原時，於結腸中分離鑑定，因此大腸桿菌的屬名為埃希氏菌屬（*Escherichia*），而 *coli* 是指「colon」（大腸中的結腸）。 埃希最早將之命名為 *Bacterium coli commune*（大腸中普通的桿菌），阿爾多・卡斯特拉尼（Aldo Castellani）與阿爾伯特・約翰・查爾默斯（Albert John Chalmers）於 1919 年更名為 *Escherichia coli*，以紀念埃希的貢獻，但直到 1958 才被官方認定（*Emerg. Infect. Dis.*, 2015）。

二、與我們互利共生的大腸桿菌

人體大腸中的大腸桿菌與我們的關係常為互利共生，大腸桿菌可合成並釋放人體所需的營養素，包含維生素 K、B12 等；人體製造凝血因子時需要維生素 K 的參與。大腸桿菌可由腸道中獲得營養與有利的生長環境，亦能抑制其他病菌生長，幫助維持腸道菌落。

三、讓我們生病的大腸桿菌

大腸桿菌通常不致病，因此大部分的菌株並非致病菌，但有些菌株會引起食品中毒，通稱為病原性大腸桿菌（EEC），依據其致病機制，主要可分為六種亞群（施等人，1997）。

最常見的致病性大腸桿菌是因細菌的內毒素，引起腹瀉、脫水等症狀，稱為「旅行者的腹瀉」（Traveler's diarrhea）。另一種致病性大腸桿菌，是 1982 年於美國爆發出血性結腸炎的大腸桿菌 O157：H7，該種菌株透過內毒素破壞腸道與腎臟，可能造成腸道出血與溶血性尿毒症（HUS）。

大腸桿菌 O157：H7 產生的內毒素稱為類志賀氏毒素（Shiga-like toxins 或 verotoxin），與痢疾志賀氏桿菌（*Shigella dysenteriae*，為桿菌性痢疾的病原菌之一）產生的志賀氏毒素相似。科學家認為痢疾志賀氏桿菌的內毒素基因經噬菌體傳遞，被帶入大腸桿菌中，形成大腸桿菌 O157：H7 菌株。

大腸桿菌依血清型區分成不同菌株

利用抗體作用比較大腸桿菌的抗原性質，稱為血清分型。大腸桿菌的血清型主要依據二種抗原：O 抗原，又稱表面抗原或體抗原（somatic antigen）；H 抗原，又稱鞭毛抗原（flagellar antigen）。目前約有 173 種 O 抗原，60 種 H 抗原。大腸桿菌菌株 O157：H7，即是具編號 157 的 O 抗原（體抗原），與編號 7 的 H 抗原（鞭毛抗原）。

四、大腸桿菌的數量與分布

人類胃腸道內居住著許多微生物，形成一個複雜的生態系統。一個人的糞便中可鑑定出 400 多種細菌，主要為厭氧菌。腸道是氧氣濃度受限的環境，分布了兼性厭氧菌（facultative anaerobes），包含大腸桿菌與葡萄球菌（*Staphylococcus*），佔腸道微生物數量的 0.1％。

人體的上消化道（胃、十二指腸、空腸和迴腸前段）細菌菌落較為稀疏，細菌濃度小於 10^4 個生物體 / 毫升腸液。下消化道中以大腸分布的菌落最多（圖一），

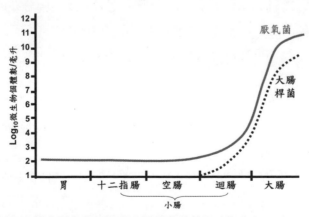

圖一：比較各段消化道內厭氧菌與大腸桿菌的數量（修改自 Gorbach, 1996）。

濃度約為 10^{11} 個細菌／克糞便，其中主要是厭氧菌，其數量可達兼性厭氧菌的 1000 倍（Gorbach, 1996）。換句話說，大腸桿菌在小腸中分布的數量極少，在迴腸中數量較多，但主要分布於大腸。

人體各消化器官的分段

人體消化道由口腔、食道、胃、小腸與大腸五種器官組成，其中胃、小腸與大腸依其功能與性質常可再細分。胃可分成賁門部、胃本體與幽門部；小腸分為十二指腸、空腸與迴腸；大腸分為盲腸、升結腸、橫結腸、降結腸、乙狀結腸與直腸。

結案

◎一般腸道內的大腸桿菌與人體互利共生，大腸桿菌通常不致病。

◎部分種類的大腸桿菌菌株會引起食品中毒，稱為病原性大腸桿菌。致病性大腸桿菌常是透過細菌的內毒素，引起腹瀉、脫水等症狀，或是如大腸桿菌 O157：H7 透過內毒素，破壞腸道與腎臟。

◎人體的上消化道細菌菌落較為稀疏，下消化道中以大腸分布的菌落最多，其中主要是厭氧菌，其數量可達兼性厭氧菌的 1000 倍。

◎大腸桿菌在小腸中分布的數量極少，在小腸的迴腸段中數量較多，但主要仍是分布於大腸。

情資來源

Black, J. G. 2011. *Microbiology: principles and explorations* 7th ED. John Wiley & Sons.
Etymologia: *Escherichia coli. Emerg. Infect. Dis*. 2015; 21(8): 1310.
Gorbach, S. L. 1996. Chapter 95: *Microbiology of the Gastrointestinal Tract. In: Medical Microbiology* 4th ED. (ED. by Baron, S.) Galveston (TX): University of Texas Medical Branch at Galveston.
施養志、王貞懿、闕麗卿，1997。產生 verotoxin 之大腸桿菌感染（一）。疫情報導。13（6），171-186。

案例 5

為何固氮菌好氧又怕氧？

參與氮循環的微生物中，包含具有固氮能力的固氮菌，其固氮酶易受氧破壞，但固氮菌常為好氧菌。為何一群需要氧氣代謝的微生物卻有需避免被氧破壞的酵素？

偵查與破案

一、簡介固氮菌

教科書描述生態系中的氮元素循環時，介紹固氮菌是群重要的細菌，可固定氮氣轉換成氨（NH_3），再溶於水形成銨根（NH_4^+），使氣態的氮元素固定成水溶液狀態。教師也常強調固氮菌不屬於生產者，而是好氧的化學異營菌。

固氮菌屬於好氧菌，但其固氮酶卻易受氧的破壞，所以許多固氮菌或其共生的生物體，演化出保護固氮酶以避免被氧化破壞的機制，例如豆科植物的根瘤內含有豆血紅素（leghemoglobin），可清除根瘤內的氧，避免固氮菌的固氮酶失去活性。

二、什麼是固氮生物？其生活與營養方式為何？

固氮生物顧名思義就是可以將大氣中的氮氣固定下來的生物，使氮元素作為生物養分來源（例如氨），因此固氮作用是重要的反應。全球每年固定約 2.55 億公噸氮，70％是由固氮菌執行（Black, 2008），即可知固氮菌對維持生態系運作的重要性。固氮生物主要是細菌，包含真細菌與古細菌；如綠色硫細菌（Green sulphur bacteria）、固體細菌（Firmibacteria）、放線菌（Actinomycetes）、藍細菌（Cyanobacteria）、變形菌（Proteobacteria）等真細菌；古細菌主要限於甲

烷菌（methanogens）；目前還未發現具固氮能力的真核生物（Dixon and Kahn, 2004）。

固氮菌的種類繁多，其生活方式包括於土壤和水中自由生活、在白蟻腸內行共生生活、與木本植物一同形成固氮根瘤而行共生生活，後者例如放線菌與裸子植物，及與各種植物形成固氮根瘤而行共生生活的藍綠菌與豆科植物等（Dixon and Kahn, 2004）。

由於生活方式歧異，其營養方式也不如高中教科書所言，也就是固氮菌不一定是好氧菌，而是具有各種面貌（Black, J. B. 2008；Dixon and Kahn, 2004）：

1. 需氧異營，例如固氮菌屬（*Azotobacter*）。

2. 兼性厭氧異營，例如克雷伯桿菌屬（*Klebsiella*）。

3. 厭氧異營，例如梭菌屬（*Clostridium*）。

4. 不產氧光合自營，例如紅桿菌屬（*Rhodobacter*）。

5. 產氧光合自營，例如念珠藻屬（*Nostoc*）。

6. 純化學自營（chemolithotrophs），例如鉤端螺旋體鐵桿菌（*Leptospirillum ferrooxidans*）。

固氮生物 Diazotroph

Diazotroph 的字源意義為：Di（二）-azo（非生命）-troph（營養物）。其中 azo 代表非生命，來自於法文 -azote（氮），故 di-azote 代表 N_2。法國化學與生物學家安東尼·拉瓦節（Antoine Lavoisier）於 1779 年將空氣中不參與燃燒的氣體稱為 Azote，因為生物無法在該氣體中存活，中文稱此氣體為「氮氣」，日文稱之為「窒素」。

此外，拉瓦節將空氣中可參與燃燒的物質命名為 oxygen（法文為 oxygène），此字源自希臘文，意指「形成酸的」；中文稱此氣體為「氧氣」，日文稱之為「酸素」。這是因為拉瓦節發現許多物質燃燒後的產物水溶液具有酸性，得出任何酸中都含有氧的錯誤結論。

三、固氮酶

固氮反應為氮的還原反應，由細菌體內的固氮酶催化。固氮酶由兩種保守的蛋白質組成：含鐵的二氮酶還原酶及鉬鐵二氮酶（Cheng, 2008；Shridhar, 2012），其催化的固氮反應如下：

$$N_2 + 8H^+ + 8e^- \xrightarrow{\text{固氮酶}} 2NH_3 + H_2$$
$$\text{16ATP} \qquad \text{16ADP + 16 Pi}$$

固氮反應每固定 1 莫耳氮（N_2），需消耗 16 莫耳的 ATP 與 6 個電子，形成 2 莫耳氨，但因過程中也將 H^+ 還原成 H_2 而消耗 2 個電子，故總計消耗 8 個電子。

固氮作用為耗能反應，反應過程中生物需消耗大量 ATP，故許多固氮生物需行有氧呼吸供應足夠之 ATP，代表許多固氮生物為好氧生物。但固氮酶可被氧破壞，產生不可逆的抑制效果，因此固氮生物需因應氧壓力，演化出多種保護機制，阻止氧對固氮酶的破壞。

四、為何固氮菌會產生「可被氧破壞」的固氮酶？

在固氮酶的系統演化研究中，發現該基因在生命演化初期就已出現了，在古細菌跟真細菌分家之前就有固氮酶（Berman-Frank, *et al.*, 2003）。生命演化初期之時，地球大氣組成與今日不同，大氣中氧分壓極低，而二氧化碳分壓較高。細菌利用固氮作用，將大氣中的氮氣固定成銨根（NH_4^+），再由硝化菌等細菌，將銨鹽轉換成硝酸根（NO_3^-），但因當時大氣中氧濃度極低，固氮酶並無被氧化分解的機會，因此即使固氮酶可能會被氧破壞，但在當時固氮酶並無氧化壓力的天擇（圖一）。

固氮酶在地球大氣尚未出現氧的階段就演化出來了，直到大氣成中的氧

分壓增加後，固氮菌才面臨固氮酶會因氧而破壞的問題，之後固氮菌演化出一些機制來保護固氮酶。這正是「演化是拼裝師，而非設計師」的最佳寫照：生物體不是會演化出最有效率的生理機制，而是就祖先傳承下來的基礎，再求新求變、謀求出路。換句話說，「演化」最簡單的描述就是「具修改的傳承」（biological evolution is descent with modification）。

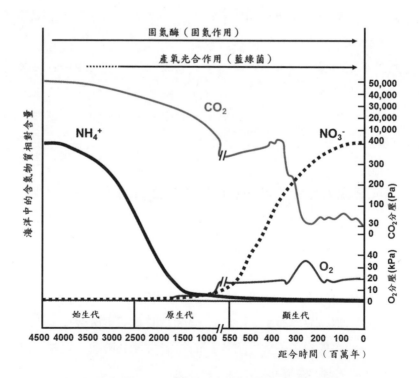

圖一：地球海洋中含氮物質濃度，以及大氣中氧與二氧化碳分壓，隨生命演化的變化（修改自 Berman-Frank, *et al*., 2003）。

五、固氮酶面臨氧化壓力後，演化出保護機制

　　當大氣的氧氣分壓增加，使得固氮酶面臨氧化壓力，因此演化出各種保護機制以維持固氮酶的活性。以藍綠菌為例，面對氧化壓力後，部分種類失去了固氮的能力，部分種類生存於缺氧的環境，而在有氧環境中生存的藍綠菌，主要演化出來的策略包含兩種方向：空間上或時間上的氧隔離。

　　空間上的氧隔離是指藍綠菌演化出細胞功能與性質的分工，行光合作用的細胞可產生氧氣，不負責固氮作用；另有細胞專門行固氮作用（例如異形細胞），則不行光合作用，維持細胞內的低氧或無氧環境。時間上的氧隔離是指藍綠菌於不同時段進行光合作用與固氮作用，在白天有光線時行光合作用，可產生氧氣；而在夜晚時行固氮作用，此時光合作用停止，細胞內為低氧或無氧環境（圖二）。

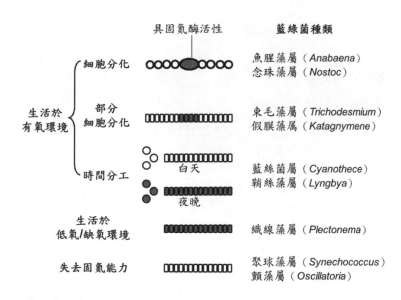

圖二：因應大氣中氧分壓增加，藍綠菌為維持固氮酶活性，所產生的型態與行為適應，著色細胞代表具固氮酶活性以行固氮作用（修改自 Berman-Frank, *et al.*, 2003）。

異形細胞

這是絲狀藍綠藻於缺乏氮元素來源時，所特化形成的固氮細胞（可產生與固氮有關的固氮酶和其他蛋白質）。由於固氮酶易受氧破壞，故異形細胞為了減少細胞內的氧含量，具有以下特化之型態或生理特性：在原有的細胞壁外，另外產生三層可隔絕氧的細胞壁；分解可產氧的光系統 II；提升糖解作用的酵素活性，以增加氧的消耗、產生可清除氧的蛋白質等（"Heterocyst", 2018）。

結案

◎固氮菌不一定是好氧菌，其營養方式具有高度歧異性，包含需氧異營、兼性厭氧異營、厭氧異營、不產氧光合自營、產氧光合自營、純化學自營等。

◎固氮酶在生命演化初期就有了，當時大氣中氧分壓極低，並無氧化壓力。

◎當大氣組成改變，固氮酶面臨氧化壓力後，固氮菌演化出各種保護機制以維持固氮酶的活性：

- 部分種類失去固氮的能力。
- 部分種類生存於缺氧的環境。
- 部分種類在有氧環境中生存，演化出時間上的氧隔離機制。
- 部分種類在有氧環境中生存，演化出空間上的氧隔離機制。

情資來源

Berman-Frank, I., Lundgren, P. and Falkowski, P. 2003. Nitrogen fixation and photosynthetic oxygen evolution in cyanobacteria. *Res. Microbiol.* 154(3): 157-64.

Black, J. B. 2008. *Microbiology: Principles and Explorations*(7th Ed.). Wiley.

Cheng Q. 2008. Perspectives in biological nitrogen fixation research. *J. Integr. Plant. Biol.* *50(7): 786-98.*

Dixon, R. and Kahn, D. 2004. Genetic regulation of biological nitrogen fixation. *Nat. Rev. Microbiol.* 2(8):621-31.

Shridhar, B. S. 2012. Review: Nitrogen Fixing Microorganisms. *Int. J. Microbiol. Res*. 3 (1): 46-52.

Heterocyst. (2018, May 22). In *Wikipedia, the free encyclopedia*. Retrieved June 13, 2018, from https://en.wikipedia.org/wiki/Heterocyst

案例 6

脫氮菌為何要脫氮？

參與氮循環的微生物中，包含具有脫氮能力的脫氮菌，其脫氮作用可使土壤因失去氮肥而貧瘠。這對脫氮菌本身有何助益？

偵查與破案

一、脫氮菌

生物教科書介紹脫氮菌是群厭氧菌，可將硝酸根（NO_3^-）經脫氮作用（denitrification）形成氨（NH_3），散失於大氣，使得土壤中的含氮鹽類如硝酸根或銨根減少，造成土壤貧瘠（缺乏氮肥）。農民將農耕地翻土、鬆土，可將氧混入土壤，減少脫氮菌等厭氧菌的生長，進而減少脫氮作用，另也促進需氧微生物（如固氮菌、硝化菌）生長，使土壤中保存氮肥，有助於農作物的生長。

以上描述常讓人有「脫氮菌的脫氮作用不利於農業」，與「厭氧的脫氮菌不利於其他微生物的氮需求」的刻板印象，為何脫氮菌要行脫氮作用而使土壤貧瘠？為何常將脫氮菌敘述為厭氧菌？「厭氧」與「脫氮」之間有關係嗎？

二、為了「無氧呼吸」

高中生物課程教授的呼吸作用，皆是以分解葡萄糖產生 ATP 為例，且依其分解路徑、產物與場所等性質，分為發酵作用、無氧呼吸與有氧呼吸。有氧呼吸的化學反應包含糖解作用、丙酮酸氧化、克式循環與電子傳遞鏈等，其中電子傳遞鏈是指還原態輔酶（NADH 與 $FADH_2$）經氧化釋出電子，電子在細菌細胞膜或粒線體內膜上一系列的電子載體蛋白間傳送的過程，結果造成膜外與膜內質子濃度的差異，質子的濃度差異驅動了 ATP 的合成。電子最後

由氧分子接收形成水（$4e^- + O_2 + 4H^+ \rightarrow 2H_2O$），也就是氧（$O_2$）被還原成水（$H_2O$）。

另一方面，部分異營兼性厭氧菌如 *Paracoccus denitrificans* 與多種假單胞菌屬（*Pseudomonads*）與自營脫氮菌（*Thiobacillus denitrificans*），在缺氧或低氧狀態行呼吸作用時，電子傳遞鏈最終的電子接受者並非氧，而是硝酸根（NO_3^-）或硫酸根（SO_4^{2-}）等氧化態物質，此類作用即為「無氧呼吸」。故無氧呼吸與有氧呼吸的代謝路徑類似，但不須氧參與電子傳遞鏈，而是以氧化態鹽類接受電子，使其還原。常見的還原反應如下（劉，民101）：

反應式	被還原物質	被還原者與其氧數的改變	電子數的改變（e–）
$NO_3^- \rightarrow NO_2^-$	N	N 的氧化數從 +5 → +3	獲得 2 電子
$SO_4^{2-} \rightarrow H_2S$	S	S 的氧化數從 +6 → -2	獲得 8 電子
$CO_3^{2-} \rightarrow CH_4$	C	C 的氧化數從 +4 → -4	獲得 8 電子
$CO_3^{2-} \rightarrow CH_3COOH$	C	C 的氧化數從 +4 → 0	獲得 4 電子
$S \rightarrow H_2S$	S	S 的氧化數從 0 → -2	獲得 2 電子
$Fe^{3+} \rightarrow Fe^{2+}$	Fe	Fe 的氧化數從 +3 → +2	獲得 2 電子
$Mn^{4+} \rightarrow Mn^{2+}$	Mn	Mn 的氧化數從 +4 → +2	獲得 1 電子
$Co^{3+} \rightarrow Co^{2+}$	Co	Co 的氧化數從 +3 → +2	獲得 1 電子

由此可知，脫氮菌在缺氧時，可行無氧呼吸，此時可將硝酸根（NO_3^-）作為電子傳遞鏈最終的電子接受者，導致硝酸根（NO_3^-）進行一系列還原反應：

硝酸根（NO_3^-）→ 亞硝酸根（NO_2^-）→ 一氧化氮（NO）

→ 一氧化二氮（N_2O）→ 氮（N_2）

上述過程中，N 的氧化數變化為 +5 → +3 → +2 → +1 → 0，代表此過程為一系列還原（獲得電子）的過程。上述反應的淨反應式如下：

$$2NO_3^- + 10\ e^- + 12\ H^+ \rightarrow N_2 + 6\ H_2O$$

除上述反應外，脫氮菌亦可行下述反應：

$$NO_3^- \rightarrow NO_2^- \rightarrow NH_4^+$$

氧化數與氧化還原的判斷

氧化是指某物質失去電子的過程，而還原是指某物質獲得電子的過程。例如文中所謂「氧分子接收電子形成水」，即可描述成：氧分子被還原成水分子。

氧化數（Oxidation number）是指一化合物中各原子的電子數目。若為元素態的物質，氧化數為 0，例如：O_2 中的 O 之氧化數為 0。在離子化合物中，氧化數是離子的電荷數，例如 NaCl 中，Na 的氧化數為 +1，Cl 的氧化數為 -1。在共價化合物中，氧化數是一種假想電荷，於計算時需將鍵結的電子對，完全分配給電負度較大的元素後（電負度越大，代表該原子在形成化學鍵時，對成鍵電子的吸引力越強），再計算各種原子的電荷數，例如水分子中 H 與 O 的鍵結裡，因 O 的電負度大於 H，代表電子較靠近 O，故 O 的電荷情形為「部分負電」（δ^-），而 H 的電荷情形為「部分正電」（δ^+）；而在計算氧化數時，先將電子完全分配給 O（電負度較 H 大），則 O 的電荷為 -2，2 個 H 的電荷各為 +1，故水分子中的 H 的氧化數為 +1，O 的氧化數為 -2。

氧化數可用來追蹤電子在氧化還原反應中的轉移情形，例如：

NO_3^- 中 O 的氧化數為 -2，故 O_3 的氧化數為 -6，NO_3^- 整體氧化數為 -1，可推算 N 的氧化數為 +5

NO_2^- 中 O 的氧化數為 -2，故 O_2 的氧化數為 -4，NO_3^- 整體氧化數為 -1，可推算 N 的氧化數為 +3

故 $NO_3^- \rightarrow NO_2^-$ 的反應中，N 的氧化數從 +5 → +3，獲得兩個電子（e^-），代表 N 被還原。

上述過程中，N 的氧化數變化為 +5 → +3 → -3，仍為一系列還原（獲得電子）的過程，但最終形成銨鹽，N 元素仍留在土讓中，稱為硝酸鹽異化性還原成銨鹽（dissimilatory nitrate reduction ammonium, DNRA）。

三、有氧環境下可以行脫氮作用嗎？

　　脫氮菌在缺氧或低氧狀態（O_2 小於 10％）時，因無法以氧作為呼吸作用中電子傳遞鏈的電子接收者，故以硝酸根（NO_3^-）作為電子傳遞鏈的電子接收者，行無氧呼吸。那在氧充足的環境中，是否無法進行脫氮作用？

　　萊斯利·安·羅伯遜（Lesley Anne Robertson）和約翰·海斯·庫南（Johannes Gijs Kuenen）於 1984 發現了可同時行硝化作用和脫氮作用的泛養硫球菌（*Thiosphaera pantotropha*，現改名為 *Paracoccus pantotrophus*），且可於有氧環境下進行脫氮作用（稱為有氧脫氮），至今科學家已發現多種可行有氧脫氮的脫氮菌（Ji, *et al.*, 2015；梁等人，2010）。

　　泛養硫球菌屬於革蘭氏陰性菌，其細胞壁有兩層，外層細胞壁可阻隔氧，使得細菌可控制細胞的氧濃度。若泛養硫球菌維持細胞缺氧的狀態，使得細胞進行無氧呼吸，則啟動脫氮作用；但若細胞處於氧充足的狀態，使得細胞進行有氧呼吸，由氧接受電子形成水（圖一）。

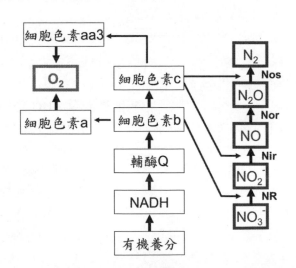

圖一：泛養硫球菌等可有氧脫氮的細菌，可依據氧的濃度，調節電子傳遞的路徑（修改自：梁等人，2010）。NR：硝酸還原酶；Nir：亞硝酸還原酶；Nor：一氧化氮還原酶；Nos：一氧化二氮還原酶。

四、脫氮作用有什麼應用？

　　水中的氮元素過多，常是造成水體汙染和優養化的主要原因之一，因此對於優養化的水域，水體中氮元素的清除是汙水處理中很重要的步驟。脫氮菌的脫氮作用正好可用於清除水體中的硝酸鹽，可避免優氧化的發生或惡化。若在有氧的環境下，若同時有適當的好氧菌與脫氮菌，可同時利用好氧菌進行有機物的分解，而可行有氧脫氮的脫氮菌亦可一同清除水體中的硝酸鹽，則可提高汙水處理的效率。

結案

◎脫氮菌缺氧時可行無氧呼吸，以硝酸鹽（NO_3^-）作為電子傳遞鏈最終的電子接受者，使得硝酸鹽（NO_3^-）還原成氮（N_2），也就是脫氮作用的成因。

◎泛養硫球菌與其他多種細菌可同時進行硝化作用和脫氮作用，且可於有氧環境下進行脫氮作用，稱為有氧脫氮。

◎脫氮作用可應用於清除水體中的硝酸鹽，作為處理優養化水域的手段。

情資來源

Denitrification. (2018, June 9). In *Wikipedia, the free encyclopedia*. Retrieved June 20, 2018, from https://en.wikipedia.org/wiki/Denitrification

Ji, B., Yang, K., Zhu, Lei., Jiang, Y., Wang, H., Zhou, J. and Zhang, H. 2015. Aerobic denitrification: A review of important advances of the last 30 years. *Biotechnology and Bioprocess Engineering*. 20(4): 643–651.

梁書誠、趙搖、盧磊、趙麗豔，2010。好氧反硝化菌脫氮特性研究進展。應用生態學報，21（6），1581-1588。

劉仲康，民101。無氧下的生命現象：談無氧呼吸與發酵作用。翰林生物即時通，2，1-4。

```
┌─────────────────────────────────┐
│ ┌─────────────────────────────┐ │
│ │                             │ │
│ │         第三偵查室            │ │
│ │         ─────               │ │
│ │                             │ │
│ │       生化代謝               │ │
│ │                             │ │
│ │                             │ │
│ └─────────────────────────────┘ │
└─────────────────────────────────┘
```

案例 7

光合作用如何產生六分子水？二氧化碳的氧原子如何構成葡萄糖？

課堂上，教師常以反應式總結光合作用的反應物與產物，常見如下：

$6CO_2 + 12H_2O \rightarrow C_6H_{12}O_6 + 6H_2O + 6O_2$...........................式一

$6CO_2 + 6H_2O \rightarrow C_6H_{12}O_6 + 6O_2$.................................式二

兩式的差異在於是否將反應物與產物的水分子相互消去，式二為反應物與產物皆消去六分子水的結果。許多教師強調光合作用必須以式一呈現，因為反應物所消耗的水分子，與光合作用產生的水分子分別於不同的反應過程中消耗與產生，所以消耗的水與產生的水並不是「同一批」水分子，所以需

分別呈現而不宜相消簡化。學生經教師講解可得知光合作用的產物 $O^\#_2$ 來自 $H_2O^\#$ 的水光解作用（water photolysis），但光合作用產生的 $6H_2O^*$ 來自何處？

20 世紀初柯內利烏斯・柏納德斯・凡尼爾（Cornelis Bernardus van Niel）以實驗推論植物光合作用所產生的 O_2 來自水，而非當時科學界所認為的二氧化碳。此推論由山繆・魯賓（Samuel Ruben）等人於 1941 年用同位素分別標定 $C^{18}O_2$ 與 $H_2^{18}O$ 進行實驗證實，光合作用反應物中，水分子的氧元素形成產物中的氧，而二氧化碳的氧元素組成了產物中的葡萄糖與水：

$$12H_2O^\# + 6CO^*_2 \rightarrow C_6H_{12}O^*_6 + 6H_2O^* + 6O^\#_2 \quad\text{式三}$$

這是高中生物課堂上常用的光合作用反應式。其中水分子的氧元素如何形成產物中的氧？二氧化碳的氧元素如何組成了產物中的葡萄糖與水？

凡尼爾的研究

凡尼爾於 1920 年代證實綠色細菌在光照下，可將硫化氫氧化成硫（式 a），紫硫菌與綠硫菌不但可行上述反應，亦能繼續將硫氧化成硫酸鹽（式 b）；經由這些光驅動的氧化反應，可將二氧化碳轉變成細胞內的有機物質。凡尼爾因此相信在光合作用的反應中，將某物質氧化後，可使其氫元素轉移至二氧化碳上，使二氧化碳還原成其他有機物，並且依據式二整理出通式（式 c）。這些觀察與推論於 1929 年底的研討會[註1]中發表，兩年後正式發表[註2]。凡尼爾甚至發現紫硫細菌與非硫紫細菌可氧化某些有機化合物，以作為氫提供者。

$$2H_2S + CO_2 \xrightarrow{\text{光照}} 2S + （CH_2O） + H_2O \quad\text{式 a}$$

$$2S + 3CO_2 + 5H_2O \xrightarrow{\text{光照}} 2H_2SO_4 + 3（CH_2O） \quad\text{式 b}$$

$$2H_2A + CO_2 \xrightarrow{\text{光照}} 2A + （CH_2O） + H_2O \quad\text{式 c}$$

$$2H_2O + CO_2 \xrightarrow{\text{光照}} O_2 + （CH_2O）+ H_2O .... 式 d$$

若將式 c 與綠色植物光合作用的反應（式 d）比較，凡尼爾推論植物光合作用所產生的 O_2 來自水，而非當時科學界所認為的二氧化碳。這個推論由魯賓等人於 1941 年用同位素分別標定 $C^{18}O_2$（式 e）與 $H_2^{18}O$（式 f）進行實驗[註3]證實為正確的。

$$C^{18}O_2 + 2 H_2O \rightarrow （CH_2^{18}O）+ O_2 + H_2^{18}O .... 式 e$$

$$CO_2 + 2 H_2^{18}O \rightarrow （CH_2O）+ {}^{18}O_2 + H_2O .... 式 f$$

凡尼爾與魯賓等人的研究成果，可將綠色植物與藻類之光合作用反應式以本文中式三表示，反應物中水分子的氧元素最後構成氧，二氧化碳的氧元素最後構成醣類與水，式三即為中學和大學教科書中常用於描述光合作用反應的反應式。

註 1：西方社會博物學家年會（*Western Society of Naturalists* in Pacific Grove, 1929）

註 2：van Neil, C. B. 1931. On the morphology and physiology of the purple and green sulfur bacteria. *Arch. Mikrobiol.* 3: 1-112.

註 3：Ruben, S., Randall, M., Kamen, M. and Hyde, J. L. 1941. Heavy oxygen (^{18}O) as a tracer in the study of photosynthesis. *J. Am. Chem. Soc.* 63: 877-879.

偵查與破案

一、光合作用中哪些反應可產生六莫耳水分子？

光合作用中水分子的代謝情形，相較於氧原子的代謝路徑較為單純。以產生 1 莫耳六碳糖（需 6 莫耳 CO_2）的前提下，在光反應中，12 莫耳的水分子經水光解作用產生 6 莫耳的氧分子（式四）。但教學的過程中，師生常常忽略光反應中產生 ATP 的過程也有水分子的代謝（脫水反應產生水分子，式五、圖一），故光反應中耗掉 12 莫耳的水分子（產生氧分子），也產生了 18 莫耳的水

分子（脫水反應形成 ATP）。

$$12H_2O^\# + 12NADP^+ \rightarrow 12NADPH + 12H^+ + 6O_2^\# \dotsb 式四$$

$$18ADP + 18\,P_i \rightarrow 18ATP + 18H_2O \dotsb 式五$$

　　另一方面，經碳反應產生 1 莫耳葡萄糖的過程中，共消耗 18 莫耳 ATP、12 莫耳 NADPH 與 12 莫耳的水分子，其淨反應以式六表示。

$$6CO_2 + 18ATP + 12\,NADPH + 12H^+ + 12H_2O$$

$$\rightarrow C_6H_{12}O_6 + 18P_i + 18ADP + 12NADP^+ \dotsb 式六$$

　　由上述碳反應（式六）與光反應中形成 ATP 的反應式（式五）可得知，光反應形成 ATP 時產生 18 莫耳水分子，而碳反應需耗掉 12 莫耳水分子，故光反應與碳反應互相抵消後就可淨產生 6 莫耳水分子。

二、二氧化碳的氧原子如何形成水分子與葡萄糖？

　　碳反應可分為四大步驟，即二氧化碳的固定、磷酸甘油醛的還原、二磷

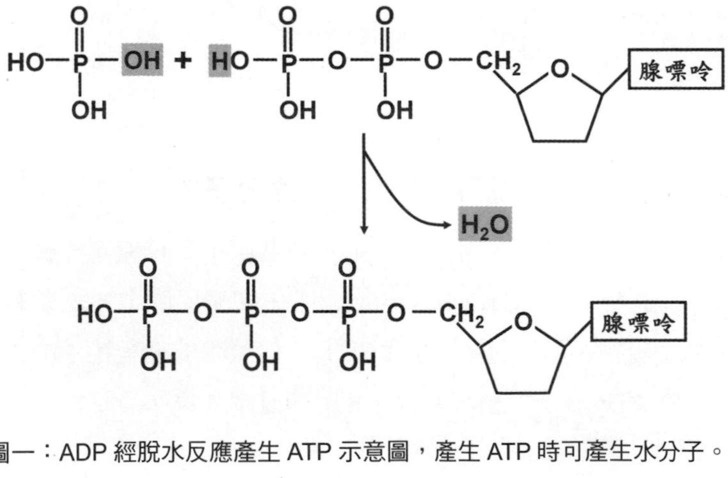

圖一：ADP 經脫水反應產生 ATP 示意圖，產生 ATP 時可產生水分子。

酸核酮糖的再生、六碳糖的合成。以下討論此四大步驟中水分子與氧原子的代謝情形，為表達方便，不同來源的氧原子作不同標記，磷酸根以「P_i-OH」，二磷酸腺苷以「ADP-H」表示，三磷酸腺苷以「ADP-P_i」表示，ADP經脫水反應產生 ATP。

$$ADP\text{-}H + P_i\text{-}OH \rightarrow ADP\text{-}P_i（= ATP）+ H_2O .... 式七$$

若將二氧化碳的氧原子以同位素標定（下文以 CO_2^* 表示），以追蹤氧原子在碳反應中的代謝路徑，可推知由於碳反應包含卡爾文循環，氧原子（O^*）可重複循環而累積於碳反應的中間產物與最終產物，故可將碳反應區分為初期反應與後期反應。

三、碳反應的初期反應

步驟一：二氧化碳的固定

6 莫耳的二氧化碳與 6 莫耳的二磷酸核酮糖（RuBP）結合成 12 莫耳的磷酸甘油酸（PGA），需消耗 6 莫耳的水分子，這些水分子的氧原子（O）形成半數磷酸甘油酸之羧基上的羥基（-COOH），而二氧化碳的氧原子（下表中以 O^* 標記）形成另外一半磷酸甘油酸的羧基（-CO^*O^*H）。

物質變化	二氧化碳 + 二磷酸核酮糖 + 水 → 磷酸甘油酸
反應式	$6CO_2^* + 6C_5H_8O_5\text{-}2P_i + 6H_2O \rightarrow 6C_3H_5O_2O_2^*\text{-}P_i + 6C_3H_5O_3O_1\text{-}P_i$

二磷酸核酮糖　　磷酸甘油酸　　磷酸甘油酸

步驟二：磷酸甘油醛的還原

磷酸甘油酸還原成磷酸甘油醛（PGAL）時，需消耗 ATP 使磷酸甘油酸的羧基還原成醛基，而磷酸甘油酸之羧基上的羥基脫去的氧原子形成磷酸根的羥基，故原本來自水分子的氧原子（O）形成了半數磷酸根的羥基，原本來自二氧化碳的氧原子（O^*）形成了半數磷酸根的羥基（$-O^*H$），與半數磷酸甘油醛的醛基（$-CO^*H$）。

物質變化	磷酸甘油酸 + ATP + NADPH → 磷酸甘油醛
反應式	$6C_3H_5O_2O^*_2\text{-}P_i + 6C_3H_5O_3O_1\text{-}P_i + 12ADP\text{-}P_i + 12NADPH$ $\rightarrow 6C_3H_5O_2O^*_1\text{-}P_i + 6C_3H_5O_3\text{-}P_i + 12ADP\text{-}H + 6P_i\text{-}O^*H + 6P_i\text{-}OH + 12NADP^+$

步驟三：二磷酸核酮糖的再生

若只探討水的代謝與水分子中氧元素的路徑，在步驟二所產生的 12 莫耳磷酸甘油醛中，有 10 莫耳的磷酸甘油醛經消耗 4 莫耳水分子與 6 莫耳 ATP 後，生成二磷酸核酮糖，其中反應物水分子的氧原子（O）形成了磷酸根的羥基。若追蹤來自二氧化碳之氧元素的代謝路徑，碳反應前期參與二磷酸核酮糖再生的磷酸甘油醛，有一半的比例帶有來自二氧化碳之氧元素（O^*），而隨著卡爾文循環的重複累積，參與的磷酸甘油醛有越來越多比例帶有 O^*，下表中以參與的磷酸甘油醛皆帶有一個 O^* 為例，結果再生而成的二磷酸核酮糖有三分之一帶有三個 O^*，有三分之二帶有一個 O^*，這些二磷酸核酮糖繼續參與卡爾文循環，可使後期的二磷酸核酮糖所帶的 O^* 越來越多，最後達飽和。

物質變化	磷酸甘油醛 ＋ 水 ＋ ATP → 二磷酸核酮糖
反應式	$10C_3H_5O_2O^*_1\text{-}P_i + 4H_2O + 6ADP\text{-}P_i$ $\rightarrow 2C_5H_8O_2O^*_3\text{-}2P_i + 4C_5H_8O_4O^*_1\text{-}2P_i + 4P_i\text{-}OH + 6ADP\text{-}H$

1. 探討水的代謝與水分子中氧元素的路徑

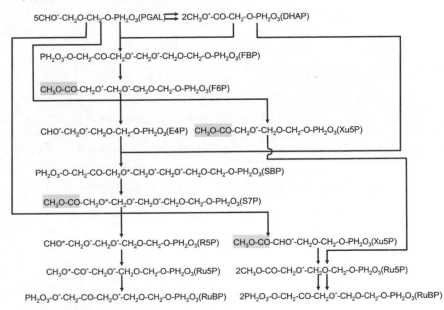

2. 探討來自二氧化碳之氧元素的代謝路徑

【註 1】PGAL（3- 磷酸甘油醛）、DHAP（二羥丙酮磷酸）、FBP（果糖 -1,6- 雙磷酸）、F6P（果糖 -6- 磷酸）、E4P（赤蘚糖 -4- 磷酸）、Xu5P（木酮糖 -5- 磷酸）、SBP（景天庚酮 -1,7- 二磷酸）、S7P（景天庚酮 -7- 磷酸）、R5P（核糖 -5- 磷酸）、Ru5P（核酮糖 -5- 磷酸）、RuBP（核酮糖 -1,5- 二磷酸）

步驟四：六碳糖的合成

上述步驟二所產生的 12 莫耳磷酸甘油醛中，有 2 莫耳經消耗水分子形成六碳糖，其中水分子的氧原子形成了磷酸根的羥基。

物質變化	磷酸甘油醛 + 水 → 葡萄糖
反應式	$2C_3H_5O_3\text{-}P_i + 2H_2O \rightarrow C_6H_{12}O_6 + 2P_i\text{-}OH$（高比例） $C_3H_5O_3\text{-}P_i + C_3H_5O_2O^*_1\text{-}P_i + 2H_2O \rightarrow C_6H_{12}O_5O^*_1 + 2P_i\text{-}OH$（低比例）

四、碳反應的後期反應

經許多次的卡爾文循環後，後期用於固定二氧化碳的二磷酸核酮糖皆來自前文步驟三 RuBP 的再生（圖二），這些二磷酸核酮糖的氧原子（O^*）皆來自二氧化碳。

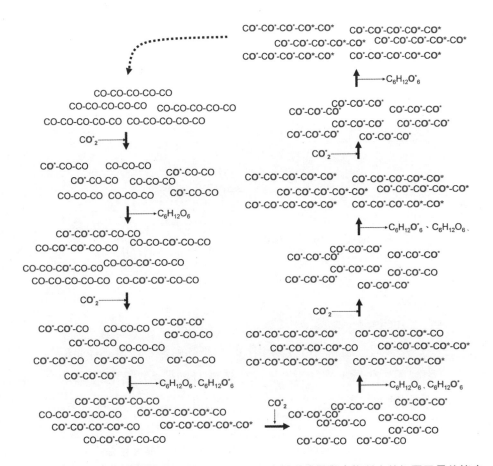

圖二：經多次二磷酸核酮糖再生步驟，使得卡爾文循環成員與產物所含的氧原子最後皆來自二氧化碳。圖中 CO-CO-CO 代表 PGAL，CO-CO-CO-CO-CO 代表 RuBP。

步驟一：二氧化碳的固定

二磷酸核酮糖經二氧化碳固定反應，所產生的磷酸甘油酸中，有半數分子內羧基上的羥基來自水分子（氧原子以 O 標記），而全數磷酸甘油酸的其他氧原子來自二氧化碳（以 O^* 標記）。

物質變化	二氧化碳 + 二磷酸核酮糖 + 水 → 磷酸甘油酸
反應式	$6CO^*_2 + 6C_5H_8O^*_5\text{-}2P_i + 6H_2O \rightarrow 6C_3H_5O^*_4\text{-}P_i + 6C_3H_5O^*_3O_1\text{-}P_i$

二磷酸核酮糖　磷酸甘油酸　磷酸甘油酸

步驟二：磷酸甘油醛的還原

反應過程與初期類似，但後期參與的反應物磷酸甘油酸，所帶的氧原子（O^*）皆來自二氧化碳，故在後期所產生磷酸甘油醛，所含有的氧原子（O^*）皆來自二氧化碳。

物質變化	磷酸甘油酸 + ATP + NADPH → 磷酸甘油醛
反應式	$6C_3H_5O^*_4\text{-}P_i + 6C_3H_5O^*_3O_1\text{-}P_i + 12ADP\text{-}P_i + 12NADPH$ $\rightarrow 12C_3H_5O^*_3\text{-}P_i + 12ADP\text{-}H + 6P_i\text{-}O^*H + 6P_i\text{-}OH + 12NADP^+$

磷酸甘油酸　磷酸甘油酸　磷酸甘油醛

步驟三：二磷酸核酮糖的再生

步驟二所生成的磷酸甘油醛所含的氧原子皆來自二氧化碳，這些磷酸甘油醛參與了二磷酸核酮糖的再生，使其皆含有自二氧化碳之氧元素。

物質變化	磷酸甘油醛 + 水 + ATP → 二磷酸核酮糖
反應式	$10C_3H_5O^*_3\text{-}P_i + 4H_2O + 6ADP\text{-}P_i \rightarrow 6C_5H_8O^*_5\text{-}2P_i + 4P_i\text{-}OH + 6ADP\text{-}H$

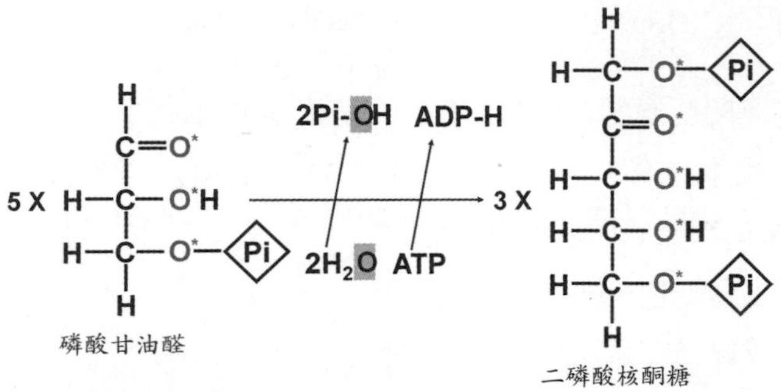

磷酸甘油醛

二磷酸核酮糖

步驟四：六碳糖的合成

如上所述，後期碳反應中磷酸甘油醛上所有氧原子皆來自二氧化碳，故其中 2 莫耳磷酸甘油醛經消耗水分子形成六碳糖，其中水分子的氧原子形成了磷酸根的羥基，六碳糖中所有氧原子皆來自二氧化碳。

物質變化	磷酸甘油醛 + 水 → 葡萄糖
反應式	$2C_3H_5O^*_1\text{-}P_i + 2H_2O \rightarrow C_6H_{12}O^*_6 + 2P_i\text{-}OH$

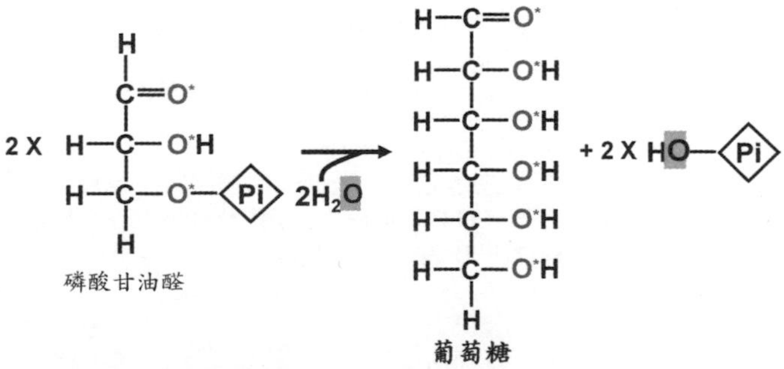

磷酸甘油醛

葡萄糖

將上述後期碳反應中 CO_2^* 與 H_2O 的代謝過程整理如下：

步驟一：$6CO_2^* + 6C_5H_8O_5^*-2P_i + 6H_2O \rightarrow 6C_3H_5O_4^*-P_i + 6C_3H_5O_3^*O_1-P_i$

步驟二：$6C_3H_5O_4^*-P_i + 6C_3H_5O_3^*O_1-P_i + 12ADP-P_i + 12NADPH$
$\rightarrow 12C_3H_5O_3^*-P_i + 12ADP-H + 6P_i-O^*H + 6P_i-OH + 12NADP+$

步驟三：$10C_3H_5O_3^*-P_i + 4H_2O + 6ADP-P_i \rightarrow 6C_5H_8O_5^*-2P_i + 4Pi-OH +$
$6ADP-H$

步驟四：$2C_3H_5O_1^*-P_i + 2H_2O \rightarrow C_6H_{12}O_6^* + 2P_i-OH$

　　將上述後期反應的四個步驟整合成下列碳反應式（式八），碳反應產生的 18 莫耳磷酸根中，有 6 莫耳的磷酸根內之羥基的氧原子來自 CO_2^*，若將碳反應產生的 18 莫耳磷酸根進入光反應產生 ATP(式九)，可產生 18 莫耳水分子，其中 6 莫耳水分子帶有同位素標定的氧原子（O^*），而碳反應耗掉的 12 莫耳水分子，與光反應產生的 12 莫耳無放射性標定的水分子可抵消，淨產生 6 莫耳具有同位素標定的水分子（圖三），若再與光反應中水光解與形成還原態輔酶的反應（式十）整合，即可得到教科書中常見的光合作用簡式（式三）。

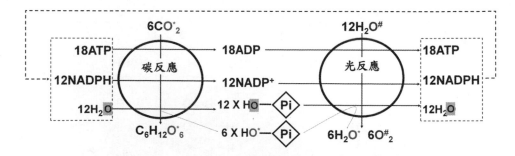

圖三：碳反應與光反應消耗與產生水分子及氧原子代謝路徑示意圖。光反應產生的 12 莫耳無放射性標定的水分子（H_2O）可與碳反應消耗的水分子抵消，淨得 6 莫耳具放射性標定的水分子（H_2O^*，O^* 來自二氧化碳）。

碳反應：$6CO^*_2 + 18ATP + 12\ NADPH + 12H^+ +12H_2O$

$\rightarrow C_6H_{12}O^*_6 + 6P_i\text{-}O^*H + 12P_i\text{-}OH + 18ADP\text{-}H +12\ NADP^+$

.... 式八

光反應一：$18ADP\text{-}H + 6P_i\text{-}O^*H + 12P_i\text{-}OH \rightarrow 18ATP + 6\ H_2O^* + 12H_2O$

.... 式九

光反應二：$12H_2O^\# + 12NADP^+ \rightarrow 12NADPH + 12H^+ + 6O^\#_2$

.... 式十

結案

◎水分子的產生與消耗

- 光水解過程，消耗 12 個水分子：

  $\boxed{12H_2O} + 12NADP^+ \rightarrow 12NADPH + 12H^+ + 6O_2$

- 光反應產生 ATP 過程產生 18 個水分子：

  $18ADP + 18\ P_i \rightarrow 18ATP + \boxed{18H_2O}$

- 碳反應消耗 12 個水分子：

  $6CO_2 + 18ATP + 12\ NADPH + 12H^+ + \boxed{12H_2O}$

  $\rightarrow C6H_{12}O_6 + 18P_i + 18ADP + 12NADP^+$

◎氧原子的代謝路徑

- 光反應形成 ATP 的過程，其原料是來自碳反應中固定 CO_2 後產生的磷酸根，這些磷酸根中帶有來自 CO_2 的氧原子。

  碳反應：$6CO^*_2 + 18ATP + 12\ NADPH + 12H^+ +12H_2O$

  $\rightarrow C_6H_{12}O^*_6 + 6P_i\text{-}O^*H + 12P_i\text{-}OH + 18ADP\text{-}H +12\ NADP^+$

  光反應一：$18ADP\text{-}H + 6P_i\text{-}O^*H + 12P_i\text{-}OH \rightarrow 18ATP + 6\ H_2O^* + 12H_2O$

- 碳反應所產生的磷酸根雖不一定立即用於光反應，但經過一段時間的反應，即可追蹤這些來自 CO_2 的氧原子，最終形成 H_2O。且由反應過程中的前後化約，去除其他 H_2O（不具同位素）的生成與消耗，即可得光合作用產物中的 6 莫耳水分子，其氧原子來自 CO_2。

光反應一：$18ADP\text{-}H + 6P_i\text{-}O^*H + 12P_i\text{-}OH \rightarrow 18ATP + 6H_2O^* + 12H_2O$

光反應二：$12H_2O + 12NADP^+ \rightarrow 12NADPH + 12H^+ + 6O_2$

情資來源

Pfennig, N., van Niel remembered. *ASM News*. 53(2): 75-77, 1987

Barker, H. A. and Hungate, R. E., "Cornelis Bernardus van Niel, 1897-1985 : a biographical memoir". In National Academy of Sciences (ed.). *Biographical Memoirs* 59, p.388-p.423, Washington, D.C., National Academy Press, 1990.

Lodish, H. et al., *Molecular Cell Biology*, 4th edition. New York, W. H. Freeman, 2000.

The Calvin Cycle-The Light-Independent Reactions of Photosynthesis. Retrieved November 25, 2014, from http://gardenandplate.com/calvin.html.

本文修改自：蔡任圃 (民 103)。水與氧的奇幻旅程 (上)─水來自何方？ 水分子與氧原子在光合作用中的代謝情形。科學教育月刊，375，34-43。

案例 8

有氧呼吸的反應物中，如何消耗六分子的水？葡萄糖的氧原子如何形成二氧化碳？

有氧呼吸的反應式如式一，學生可由教師講解得知，產物中的 $12H_2O^{\#}$ 來自電子傳遞鏈過程中，氧接受電子與氫離子所形成（$6O^{\#}_2 + 24e^- + 24H^+ \rightarrow 12H_2O^{\#}$），但反應物中 $6H_2O^*$ 在哪些反應過程中消耗？$C_6H_{12}O^*_6$ 與 H_2O^* 的氧原子又是如何形成 CO^*_2？

$$C_6H_{12}O^*_6 + 6H_2O^* + 6O^{\#}_2 \rightarrow 12H_2O^{\#} + 6CO^*_2 .... 式一$$

偵查與破案

一、有氧呼吸中哪些反應可消耗六莫耳的水分子？

有氧呼吸可略分為四個步驟，即糖解作用、丙酮酸氧化、檸檬酸循環（克式循環）與電子傳遞鏈。若在分解 1 莫耳葡萄糖的前提下，糖解作用可產生 2 莫耳水。丙酮酸氧化的過程沒有產生水，而檸檬酸循環消耗 4 莫耳水。

糖解作用：葡萄糖 + $2NAD^+$ + $4H^+$ + $2P_i$ + 2ADP

$\rightarrow$ 2 丙酮酸 + 2NADH + $2H^+$ + 2ATP + $\boxed{2H_2O}$

丙酮酸氧化：2 丙酮酸 + 2 輔酶 A + $2NAD^+$

$\rightarrow$ 2 乙醯輔酶 A + $2CO_2$ + 2NADH + $2H^+$

檸檬酸循環：2 乙醯輔酶 A + $6NAD^+$ + 2FAD + 2GDP + $2P_i$ + $\boxed{4H_2O}$

$\rightarrow$ 2 輔酶 A + $4CO_2$ + 6NADH + $2FADH_2$ + $6H^+$ + 2GTP

故糖解作用、丙酮酸氧化與檸檬酸循環的反應可整合如下：

$C_6H_{12}O_6$ + 10NAD$^+$ + 2FAD + 4ADP + 4P$_i$ + $\boxed{2H_2O}$

→ 6CO$_2$ + 10NADH + 10H$^+$ + 2FADH$_2$ + 4ATP.................................. 式二

若再與電子傳遞鏈反應整合，即可得式三。

電子傳遞鏈：10NADH + 2FADH$_2$ + 10H$^+$ + 6O$_2$

　　　　　→ 12H$_2$O + 10 NAD$^+$ + 2FAD + 能量（用以形成 ATP）

$C_6H_{12}O_6$ + $\boxed{2H_2O}$ + 4ADP + 4P$_i$ + 6O$_2$

→ 6CO$_2$ + 4ATP + 12H$_2$O + 能量 .... 式三

　　式三與常見的有氧呼吸反應式（式一）不同，差別在 ATP 的生成，也就是有氧呼吸的過程應會產生 ATP，但教科書與課堂上所呈現的有氧呼吸反應式（式一），卻沒有包含 ATP 的生成過程。教科書描述有氧呼吸的反應式，為了力求簡潔，常省略了 ATP 的生成反應，但若想去除 ATP 的生成反應，可進行 ATP 水解，如此淨反應中就可忽略 ATP 的代謝過程。

　　若式三與 ATP 水解的反應（式四）整合，即可得到式五，即為課堂上所教授的有氧呼吸反應式（同式一），換句話說，除了電子傳遞鏈所產生的 12 莫耳水外；糖解作用產生 2 莫耳水，檸檬酸循環消耗 4 莫耳水，ATP 分解消耗 4 莫耳水，共淨消耗 6 莫耳水，即有氧呼吸反應物中的 6H$_2$O*。

4ATP + $\boxed{4H_2O}$ → 4P$_i$ + 4ADP.. 式四

$C_6H_{12}O_6$ + $\boxed{6H_2O}$ + 6O$_2$ → 6CO$_2$ + 12H$_2$O + 能量 .... 式五

二、水分子與葡萄糖的氧原子如何形成二氧化碳？

　　有氧呼吸過程中，葡萄糖與水的氧原子如何形成二氧化碳呢？以下就有氧呼吸的四個步驟分別討論氧原子的代謝情形，為表達方便，以下將不同來

源的氧原子用不同標記表示，而磷酸根以「Pi-OH」，二磷酸腺苷以「ADP-H」
表示，三磷酸腺苷以「ADP-Pi」表示，同理二磷酸鳥苷以「GDP-H」表示，
三磷酸鳥苷以「GDP-Pi」表示。

1. 糖解作用（產生兩分子水）：過程中葡萄糖分子中的兩個氧原子形成水
   分子，而磷酸根的一個氧原子形成丙酮酸分子的一部分，最後原先葡
   萄糖的六個氧原子（於下表內標註成 O^*），有四個仍在兩個丙酮酸分子
   中，兩個形成水，下表內反應物中的磷酸根的氧原子亦標註成 O^*，原
   因見下述。

物質變化	葡萄糖 → 丙酮酸 + NADH + ATP
反應簡式	$C_6H_{12}O_6^* + 2NAD^+ + 2P_i\text{-}O^*H + 2ADP\text{-}H$ $\rightarrow 2C_3H_4O_3^* + 2NADH + 2H^+ + 2ADP\text{-}P_i + 2H_2O^*$

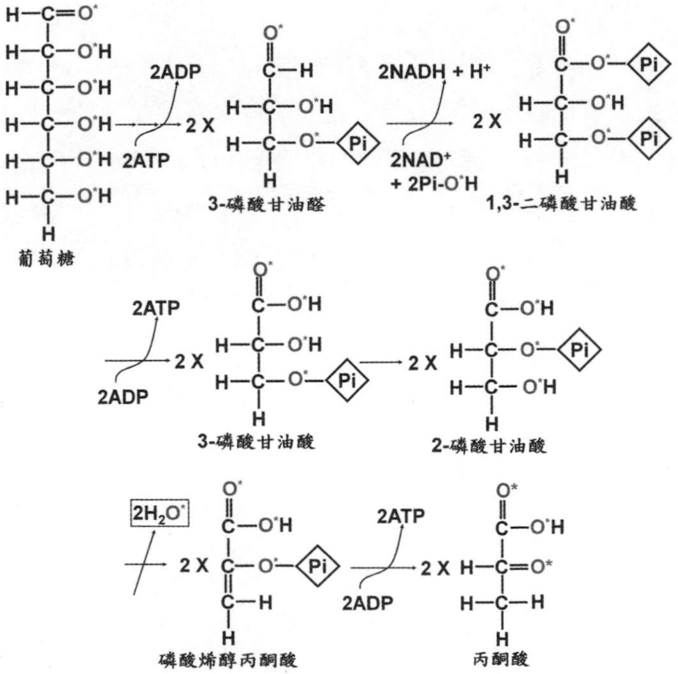

3-磷酸甘油醛   1,3-二磷酸甘油酸

3-磷酸甘油酸   2-磷酸甘油酸

磷酸烯醇丙酮酸   丙酮酸

葡萄糖

2. 丙酮酸氧化（無水分子的代謝）：過程中，所產生之二氧化碳與乙醯基，其組成成分的氧原子來自之前的葡萄糖或磷酸根。

物質變化	丙酮酸 + 輔酶 A → 乙醯輔酶 A + 2CO$_2$ + 2NADH
反應簡式	2C$_3$H$_4$O$^*_3$ + 2CoA-H + 2NAD$^+$ → 2CoA-C$_2$H$_3$O* + 2CO$^*_2$ + 2NADH + 2H$^+$

3. 檸檬酸循環（消耗兩分子水）：乙醯輔酶 A 的乙醯基與草醯乙酸（oxaloacetate，下表中的 C$_4$H$_3$O$_5$ 或 C$_4$H$_3$O$^*_5$）作用，進入檸檬酸循環後可產生二氧化碳，二氧化碳的氧原子皆來自草醯乙酸，而非葡萄糖、磷酸根或水分子。初期葡萄糖的氧原子（O*），與檸檬酸循環所消耗的水分子與磷酸根（含 O*），其氧原子（O*）皆經再生而形成晚期參與檸檬酸循環的草醯乙酸（C$_4$H$_3$O$^*_5$），代表檸檬酸循環若可持續進行，這些來自葡萄糖、磷酸根與水分子的氧原子（O*），就可以於晚期的檸檬酸循環中形成二氧化碳（CO$^*_2$）。檸檬酸循環中產生的 GTP 可代謝成 ATP，中學課程中也常將此步驟所產生的高能物質以 ATP 表示（而非 GTP）。

物質變化	乙醯輔酶 A + $4H_2O$ → 輔酶 A + $4CO_2$ + 6NADH + $2FADH_2$ + 2GTP
反應簡式	初期：$2CoA\text{-}C_2H_3O^*$ + $2C_4H_3O_5$ + $6NAD^+$ + 2FAD + 2GDP-H + $2Pi\text{-}O^*H$ + $4H_2O^*$ → 2CoA-H + $4CO_2$ + $2C_4H_3O^*_5$ + 6NADH + $2FADH_2$ + $6H^+$ + $2GDP\text{-}P_i$ 晚期：$2CoA\text{-}C_2H_3O^*$ + $2C_4H_3O^*_5$ + $6NAD^+$ + 2FAD + 2GDP-H + $2Pi\text{-}O^*H$ + $4H_2O^*$ → 2CoA-H + $4CO^*_2$ + $2C_4H_3O^*_5$ + 6NADH + $2FADH_2$ + $6H^+$ + $2GDP\text{-}P_i$

初期反應：

乙醯輔酶A　草醯乙酸　檸檬酸　α-酮戊二酸　琥珀醯輔酶A　琥珀酸　草醯乙酸

後期反應：

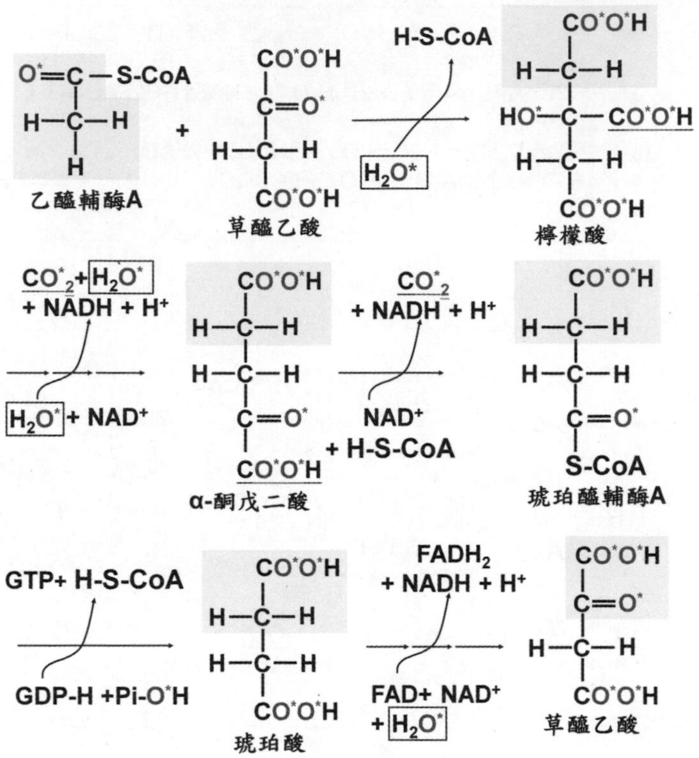

為何上述的反應中，除了葡萄糖與消耗的水分子之氧原子用 O^* 標註外，反應過程所消耗的磷酸根之氧原子亦用 O^* 標註？原因是有氧呼吸所消耗的 6 莫耳水中有 4 莫耳用於 ATP 的水解（式六），其產生磷酸根的氧原子來自所消耗的水分子，故糖解作用與檸檬酸循環反應物中的磷酸根攜帶來自水分子的氧原子。

ATP 的水解：$4ADP\text{-}P_i + 4H_2O^* \rightarrow 4ADP\text{-}H + 4Pi\text{-}O^*H$..................... 式六

若將糖解作用、丙酮酸氧化、檸檬酸循環（後期反應，並以 ATP 代替 GTP）的反應式比較如下，並整合成式七，再與 ATP 的水解反應（式六）合併，可得式八，即可解釋葡萄糖與水分子的氧原子（O^*）如何在有氧呼吸過程中形成二氧化碳（CO_2^*）。

1. 糖解作用：

$C_6H_{12}O_6^* + 2NAD^+ + 2Pi\text{-}O^*H + 2ADP\text{-}H$

$\rightarrow 2C_3H_4O_3^* + 2NADH + 2H^+ + 2ADP\text{-}P_i + 2H_2O^*$

2. 丙酮酸氧化：

$2C_3H_4O_3^* + 2CoA\text{-}H + 2NAD^+$

$\rightarrow 2CoA\text{-}C_2H_3O^* + 2CO_2^* + 2NADH + 2H^+$

3. 檸檬酸循環（後期反應）：

$2CoA\text{-}C_2H_3O^* + 2C_4H_3O_5^* + 6NAD^+ + 2FAD + 2ADP\text{-}H + 2P_i\text{-}O^*H + 4H_2O^*$

$\rightarrow 2CoA\text{-}H + 4CO_2^* + 2C_4H_3O_5^* + 6NADH + 2FADH_2 + 6H^+ + 2GDP\text{-}P_i$

$C_6H_{12}O_6^* + 10NAD^+ + 2FAD + 4ADP\text{-}H + 4Pi\text{-}O^*H + 2H_2O^*$

$\rightarrow 6CO_2^* + 10NADH + 10H^+ + 2FADH_2 + 4ADP\text{-}P_i$......................式七

$C_6H_{12}O_6^* + 10NAD^+ + 2FAD + 6H_2O^*$

$\rightarrow 6CO_2^* + 10NADH + 10H^+ + 2FADH_2$ ....式八

4. 電子傳遞鏈（產生 12 分子水）：在電子傳遞鏈中，10 莫耳 NADH 與 2 莫耳 $FADH_2$ 氧化所釋出的電子，與 6 莫耳氧結合形成 12 莫耳水分子。

物質變化	NADH 與 $FADH_2$ 氧化釋放電子，最後由氧接受電子與氫離子形成水
反應簡式	$10NADH + 10H^+ + 5O_2^\# \rightarrow 10H_2O^\# + 10\ NAD^+$ + 能量（用以形成 ATP） $2FADH_2 + O_2^\# \rightarrow 2H_2O^\# + 2FAD$ + 能量（用以形成 ATP）

綜上所論，由於有氧呼吸的簡式中並無 ATP 的生成，故需扣除有氧呼吸過程中所產生的 ATP，其中 ATP 水解需消耗 4 莫耳水，而糖解作用與檸檬酸循環淨消耗 2 莫耳水，因此有氧呼吸的反應物中需消耗 6 莫耳水。而產物中的 12 莫耳水分子，是來自電子傳遞鏈所生成。

若將葡萄糖與水分子的氧原子以同位素標定，在有氧呼吸過程中，這些氧原子最後都形成了二氧化碳（圖一），其中檸檬酸循環在初期所產生的二氧化碳還未攜帶同位素氧原子，但後期的二氧化碳產物即可偵測到同位素氧原子，以上就是葡萄糖與水分子的氧原子如何形成二氧化碳的機制。

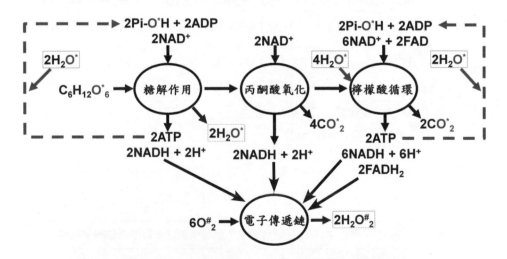

圖一：有氧呼吸過程中消耗與產生水分子情形的示意圖，若以同位素標定反應物中葡萄糖與水分子的氧原子（O*），結果共消耗 1 莫耳葡萄糖與 8 莫耳水分子，產生 2 莫耳水分子與 6 莫耳二氧化碳；若以同位素標定反應物中的氧分子（O#），則結果共消耗 6 莫耳氧分子，產生 12 莫耳水分子。

結案

◎有氧呼吸的各步驟與反應式如下：

- 糖解作用：葡萄糖 + 2NAD$^+$ + 4H$^+$ + 2P$_i$ + 2ADP

 → 2 丙酮酸 + 2NADH + 2H$^+$ + 2ATP + 2H$_2$O

- 丙酮酸氧化：2 丙酮酸 + 2 輔酶 A + 2NAD$^+$

 → 2 乙醯輔酶 A + 2CO$_2$ + 2NADH + 2H$^+$

- 檸檬酸循環：2 乙醯輔酶 A + 6NAD$^+$ + 2FAD + 2GDP + 2Pi + 4H$_2$O

 → 2 輔酶 A + 4CO$_2$ + 6NADH + 2FADH$_2$ + 6H$^+$ + 2GTP

- 電子傳遞鏈：10NADH + 2FADH$_2$ + 10H$^+$ + 6O$_2$

 → 12H$_2$O + 10 NAD$^+$ + 2FAD + 能量（用以形成 ATP）

◎有氧呼吸的總反應式：C$_6$H$_{12}$O$_6$ + 2H$_2$O + 4ADP + 4P$_i$ + 6O$_2$

 → 6CO$_2$ + 4ATP + 12H$_2$O + 能量

◎ 4ATP 水解的反應式：4ATP + 4H$_2$O → 4P$_i$ + 4ADP

◎上述反應式可整合成以下教科書描述的有氧呼吸的總反應。

C$_6$H$_{12}$O$_6$ + 6H$_2$O + 6O$_2$ → 12H$_2$O + 6CO$_2$ + 能量

反應物中的 6H$_2$O 是糖解作用（產生 2H$_2$O）、丙酮酸氧化（消耗 4H$_2$O）與 ATP 水解（消耗 4H$_2$O）中的淨消耗。產物中 12 H$_2$O 是來自電子傳遞鏈。

◎有氧呼吸中，若將葡萄糖與水分子的氧原子以同位素標定（O*），這些 O* 最後都形成了 CO$_2^*$（圖一），其中檸檬酸循環在初期產生的 CO$_2$ 還未攜帶 O*（此時參與的磷酸根還未攜帶 O*），但後期產生的 CO$_2^*$ 即可偵測到 O*。

來源

Lodish, H. *et al.*, *Molecular Cell Biology*, 4th edition. New York, W. H. Freeman, 2000.

本文修改自：蔡任圃（民 104）。水與氧的奇幻旅程（下）─水去了哪裡？水分子與氧原子在有氧呼吸中的代謝情形。科學教育月刊，377，49-54。

案例 9

碳反應為何常在白天發生？為什麼以前稱之為暗反應？

過去中學生物課堂上，將光合作用分為「光反應」與「暗反應」，目前教科書多已將暗反應改稱為「碳反應」，教師也常強調暗反應是指「不需光的反應」，且主要功能為固定二氧化碳，故稱為碳反應較為適合。這樣說正確嗎？

偵查與破案

一、碳反應的研究史

20世紀初英國植物生理學家佛雷德利克‧法斯特‧布萊克曼（Frederick Frost Blackman），以控制燈的距離來改變光的強度，控制碳酸氫鈉溶液（$NaHCO_3$）的濃度來決定不同二氧化碳濃度，與控制不同溫度，探討光強度、二氧化碳濃度與溫度對水生植物加拿大蘊草（*Elodea canadensis*，又稱美國黑藻）光合作用效率的效應，布萊克曼以加拿大蘊藻產生氣泡的速度代表光合作用效率。他發現在光線強度較低時，光的強度若增加則光合作用效率亦隨之增加，此時溫度的高低與二氧化碳濃度不具明顯的效應（圖一中的 D）；但當光線強度較高時，光合作用效率不再隨光線強度增加而增加，但溫度越高或二氧化碳濃度越高時，光合作用效率則明顯隨之增加（圖一中的 A、B、C），其中當溫度增加超過攝氏 35 度後，光合作用效率快速下降（Blackman, 1905）。

布萊克曼認為光反應所產生的產物可用於暗反應，所以當光強度高時，光反應所產生的產物過多，此時暗反應的反應速率限制了光合作用的整體效率。同樣的，當光強度較低時，光反應產生反應物的速率限制了光合作用的整體效率。布萊克曼與嘉貝麗‧路易絲‧凱若琳‧馬特伊（Gabrielle Louise Caroline Matthaei）觀察到最慢的反應步驟限制了整體反應的效率（Blackman and Matthaei, 1905），稱之為限制因子律，而光合作用具有光與非光（如二氧化碳與

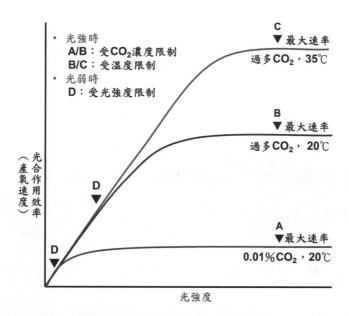

圖一：不同光強度、二氧化碳濃度與溫度條件下，對伊樂藻光合作用效率的效應。

溫度）兩種限制因子，當時學者就稱之為光限制與暗限制。

　　隨後奧圖‧亨利希‧瓦爾堡（Otto Heinrich Warburg）利用旋轉盤控制照光頻率，發現在黑暗與照光總長度不變的情形下，在固定時間內短而多次的照光時，光合作用同化效率大於長而少次的照光情形（圖二，Warburg, 1919）。若光合作用是完全依賴光的光化學反應，則中斷光線的作用，可能降低效率或無影響，但不應增加反應效率，故瓦爾堡的實驗結果，支持了布萊克曼的假設：光合作用的部分過程不需要光線，也就是部分過程不屬於光化學反應，且光反應所產生的反應物可快速地於短暫的黑暗期進行反應。

　　隨後學者驗證了光強度、二氧化碳濃度與溫度等因子對光合作效率的影響（Warburg and Uyesugi, 1924；Yabusoe, 1924），並總結這些研究結果，認為光合作用至少含兩個步驟，其中只有一個步驟直接需要光線但較不受溫度與二氧化碳濃度影響，也就是受光限制，瓦爾堡與其他學者稱之為光反應

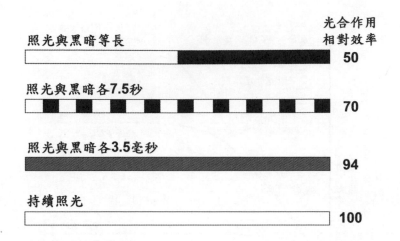

圖二：黑暗與照光總長度不變的情形下，不同照光頻率對光合作用效率的影響。

（Warburg, 1921）。另一步驟受溫度與二氧化碳濃度限制，但較不受光線影響，瓦爾堡與其他學者稱之為暗反應，也稱之為布萊克曼反應。

後人研究暗反應的反應路徑，常利用實驗植物照光後置於黑暗環境，追蹤以同位素標定之二氧化碳的反應產物，可與未照光的對照組比較，以去除有氧呼吸與光反應路徑的干擾，由於學者以研究黑暗環境下二氧化碳的固定路徑作為研究布萊克曼反應的方法，故一直沿用暗反應一詞。但隨著研究工作的進展，目前已知過去所謂的「暗反應」其實需要光線。

二、碳反應需要光的誘發

碳反應中的酵素並不直接吸收光能，但許多酵素的活性受光的調節，包含卡爾文循環內與C4植物固定二氧化碳過程中的許多酵素（表一）。這些酵素受光而活化的機制描述如下：

表一：碳反應中受光刺激而活化的酵素或其他物質。

	卡爾文循環	C4 植物固定 CO_2 的反應路徑
直接參與	1,5- 二磷酸核酮糖羧化酶／加氧酶 [2]（Rubisco） 磷酸甘油酸激酶 [2]（phosphoglycerate kinase） 甘油醛 -3- 磷酸去氫酶 [1]（glyceraldehyde-3-phosphate dehydrogenase） 果糖 -1,6- 雙磷酸酶 [1,2]（fructose-1,6- bisphosphatase） 轉酮醇酶 [2]（transketolase） 景天庚酮糖 -1,7- 雙磷酸酶 [1,2]（sedoheptulose-1,7-bisphosphatase） 核酮糖 5- 磷酸激酶 [1]（ribulose-5-phosphate kinase）	磷酸烯醇丙酮酸羧化酶 [3]（PEP carboxylase） 蘋果酸去氫酶 [1]（malate dehydrogenase） 丙酮酸磷酸雙激酶 [1]（pyruvate, phosphate dikinase）
間接參與	Rubisco 活化酶 [1] 2- 羧阿伯醇 1- 磷酸（2-carboxyarabinitol 1-phosphate, CA1P）[4]（抑制碳反應）	註1：受還原態的硫氧還蛋白活化。 註2：因 pH 增加與鎂離子而活化。 註3：受「光活化的激酶」活化。 註4：受「光活化的 CA1P 磷酸酶」抑制。

1. 碳反應的部分酵素受「還原態的硫氧還蛋白」活化

光反應中光系統 I 所引發的電子傳遞除了由 $NADP^+$ 接收形成 NADPH 外，部分電子經鐵氧還蛋白／硫氧還蛋白還原酶（ferredoxin/thioredoxin reductase）催化，由鐵氧還蛋白轉移至類囊膜外的硫氧還蛋白，硫氧還蛋白含有雙硫鍵（S-S），可還原而分解成硫基（-SH），還原態的硫氧還蛋白則離開類囊膜表面。

許多碳反應中的酵素亦含有雙硫鍵，可經硫氧還蛋白還原而分解成硫基，進而改變酵素結構而活化（表一）。若於黑暗環境下，這些酵素常被氧化成不活化的狀態（含氧化態的雙硫鍵），故光反應的還原作用（雙硫鍵還原成硫基）是活化這些酵素的重要因子（圖三）。

2. 碳反應的部分酵素因「基質的 pH 值與鎂離子濃度增加」而活化

　　葉綠體照光時，電子傳遞鏈可使氫離子從葉綠體基質移動至類囊膜腔，使得葉綠體基質 pH 值增加（約從 pH=7 增加至 pH=8），同時因氫離子流動所產生的電荷梯度，促使鎂離子從類囊膜腔移動至葉綠體基質，而 pH 值與鎂離子濃度的增加，可增加許多碳反應酵素的活性（圖四），此類酵素例子請見表一。

3. 關鍵酵素的活化受光線的調節

　　1,5- 二磷酸核酮糖羧化酶／加氧酶（Rubisco）可催化二氧化碳的固定，是碳反應中非常關鍵的酵素，Rubisco 的活性於照光時較高，黑暗時則下降。2- 羧阿拉伯糖醇 -1- 磷酸（CA1P）是一種可抑制 Rubisco 活性的分子，夜晚時 CA1P 多與 Rubisco 連接，抑制了 Rubisco 的活性，故 CA1P 又稱夜間抑制劑（nocturnal inhibitor）。照光時，硫氧還蛋白系統可活化 Rubisco 活化酶（Rubisco activase），Rubisco 活化酶催化 Rubisco 上的 CA1P 離開，進而活化了 Rubisco；另一方面，Rubisco 活化酶的作用需要 ATP 參與，故在照光情形下，因光反應的作用而產生 ATP，亦使 Rubisco 活化酶有較高的活性（圖五）。

　　CA1P 本身的活性也受光線調節，黑暗時磷酸化的 CA1P 可連接於 Rubisco 達到抑制的效應，而在照光時，CA1P 磷酸酶（CA1Pase）活化，使得 CA1P 去磷酸化而失去「抑制 Rubisco」的活性（圖五）。光線活化 CA1P 磷酸酶的機制，目前仍不清楚。

　　C4 植物葉肉細胞中的磷酸烯醇丙酮酸羧化酶（PEP 羧化酶）亦於照光時活化，黑暗時活性降低。這是由於照光時該酵素經激酶（kinase）催化，將 ATP 的磷酸根轉移至 PEP 羧化酶（PEP 羧化酶被磷酸化），進而增加 PEP 羧化酶的活性；而在黑暗時，PEP 羧化酶經磷酸酶去磷酸化，使其活性下降。光線調節激酶與磷酸酶的機制，目前仍不清楚。

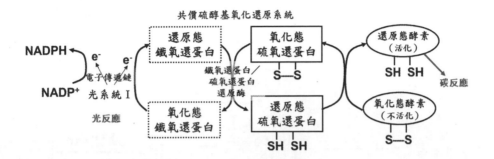

圖三：光反應透過硫氧還蛋白活化碳反應酵素的示意圖。

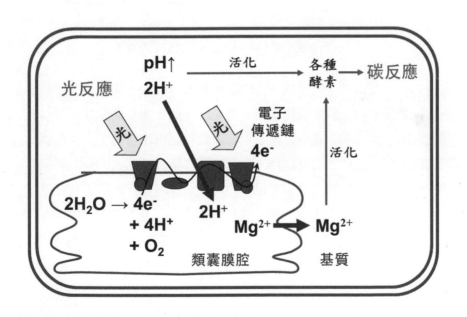

圖四：光反應造成葉綠體基質的 pH 值與鎂離子濃度增加，進而活化碳反應酵素的示意圖。

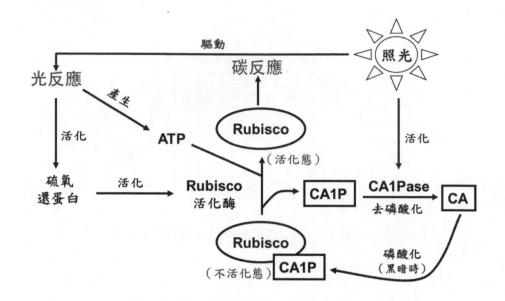

圖五：光反應與光線調節 Rubisco 活性的示意圖。

　　光合作用分為兩階段的反應，前者發生於葉綠體類囊膜，由光能驅動，稱為光反應；後者發生於葉綠體基質，由光反應固定產生的化學物質驅動，過去稱之為暗反應或布萊克曼反應，但學者發現光合作用的兩階段反應不但常同時進行，且具密切的相互作用，尤其是第二階段的反應需要光線活化，也需要光反應的產物，故常常與光反應同時於照光時進行。故「暗反應」或「與光無關的反應」已不符合學理，故教師授課時，應以「布萊克曼反應」（強調其研究的歷史）或「碳反應」（強調其固定二氧化碳的功能）稱之為佳。

結案

◎布萊克曼與馬特伊提出限制因子律，發現光合作用具有光與非光（如二氧化碳與溫度）兩種限制因子，當時學者就稱之為光限制與暗限制，後者又稱為布萊克曼反應。

◎過去學者以研究黑暗環境下二氧化碳的固定路徑，作為研究布萊克曼反應的方法，故一直沿用暗反應這個名稱。

◎碳反應中的酵素雖不直接吸收光能，但許多酵素的活性受光的調節，包含卡爾文循環內與 C4 植物固定二氧化碳過程中的許多酵素。

◎碳反應中許多酵素受光而活化，其活化機制包含：

- 光反應所引發的氧化還原反應，產生「還原態的硫氧還蛋白」，進而活化部分碳反應的酵素。

- 光反應引發「基質的 pH 值與鎂離子濃度增加」，進而活化部分碳反應的酵素。

- 碳反應的部分關鍵酵素，其活化的機制受光線的調節，包含激酶與磷酸酶的作用。

情資來源

Baron, W. M. M., 1992. *Organisation in Plants*. Cambridge University Press.

Blackman, F. F. 1905. Optima and limiting factors. *Ann. Bot*. 19: 281–295.

Blackman, F. F. and Matthaei, G. L. C. 1905. Experimental researches on vegetable assimilation and respiration. IV. A quantitative study of carbon dioxide assimilation and leaf temperature in natural illumination. *Proc. R. Soc*. 76: 402–460

Govindjee1 and Krogmann, D. 2004. Discoveries in oxygenic photosynthesis (1727–2003): a perspective. *Photosynth*. Res. 80: 15–57.

Lonergan, T. A. 2000. The Photosynthetic Dark Reactions Do Not Operate in the Dark. *Am. Biol. Teach*. 62(3): 166-170.

Parry, M. A., Keys, A. J., Madgwick, P. J., Carmo-Silva, A. E. and Andralojc, P. J. 2008. Rubisco regulation: a role for inhibitors. *J. Exp. Bot*. 59(7): 1569-1580.

Raines, C.A. and Lloyd, J.C. 2007. C3 carbon reduction cycle. *In Encyclopedia* of Life Sciences. Chichester: John Wiley and Sons Ltd, pp. 1–6.

Raven, P. H. and Johnson, G. B. 2001. *Biology* (6th ED). Ch10 Photosynthesis. The McGraw-Hill Companies. pp.183-204.

Warburg, O. 1921. Theorie der Kohlensäureassimilation. *Die Naturwissenschaften*. 9: 354–358.

Warburg, O. and Uyesugi, T. 1924. Über die Blackmansche Reaktion. *Biochem. Zeitschr*. 146: 486-492.

Yabusoe, M. 1924. Über den Temperaturkoeffizienten der Kohlensäure-Assimilation. *Biochem. Zeitschr*. 152: 498-503.

http://users.rcn.com/jkimball.ma.ultranet/BiologyPages/P/Photosynthesis_history.html

本文修改自：蔡任圃（民 103）。照亮暗反應。科學月刊，540，892-895。

案例 10

為何 ATP 是生物體最重要的能量貨幣？有其他能量貨幣嗎？

生物課教導 ATP 是三磷酸腺嘌呤核苷酸（adenosine triphosphate）的縮寫，為生物體內最重要的能量貨幣。還有其他種類的三磷酸核苷酸也可作為能量貨幣嗎？為何教科書所介紹的能量貨幣是 ATP 而非 GTP、CTP、UTP？若 ATP 水解為釋能反應，為何細胞中的 ATP 不會自己消耗殆盡？ATP 為何成為生物體中最適合的能量貨幣？

偵查與破案

一、什麼是能量貨幣？

生物體內的物質進行轉變時，通常包含分解或合成的代謝反應，反應過程中皆會伴隨能量的變化。若是反應過程會放出能量，稱為放能反應，例如細胞內的大分子有機物蛋白質、脂類和醣類等，經氧化分解的過程中釋放出能量，細胞利用這些能量，將 ADP 轉化為 ATP 而儲存能量，所以相對於 ADP，ATP 是高能分子；若是反應過程需吸收能量，稱為吸能反應，例如細胞內的小分子物質合成大分子有機物的一系列代謝途徑，需要吸收能量來趨動反應進行，常是透過 ATP 水解成 ADP 的過程釋出能量，方可趨動吸能反應。若將 ADP/ATP 比喻成電池，ADP 就像電力低的電池，ATP 就像充飽電的電池，若有供電的反應（放能反應），即可讓電力低的電池（ADP）充電成為充飽電的電池（ATP）；而充飽電的電池（ATP）即可趨動耗電的反應（吸能反應）。

能量若沒有以化學分子的形式儲存，則容易以熱能的形式散失，就像辛勤工作所產生的價值，可用薪資儲存交付。換句話說，貨幣所代表的價值，就像 ATP 所攜帶的能量，都是易散失的非物質，故需要以物質的型態儲存、交換，所以 ATP 被稱為是生物體內的「能量貨幣」。

二、ATP 的用量很大，是週轉率很高的能量貨幣

一個處於休息狀態的人，一天體內可耗掉 40 公斤的 ATP 分子，若消耗的 ATP 不會再生，代表人體內至少需要儲備 40 公斤的 ATP，才能供應每日的消耗。當然，體內不可能有如此大量的 ATP ！這代表 ATP 的週轉速率很高，也就是 ATP 消耗後，很快就能重新合成，持續擔任代謝反應中的能量貨幣。甚至在艱苦勞動的狀態，每分鐘就可以消耗 0.5 公斤的 ATP。

若以貨幣作比喻，某人若一年內花費了 10 萬元，不代表一開始他的錢包中就有 10 萬元現金，而是在每日賺錢、花錢、賺錢、花錢的交替進行，貨幣在他的手上不斷的流轉，累積了 10 萬元的週轉價值。

三、各種三磷酸核苷酸間可互相轉換

高中生物課程所介紹的三磷酸核苷酸有許多種，包含：ATP、三磷酸鳥糞嘌呤核苷酸（GTP）、三磷酸脲嘧啶核苷酸（UTP）、三磷酸胞嘧啶核苷酸（CTP），以及去氧三磷酸腺嘌呤核苷酸（dATP）、去氧三磷酸鳥糞嘌呤核苷酸（dGTP）、去氧三磷酸胸腺嘧啶核苷酸（dTTP）、去氧三磷酸胞嘧啶核苷酸（dCTP）等。在嘌呤類核苷酸代謝過程中，另外產生了肌苷酸（IMP，又名次黃嘌呤核苷酸）等核苷酸。

眾多核苷酸中，可大略分為嘌呤類核苷酸與嘧啶類核苷酸。嘌呤類核苷酸彼此之間可經代謝過程而相互轉換（圖一上），代謝過程中可產生尿酸等代謝產物。嘧啶類核苷酸彼此之間亦可經代謝過程而相互轉換（圖一下），代謝過程中可產生丙胺酸等胺基酸。

四、各種三磷酸核苷酸有什麼生理功能？

ATP 在生物體內作為能量貨幣，可透過 ATP 酶的催化，驅動機械性運動、建立離子梯度或是驅動生化反應。GTP 透過 GTP 酶的催化，以「GTP 的

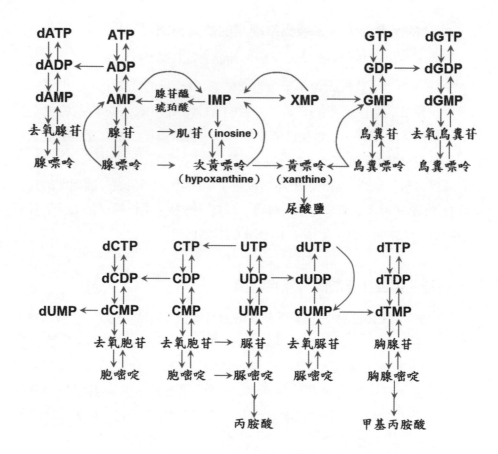

圖一：嘌呤類核苷酸和嘧啶類核苷酸的轉換代謝示意圖（修改自：Traut, 1994）。

合成或水解狀態」作為分子開關，以確保生化反應正常進行，例如在轉譯形成多肽鏈的過程中，只有在多種分子形成正確的複合體後，某一組成分子上的 GTP 才會水解使該複合體穩定，才可繼續進行下一階段的生化反應，以確保轉譯過程的正確進行；另外，在粗糙型內質網上，核糖體因轉譯形成「預定要進入內質網」的多肽鏈，需透過訊息辨認顆粒（SRP）與其受體的交互作用，以形成附著型核糖體，在上述過程中，「GTP 的水解」亦作為分子開關，

以確保附著型核糖體正確形成，多肽鏈正確地進入內質網。GTP 作為生化反應的分子開關，是重要與複雜的生理機制，需另案說明。另外，GTP 在活化 G 蛋白以引發訊息傳遞，以及在微管蛋白聚合過程中扮演重要角色（Zala, *et al.*, 2017）。生物體內 GTP 很少作為能量貨幣之用，僅在呼吸作用中之檸檬酸循環（citric acid cycle，或稱克氏循環）的一反應過程中產生 GTP，再經核苷二磷酸激酶（Nucleoside diphosphate kinase）轉換成 ATP（Plattner and Verkhratsky, 2016）。

　　嘧啶類核苷酸所參與的生化反應較具專一性，故其例子也較少（Jain, *et al.*, 2005）。UTP 參與多醣的合成，例如：UDP- 半乳糖可被轉化為 UDP- 葡萄糖，而 UDP- 葡萄糖參與肝醣的合成。CTP 參與脂質的形成，例如甘油磷脂（glycerophospholipids，也稱磷酸甘油脂）的合成和蛋白質的糖化作用（glycosylation）中，CTP 是代謝反應中的輔酶。

五、ATP 水解可以釋出更多能量嗎？

　　一般細胞內的 ATP 濃度約為 1.5-4.5 mM，ADP 小於 100 μM，GTP 為 100-200 μM，GDP 為 10-20 μM，並且細胞內的 Pi 濃度與 ATP 相似（Zala, *et al.*, 2017）。在假設某溶液 pH 值為 7.0，溫度為 25°C，溶液中有 1 mM 的 ATP、100 μM 的 ADP 和 1 mM 的 Pi，則 ATP 水解的自由能（ΔG_{ATP}）為 -53.35 kJ/mol，也就是 1 莫耳 ATP 水解可釋出 53.35 千焦耳的能量。但若以相同的方式，估算細胞內 GTP 水解過程的自由能（以細胞內 GTP 的濃度為 100 μM，GDP 的濃度為 10 μM 進行估算），1 莫耳 GTP 水解也可釋出 53.35 千焦耳的能量，而 CTP 和 UTP 水解所釋放的能量也與 ATP 接近（Zala, *et al.*, 2017）。換句話說，ATP 與其他三磷酸核苷酸相比，水解過程並沒有釋出更多的能量。

六、ATP 有什麼適合作為能量貨幣的特性？

呼吸作用中，細胞質中的糖解作用與粒線體中的氧化磷酸化過程，ATP 是唯一直接產生的三磷酸核苷酸種類。其他種類的三磷酸核苷酸的合成過程，則需透過 ATP 提供能量與磷酸根，由核苷單磷酸激酶與核苷二磷酸激酶催化而成（圖二）。

生物體透過呼吸作用，分解有機物而釋出能量的過程中，ATP 是最先產生的三磷酸核苷酸，作為能量攜帶者。另一方面，ATP 也是各種三磷酸核苷酸中，在細胞內的濃度最高者（表一），ATP 的濃度為第二名－GTP 的 10 倍之多，這也是作為能量貨幣的一個重要性質。

表一　細胞內各種三磷酸核苷酸種類的濃度（修改自：Traut, 1994）

三磷酸核苷酸種類	細胞內濃度（μM）（平均 ± 標準差）	三磷酸核苷酸種類	細胞內濃度（μM）（平均 ± 標準差）
dATP	3.2 ± 3.4	ATP	2357 ± 1217
dGTP	1.5 ± 1.0	GTP	232 ± 202
dTTP	5.4 ± 6.4	UTP	227 ± 321
dCTP	2.1 ± 2.7	CTP	83 ± 133

$$\text{ATP} + \textbf{NMP} \xrightarrow{\text{核苷單磷酸激酶}} \text{ADP} + \textbf{NDP}$$

$$\text{ATP} + \textbf{dNMP} \xrightarrow{\text{核苷單磷酸激酶}} \text{ADP} + \textbf{dNDP}$$

$$\text{ATP} + \textbf{NDP} \xrightarrow{\text{核苷二磷酸激酶}} \text{ADP} + \textbf{NTP}$$

$$\text{ATP} + \textbf{dNDP} \xrightarrow{\text{核苷二磷酸激酶}} \text{ADP} + \textbf{dNTP}$$

圖二：非 ATP 的三磷酸核苷酸的合成過程需要 ATP 的驅動。

勒沙特列原理

許多化學反應為雙向反應，其化學平衡時屬於動態平衡。如果改變影響平衡的任一因素，平衡就向能夠減弱這種改變的方向移動，以抗衡該改變，這個現象被稱為勒沙特列原理或呂·查德里原理（Le Chatelier principle）。用以下反應為例：

$$A + B \rightleftarrows C + D + 能量$$

$A + B \rightarrow C + D$ 反應為放能反應，而 $C + D \rightarrow A + B$ 反應為吸能反應，若 C 或 D 的濃度下降，或是溫度下降（能量減少），皆會偏好 A + B → C + D 的反應方向（對抗 C 或 D 的濃度下降，或是能量減少），直到達到新的動態平衡；相反地，若 C 或 D 的濃度增加，或是溫度上升（能量增加），則會偏好 C + D → A + B 的反應方向（對抗 C 或 D 的濃度增加，或是能量增加）。若將雙向的化學反應比喻成以水管相通的左、右兩水桶，若右側水位增加，則水會由右側流向左側，若右側水位減少，則水會由左側流向右側，直到左右平衡。利用勒沙特列原理，可幫助我們在一平衡反應中，判斷在特性條件下反應的進行方向。

　　ATP 的另一項分子特性，在於其水解過程雖可釋出能量，但 ATP 卻不易水解而具有絕佳的穩定性。ATP 溶液若存放於 4°C 水中，可保存超過六個月而不水解，這代表 ATP 在水中非常穩定。ATP 水解為放能反應，依據勒沙特列原理，ATP 水解應為自發性的反應，但為何 ATP 水解卻很少自然發生？

　　ATP 的水解反應雖有高的淨放能，但反應之活化能亦很高（圖三），故反應發生的機率很低，因此 ATP 具有「很穩定」的特性。在生物體內，若需要水解 ATP，則是透過酵素降低活化能，以酵素催化的手段控制 ATP 的水解反應。ATP 的水解常用「熱力學有利其發生，但動力學則否」來表現其反應特性（Hanson, 1989）。

綜上所論，ATP 在呼吸作用中，是最先產生的三磷酸核苷酸，也是三磷酸核苷酸中濃度最高的，且 ATP 是非常穩定的分子，這些皆是 ATP 適合作為能量貨幣的特性。

七、為什麼是 ATP？

ATP 濃度較高與 ATP 是呼吸作用中先產生的三磷酸核苷酸，這些特性與 ATP 作為能量貨幣之間，互有因果關係，也就是 ATP 濃度高所以可作為能量貨幣，也因其為能量貨幣所以濃度高，或是 ATP 最先產生所以可作為能量貨幣，也因 ATP 為能量貨幣所以 ATP 最先產生。因此，上述特性並不能說明 ATP 成為能量貨幣的歷史路徑，也就是可解釋「Why」，但無法解釋「How」。

目前學者認為 ATP 作為能量貨幣，可能是因為它是生命演化過程中，出現的第一個核苷酸，因此大多數生化反應在演化的過程中，ATP 較早產生與

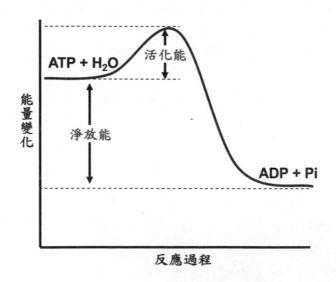

圖三：ATP 水解過程中的能量變化。

較早參與生化反應，使得細胞內 ATP 的濃度比其他三磷酸核苷酸高得多，也有利於酵素催化 ATP 所參與的相關反應，隨著長期演化，ATP 逐漸成為生物體通用的能量貨幣（Zala, *et al.*, 2017），而隨後演化出來的 GTP 則主要用於信號傳導等細胞生理功能（Plattner and Verkhratsky, 2016）。

結案

◎生物體內的物質進行代謝的過程中，皆會伴隨能量的變化，能量需要以物質的型態儲存、交換。生物以 ATP 攜帶著能量以供儲存、交換，就如同貨幣攜帶著價值一樣，所以 ATP 被稱為是生物體內的「能量貨幣」。

◎ ATP 的用量很大，是週轉率很高的能量貨幣。

◎各種三磷酸核苷酸間可互相轉換。

◎ ATP 與其他三磷酸核苷酸相比，水解過程並沒有釋出更多的能量。

◎ ATP 在呼吸作用中，是最先產生的三磷酸核苷酸，也是三磷酸核苷酸中濃度最高的，且 ATP 是非常穩定的分子，這些皆是 ATP 適合作為能量貨幣的特性。

◎目前學者認為 ATP 作為能量貨幣，可能是因為 ATP 是生命演化過程中，出現的第一個核苷酸。

情資來源

Hanson, R. W. 1989. The Role of ATP in Metabolism. *Biochem. Educ.* 17(2): 86-92.

Jain, J. L., Jain, S. and Jain, N. 2005. Chapter 20 Bioenergetics. In: *Fundamentals of Biochemistry* 6th ED. S. CHAND & COMPANY LTD.

Plattner, H. and Verkhratsky, A. 2016. Inseparable tandem: evolution chooses ATP and Ca2+ to control life, death and cellular signalling. *Phil. Trans*. R. Soc. B. 371: 20150419.

Traut, T. W. 1994. Physiological concentrations of purines and pyrimidines. *Mol. Cell Biochem.* 140(1): 1-22.

Zala, D., Schlattner, U., Desvignes, T., Bobe, J., Roux, A., Chavrier, P.and Boissan, M. 2017. The advantage of channeling nucleotides for very processive functions. *F1000Res*. 6: 724.

案例 11

ATP 是否有「高能磷酸鍵」？如何用熱力學說明 ATP 的性質？為何用「ATP 水解的同時形成更多鍵結」來解釋能量變化並不完全正確？

106 學年大學學科能力測驗的自然科考題中，單選第一題以「ATP 含有高能磷酸鍵」描述。但在化學科的教學中，從未教導「高能磷酸鍵」的觀念，事實上，破壞化學鍵結需要吸收能量，而非釋放能量。但生物老師常以「ATP 透過打斷「高能磷酸鍵」釋出能量，驅動其他耗能反應進行」，來解釋 ATP 作為能量貨幣的角色。應該如何描述能量貨幣的作用機制才是正確的？以熱力學的角度，如何說明 ATP 在代謝反應中的角色較適合？此外，為何用「ATP 水解的同時有更多的鍵結形成，因此整體反應為放能反應」來解釋能量變化並不完全正確？

偵查與破案

一、生物課上所說的 ATP 水解，是打斷 ATP 分子的那一個鍵結？

ATP 分子含有一個磷酸酯鍵（phosphoester bond）與兩個磷酸酐鍵（phosphoanhydride bonds），磷酸根與核糖間的鍵結為磷酸酯鍵，磷酸根間的鍵結為磷酸酐鍵（圖一上）。「可經水解而釋放能量」的鍵結，是指磷酸酐鍵。

酯是指醇與酸發生酯化反應生成的產物，也就是醇和酸經脫水反應可生成酯和水，而酯可經水解產生醇和酸。酸可能是有機物中的羧酸（圖一下），也可能是無機物中含氧酸，例如磷酸或碳酸。生物課所介紹的三酸甘油脂，就是丙三醇（甘油）與三個脂肪酸分別進行三個脫水反應，形成三個酯鍵而形成，就是屬於有機羧酸與醇經脫水反應而生成酯和水的例子。ATP 分子中的磷酸酯鍵，是由核糖上的羥基（-OH）與磷酸經脫水而形成酯鍵（磷酯鍵，圖二上），屬於無

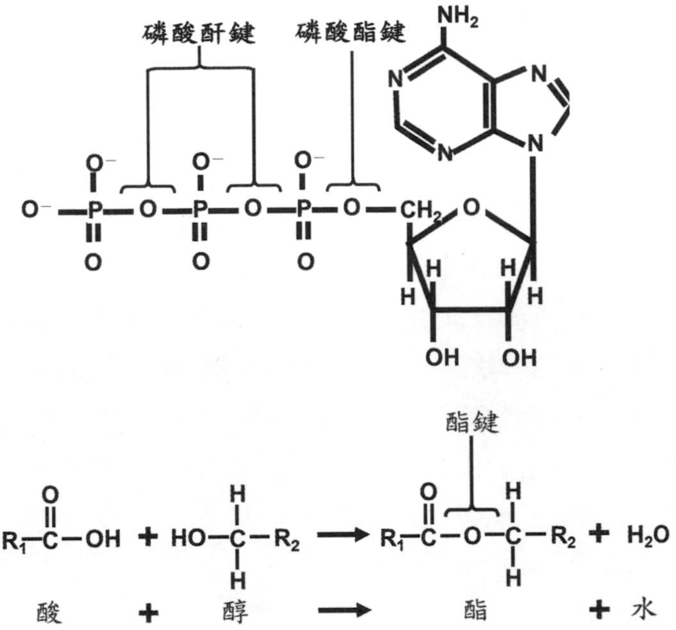

圖一：ATP 分子結構中的磷酸酯鍵與磷酸酐鍵，以及有機羧酸與醇經酯化反應形成酯的過程反應式。

機含氧酸與醇經脫水反應而產生酯的例子。

　　若是用酸酐描述有機化合物，是指兩個有機羧酸脫水而成的分子（圖二下），例如兩個乙酸經脫水可形成「乙酸酐」，若是一個甲酸與一個乙酸脫水可形成「甲酸乙酸酐」。酸酐若是用來描述無機化合物，則是指可與水反應形成酸的氧化物，或是可與鹼反應形成鹽的氧化物，例如二氧化碳可與氫氧化鈉反應生成碳酸鈉和水（$CO_2 + 2NaOH \rightarrow Na_2CO_3 + H_2O$），二氧化碳也可與水反應形成碳酸（$CO_2 + H_2O \rightarrow H_2CO_3$），故二氧化碳亦為酸酐，稱為「碳酸酐」。在 ATP 分子中，三個磷酸根間的磷酸酐鍵，就是兩個磷酸分子經脫水而形成，故稱為磷酸酐鍵。

二、為何有「高能磷酸鍵」這樣的描述？

最早描述 ATP 作為能量貨幣角色的科學家是弗里茨·阿伯特·李普曼（Fritz Albert Lipmann），李普曼因為發現輔酶 A 及其重要作用，而獲得 1953 年的諾貝爾生理學或醫學獎。李普曼在 1941 年發表的科學文章中，以 ~P 來代表可因 ATP 水解而釋出能量的鍵結，並稱之為「Energy-rich Phosphate Bonds」（Lipmann, 1941），後人直譯成「高能磷酸鍵」，結果造成「打斷該鍵結能釋放能量」的誤解（Jain, *et al.,* 2005、Haynie, 2008）。事實上，李普曼的描述並不恰當，應修正為「該鍵結具有較高的轉移趨勢（transfer potential）」，也就是 ATP 上的磷酸酐鍵具有較高的磷酸根轉移趨勢。

ATP 磷酸酐鍵於水解過程的能量釋放，並非來自特定鍵結的破壞，而是因產物的自由能小於反應物，故屬於放能反應。

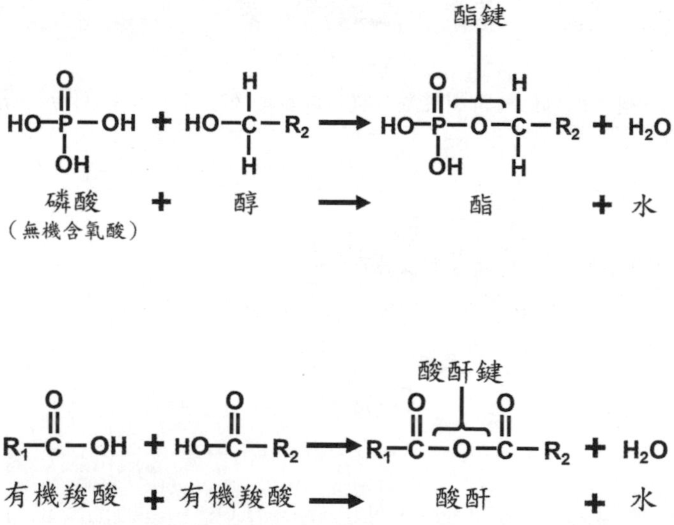

圖二：無機含氧酸（以磷酸為例）與醇經酯化反應形成酯的反應式；兩個有機羧酸經脫水形成酸酐的反應式。

三、什麼是自由能？

　　熱力學第二定律為：獨立系統的熱力學過程不可逆的朝著熱力學平衡方向，也就是朝向最大亂度（熵）方向。在計算化學反應過程中能量的相對變化，常常使用自由能的觀念。熱力學上的自由能（Thermodynamic free energy）是指一個熱力學系統的一種熱力勢，也就是系統內可對系統外做功的能量部分，單位為每莫耳分子所含之能量（千卡／莫耳或千焦耳／莫耳）。對限定條件不同的熱力學過程，熱力學自由能有不同表達形式，最常見為吉布斯自由能（Gibbs free energy）。

　　若在標準狀況下（等溫等壓），系統的變化通常會自然地趨向於最小的吉布斯自由能方向，換句話說，若反應物的熱力勢（吉布斯自由能）較大，而產物的熱力勢（吉布斯自由能）較小，則反應物可自發性地形成產物，因此，吉布斯自由能的變化可作為一個熱力學過程能否自發進行的判斷依據。以燃燒木材做比喻，木材含有可向外作功的能量，當木材燃燒時可釋放能量而對其他系統作功，例如燒熱水壺中的水、使熱氣球升空等；木材燃燒後產生的氣體與灰燼，可對系統外作功的能量（可用的能量）已耗盡而無利用價值，在此比喻中，木材可燃燒形成氣體與灰燼，但氣體與灰燼無法直接形成木材。

　　吉布斯自由能常以 G 表示，而吉布斯自由能的變化常以 ΔG 表示，ΔG 代表產物與反應物的淨自由能變化（$\Delta G = G_{產物} - G_{反應物}$）。若 ΔG 為負值，代表反應物可自發性地形成產物，若 ΔG 為數值較大的負值，代表反應物→產物的反應更容易發生。若 ΔG 為正值，代表反應物若要形成產物，必須額外提供能量來促使反應發生。

　　為了方便進行各物質之吉布斯自由能的比較，學者常以在標準狀態下的自由能的變化作為比較的指標，稱為「標準自由能變化」（以 $\Delta G°'$ 表示）。所謂的標準狀態，是指在 298K（25°C）、1 大氣壓、pH =7.0 的純水中，反應物與產物（不包含 H^+）初始濃度為 1 M 的初始狀態。

在溫度不變的條件下，吉布斯自由能可由以下等式求出，其中 △H 為焓（enthalpy，又稱熱含量）變化，也就是系統內化學鍵能的能量變化；T 為絕對溫度；△S 為熵（entropy）變化，也就是亂度的變化：

$$\triangle G = \triangle H - T \triangle S$$

當反應的過程，會使焓減少與熵增加，就會造成 △G 更趨於更大數值的負數，代表該反應方向發生的頻率增加。換句話說，若反應過程會使化學鍵能（熱含量）減少，或是使亂度增加，此反應則可自然發生。

四、ATP 水解具有高的 △G°' 值

科學家測量各種可提供能量的有機物，在標準狀態時的標準自由能變化（△G°'），如表一所示。ATP 水解成 ADP 的反應，其 △G°' 為 -7.3 kcal/mol 或 -30.5 kJ/mol，與其他細胞內的水解反應相比，例如葡萄醣磷酸、果糖磷酸或甘油磷酸，具有較高的 △G°' 值，代表 ATP 的水解可釋放較多的能量。

標準自由能變化（△G°'）是在標準條件下所測量出來的數值，但細胞內的生化反應並非於標準條件下進行，例如：溫度不一定為 298K，反應物與產物的初始濃度不一定為 1 M。故實際的自由能變化（△G）會與 △G°' 不同，△G 可透過以下等式計算而得（Lodish, *et al.*, 2016）：

$$\Delta G = \Delta G^{0\prime} + RT\ln \frac{[產物]}{[反應物]}$$

表一：各種有機物質水解過程的標準自由能變化（修改自 Jain, *et al.*, 2005；Haynie, 2008）。

水解反應	標準自由能變化（$\Delta G°'$）	
	千卡／莫耳（kcal/mol）	千焦耳／莫耳（kJ/mol）
磷酸烯醇丙酮酸（PEP）＋ H_2O → 丙酮酸 ＋ P_i	-14.8	-61.9
磷酸肌酸（Phosphocreatine）＋ H_2O →肌酸 ＋ P_i	-10.3	-43.1
ATP ＋ H_2O → AMP ＋ PP_i	-7.7	-32.2
ATP ＋ H_2O → ADP ＋ P_i	-7.3	-30.5
ADP ＋ H_2O → AMP ＋ P_i	-7.3	-30.5
PPi ＋ H_2O → Pi ＋ Pi	-6.9	-28.9
葡萄糖 1- 磷酸（Glucose-1-phosphate）＋ H_2O → 葡萄糖 ＋ P_i	-5	-20.9
果糖 6- 磷酸（Fructose 6- phosphate）＋ H_2O →果糖 ＋ P_i	-3.8	-15.9
AMP ＋ H_2O → 腺苷 ＋ P_i	-3.4	-14.2
葡萄糖 6- 磷酸（Glucose-6-phosphate）＋ H_2O →葡萄糖 ＋ P_i	-3.3	-13.8
甘油 3- 磷酸（Glycerol 3- phosphate）＋ H_2O →甘油 ＋ P_i	-2.2	-9.2

　　若以實際細胞內 ATP、ADP 與 Pi 的濃度與溫度，經計算可得細胞內 ATP 水解的自由能（ΔG_{ATP}）為 -53.35 kJ/mol，也就是 1 莫耳 ATP 水解可釋出 53.35 千焦耳的能量（詳情可見案例 10）。ATP 水解成 ADP 的 ΔG 的數值較 $\Delta G°'$ 大許多（53.35 > 30.5 kJ/mol），代表在細胞內每莫耳 ATP 經水解可釋出 53.35 千焦耳的能量。大部分生物學教科書呈現了 ATP 水解過程的 $\Delta G°'$，但實際上，ATP 水解過程可釋放出更多的能量。

　　由於 ATP 與 ADP 在水溶液中帶負電，故常與鎂離子（Mg^{2+}）結合而形成較穩定的狀態（圖三）。Mg^{2+} 屏蔽 ATP 與 ADP 的負電荷，形成 Mg-ATP^{2-} 與 Mg-ADP$^-$ 複合體，也影響了 ATP 和 ADP 分子中磷酸基團的構象，故細胞內 Mg^{2+} 的濃度也會影響 ATP 實際在細胞環境中水解的自由能變化。

五、為何 ATP 水解具高 $\triangle$ G ？

在 pH 7.0 的溶液中，ATP、ADP 與 AMP 的磷酸根幾乎呈現完全離子化（ionized）而帶負電，以 ATP^{4-}、ADP^{3-} 與 AMP^{2-} 表示（可參考圖一上），因此 ATP 的水解反應，應表示成以下反應式：

$$ATP^{4-} + H_2O \rightarrow ADP^{3-} + HPO_4^{2-} + H^+ \quad (\triangle G^{\circ\,\prime} = -30.5 \text{ kJ/mol}) \quad \text{........ 式一}$$

在 pH 值為 7.0 的溶液中，H^+ 的濃度為 10^{-7} M，也就是 H^+ 的濃度極低。在式一中，H^+ 在反應式的右側，依據勒沙特列原理，在 H^+ 的濃度極低的情形下，反應偏好向右進行。在 pH 值為 7.0 的溶液中，ATP 分子（ATP^{4-}）帶有四個負電，造成分子內具有高的靜電斥力（負電與負電相斥），當 ATP^{4-} 水解後，其產物的靜電斥力下降，而更趨穩定，因此反應偏好向右進行。此外，HPO_4^{2-} 具有共振混成體（resonance hybrids）的性質（圖四），使 Pi 分子更為穩定（自由能低），也使得反應偏好向右。產物中的 $ADP^{3-} + HPO_4^{2-}$ 亦比 ATP^{4-} 有較高水合作用（hydration，圖五），亦偏好反應向右。因為上述原因，造成式一反應向右的 $\triangle$G 數值較大。

為了與 ATP 水解反應比較，以下為葡萄糖 -6- 磷酸（G-6-P）的水解反應：

$$G\text{-}6\text{-}P^{2-} + H_2O \rightarrow Glucose + HPO_4^{2-} \quad (\triangle G^{\circ\,\prime} = -13.8 \text{ kJ/mol}) \quad \text{............ 式二}$$

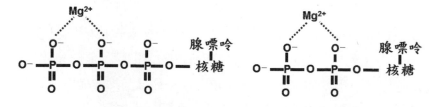

圖三：與 Mg2+ 結合的 ADP 與 ATP 分子。

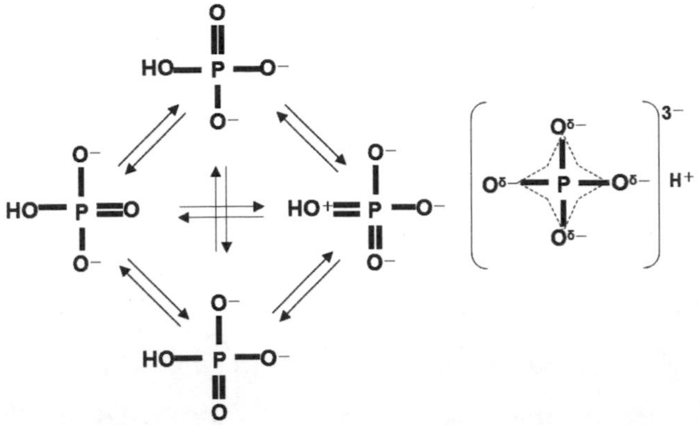

圖四：磷酸根（HPO_4^{2-}）具有共振混成體的性質，形成較為穩定的狀態。δ 代表帶部分電荷，δ－代表帶部分負電（-1< 電荷 <0）。

　　在式二中，其產物（葡萄糖或 Pi）並無濃度偏低的現象，且式二的反應物與產物，皆有帶二價負電的分子，並無明顯的靜電斥力差異，溶解度亦無明顯差異，故式二反應的 △G 數值比式一小。

　　ATP 的水解（式一）與葡萄糖 -6- 磷酸的水解（式二）皆有釋出磷酸根，事實上在細胞的代謝中，這些磷酸根常常可轉移到其他分子上，換句話說，式一與式二皆是磷酸根轉移的反應，由於式一的自由能數值較大，故可得知「ATP 比 G-6-P 具有更高的磷酸根轉移趨勢」（Jain, *et al.*, 2005；Haynie, 2008）。

四、「ATP 的水解」可以解釋生物體內 ATP 的角色嗎？

　　水解是指透過與水分子作用而造成鍵結的斷裂。討論 ATP 作為能量貨幣時，常常以「ATP 的水解過程」的能量變化作為討論的主角，而描述成：當 ATP 與水作用後，使得 ATP 上的磷酸酐鍵斷裂後形成 ADP 與 P_i（即式一），此過程可釋出能量，驅動其他耗能反應的進行，如此一放能反應驅動另一需能反應，兩反應即為可同時發生的偶合反應（coupled reactions）。但事實上，生

圖五：ATP^{4-}、ADP^{3-} 與 HPO_4^{2-} 的水合作用。由於水分子具有極性，其氧原子帶部分負電（$\delta-$），氫原子帶部分正電（$\delta+$），水分子中的氫原子會與離子化的 ATP^{4-}、ADP^{3-} 與 HPO_4^{2-} 分子中的負電端，產生正負相吸的作用力（氫鍵），稱為水合作用。ATP^{4-} 可與四個水分子產生水合作用、ADP^{3-} 與 HPO_4^{2-} 則共可與五個水分子產生水合作用，故 ADP^{3-} 與 HPO_4^{2-} 的水合作用大於 ATP^{4-}。

物體內大部分的耗能反應，並無 ATP 的水解過程，也就是前文之反應式一，並不出現於大部分的耗能代謝過程中。生物體內的耗能反應可分為生化合成、物質運輸與機械性運動等類型，以下各舉例說明為何 ATP 的水解並不常見（Hanson, 1989）：

1. ATP 參與生化合成

　　生化合成（同化作用）常為耗能反應，代表需要其他放能反應驅動。雖然高中生物教科書介紹有氧呼吸時，丙酮酸氧化過程可產生乙醯輔酶 A（Acetyl-CoA）、NADH 與 CO_2（此乙醯輔酶 A 合成路徑稱為粒線體內合成路徑），但事實上麩醯胺酸或乙醇代謝過程也可產生乙醯輔酶 A，但其過程需要 ATP 的參與（此乙醯輔酶 A 合成路徑稱為粒線體外合成路徑），

其反應式常表達如下：

乙酸 + CoA + ATP → 乙醯輔酶 A + ADP + P_i

上述反應看似包含了 ATP 的水解過程，但事實上 ATP 是先將磷酸根轉移至乙酸形成乙醯磷酸（acetyl phosphate），乙醯磷酸再釋放磷酸根與輔酶 A 結合。乙醯輔酶 A 合成反應中並無 ATP 水解成 ADP 與 P_i 的過程，但淨反應的反應式常被誤解過程中含有 ATP 水解過程。如果以 $A\text{-}R\text{-}HPO_3\text{-}HPO_3\text{-}H_2PO_4$ 代表 ATP（A 代表腺嘌呤，R 代表核糖）、HOH 代表水分子、$A\text{-}R\text{-}HPO3\text{-}HPO4H$ 代表 ADP，H_2PO_3OH 代表 Pi，則可將 ATP 水解表示成：

$$A\text{-}R\text{-}HPO_3\text{-}HPO_3\text{-}H_2PO_4 + HOH \rightarrow A\text{-}R\text{-}HPO_3\text{-}HPO_4H + H_2PO_3OH$$

用此表示方式，可表現出反應過程中水分子（HOH）的去向。若用同樣的方式描述乙醯輔酶 A 的生成的反應，其步驟如下：

步驟一：$CH_3COOH + A\text{-}R\text{-}HPO_3\text{-}HPO_3\text{-}H_2PO_4 \rightarrow CH_3COO\text{-}H_2PO_4 +$
$A\text{-}R\text{-}HPO_3\text{-}HPO_4H$（乙酸 + ATP → 乙醯磷酸 + ADP）

步驟二：$CH_3COO\text{-}H_2PO_4 + HS\text{-}CoA \rightarrow CH_3COS\text{-}CoA + H_2PO_3OH$
（乙醯磷酸 + 輔酶 A → 乙醯輔酶 A + P_i）

淨反應式：$CH_3COOH + HS\text{-}CoA + A\text{-}R\text{-}HPO_3\text{-}HPO_3\text{-}H_2PO_4$
$\rightarrow CH_3CO\text{-}S\text{-}CoA + A\text{-}R\text{-}HPO_3\text{-}HPO_4H + H_2PO_3OH$
（乙酸 + 輔酶 A + ATP → 乙醯輔酶 A + ADP + P_i）

由以上步驟一與步驟二可知，反應過程中並無水分子的參與，也就是乙醯輔酶 A 的生成的反應並無「水解」的過程。

2. ATP 參與主動運輸

幫浦蛋白參與主動運輸過程時，也需要 ATP 參與，但教科書常用圖六的圖示代表 ATP 參與主動運輸的過程，如此的表現方式也常被誤解成主動運輸過程中含有 ATP 的水解。事實上，在主動運輸過程中，幫浦蛋白歷經磷酸化與去磷酸化的過程，進而改變構型以達運輸物質的功能。幫浦蛋白磷酸化的過程是由 ATP 轉移磷酸根至幫浦蛋白上，再由去磷酸化過程使磷酸根由幫浦蛋白上脫落（圖七）。

若將 Ca^{2+} 幫浦蛋白將 Ca^{2+} 由細胞質液（cytosol）主動運輸至肌漿質網腔（sarcoplasmic reticulum）的步驟條列如下，則可清楚檢視反應過程中否有水解反應（A 至 F 反應步驟可參照圖七）：

步驟 A：幫浦蛋白 + $2Ca^{2+}$（cyto）→ 幫浦蛋白 $-Ca_2$（cyto）
　　　　（細胞質液內 Ca^{2+} 結合至幫浦蛋白）

步驟 B：幫浦蛋白 $-Ca_2$（cyto）+ ATP → Pi- 幫浦蛋白 $-Ca_2$（cyto）+
　　　　ADP（ATP 使得幫浦蛋白磷酸化）

步驟 C：Pi- 幫浦蛋白 $-Ca_2$（cyto）→ Pi- 幫浦蛋白 $-Ca_2$（sarc）
　　　　（磷酸化的幫浦蛋白改變構型，使開口朝向肌漿質網腔）

步驟 D：Pi- 幫浦蛋白 $-Ca_2$（sarc）→ Pi- 幫浦蛋白（sarc）+ $2Ca^{2+}$
　　　　（Ca^{2+} 釋出至肌漿質網腔）

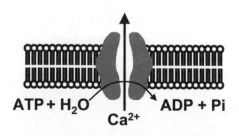

圖六：教科書中表現 ATP 參與主動運輸過程的常見表現方式。

步驟 E：P$_i$- 幫浦蛋白（sarc）+ H$_2$O → 幫浦蛋白（sarc）+ P$_i$
　　　　（磷酸化的幫浦蛋白經水解作用而去磷酸化）
步驟 F：幫浦蛋白（sarc）→ 幫浦蛋白（cyto）
　　　　（去磷酸化的幫浦蛋白改變構型，使開口朝向細胞質液）
淨反應：2Ca^{2+}（cyto）+ ATP + H$_2$O → 2Ca^{2+}（sarc）+ ADP + P$_i$

由上述各步驟的反應可知，雖然淨反應看似有 ATP 水解的過程，但事實上，步驟 A 至 F 中並無 ATP 水解的反應。反應物中的水分子，是用於將磷酸化的幫浦蛋白進行去磷酸化的水解作用（步驟 E）。主動運輸過程中並無 ATP 水解成 ADP 與 Pi 的過程。

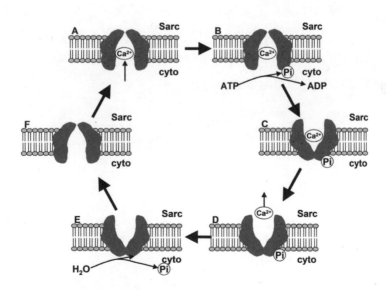

圖七：ATP 參與幫浦蛋白磷酸化與幫浦蛋白去磷酸化的過程，造成幫浦蛋白構型改變，進而執行主動運輸的功能。A 至 F 為各反應步驟，cyto 代表細胞質液側，sarc 代表肌漿質網側。

3. ATP 參與機械性運動（肌肉收縮）

肌肉收縮時，肌細胞內的粗絲（thick filament）與細絲（thin filament）因建立橫橋（cross bridge），再透過滑動引發機械性運動，過程中需 ATP 的參與，並且是生物體內極少數發生 ATP 水解的例子，但 ATP 水解過程是否就是驅動機械性運動的放能反應呢？

肌細胞收縮的肌絲滑動學說（sliding filament theory）過程如圖八，由各步驟反應可知，雖然肌肉收縮過程包含了 ATP 的水解（步驟 B 至 C），但該步驟並沒有大量釋放能量。釋放能量引發肌肉收縮的步驟為 P_i 與肌凝蛋白分離的階段（步驟 D 至 F），也就是磷酸化的肌凝蛋白因水解而去磷酸化的過程，才是釋放能量的重要步驟，而非 ATP 水解。

綜上所論，雖然 ATP 參與生化合成、主動運輸與機械性運動的能量釋放，但前兩項並無 ATP 水解的反應過程，而肌肉收縮的機械性運動機制中，雖有 ATP 水解過程，但釋放能量的步驟為肌凝蛋白因水解而去磷酸化的過程。因此，ATP 作為能量貨幣，可將不同物質磷酸化，而這些物質的去磷酸化過程，才是熱力學上的放能步驟。

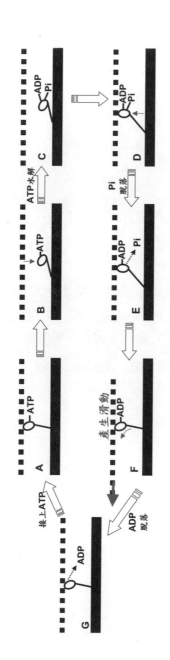

圖八：肌細胞收縮的肌絲滑動學說過程（Lodish, *et al.*, 2016）。

▇▇ 代表粗絲； ▦▦▦ 代表細絲； ⟋○ 代表細絲肌凝蛋白頭（myosin head）。

步驟 A → B：細絲 -粗絲 -ATP → 細絲 + 粗絲 -ATP （粗絲上的肌凝蛋白頭與細絲分離）
步驟 B → C：粗絲 -ATP → 粗絲 -ADP-Pi （肌凝蛋白頭上的 ATP 水解）
步驟 C → D：細絲 + 粗絲 -ADP-Pi → 細絲 -粗絲 -ADP-Pi （肌凝蛋白頭與細絲結合）
步驟 D → E：細絲 -粗絲 -ADP-Pi → 細絲 -粗絲 -ADP + Pi （Pi 與肌凝蛋白分離）
步驟 E → F：細絲 -粗絲 -ADP 產生構型改變 （引發滑動，肌肉收縮） ★釋放能量
步驟 F → G：細絲 -粗絲 -ADP → 細絲 -ADP （ADP 與肌凝蛋白分離）
步驟 G → A：細絲 -粗絲 + ATP → 細絲 -粗絲 -ATP （肌凝蛋白頭與 ATP 結合）

結案

◎所謂「ATP 可經水解而釋放能量」的鍵結，一般是指磷酸酐鍵。

◎李普曼以 ～ P 來代表可因 ATP 水解而釋出能量的鍵結，並稱之為「Energy-rich Phosphate Bonds」，後人翻譯成「高能磷酸鍵」，造成「打斷該鍵結能釋放能量」的誤解。

◎ ATP 水解的反應式為：$ATP^{4-} + H_2O \rightarrow ADP^{3-} + HPO4^{2-} + H^+$。此反應具有高的 $\triangle G$ 值（自由能），原因為：

- 細胞內的 H^+ 的濃度極低。
- ATP 分子帶有四個負電，分子內靜電斥力較 ADP 高。
- $HPO4^{2-}$ 具有共振混成體的性質，較為穩定。
- ADP^{3-} 與 HPO_4^{2-} 的水合作用高於 ATP^{4-}。

◎ ATP 參與生化合成、主動運輸與機械性運動的能量釋放，但前兩項並無 ATP 水解的反應過程，而肌肉收縮的機械性運動機制中，雖有 ATP 水解過程，但釋放能量的步驟為肌凝蛋白因水解而去磷酸化的過程。

◎ ATP 作為能量貨幣，可將不同物質磷酸化，而這些物質的去磷酸化過程，才是熱力學上的放能步驟。

情資來源

Hanson, R. W. 1989. The Role of ATP in Metabolism. *Biochemical Education*. 17(2): 86-92.

Haynie, D. T. 2008. Chapter 5- Gibbs free energy–applications In: *Biological Thermodynamics 2nd ED. Cambridge University Press.*

Jain, J. L., Jain, S. and Jain, N. 2005. chapter.20 Bioenergetics. In: *Fundamentals* of Biochemistry 6th ED. S. CHAND & COMPANY LTD.

Lipmann, *F. 1941. Metabolic* Generation and Utilization of Phosphate Bond Energy. *Adv. Enzymol.* 1: 99–162.

Lodish, H., Berk, A., Kaiser, C. A., Krieger, M., Bretscher, A., Ploegh, H., Amon, A. and Martin, K. C. 2016. *Molecular Cell Biology* (8th Edition). W. H. Freeman.

第四偵查室

細胞與組織

案例 12

如何決定形成粗糙型或平滑型內質網，以及游離型或附著型核糖體？

　　生物課程在介紹胞器的種類與功能時，內質網與核糖體是重要的細胞結構，扮演了重要角色。核糖體與 mRNA 結合後，藉由轉譯作用（translation），使得胺基酸依據特定序列合成多肽鏈。核糖體可依據是否附著於內質網，分為附著型核糖體與游離型核糖體，附著型核糖體所產生的多肽鏈，進入內質網繼續修飾、成熟；游離型核糖體則於細胞質直接產生多肽鏈。這兩類核糖體是如何決定的？其組成一樣嗎？兩型核糖體可相互轉換嗎？

　　附著於內質網的核糖體屬於附著型核糖體，而有核糖體附著的內質網稱為粗糙型內質網，這是因為粗糙型內質網附著許多核糖體時，在電子顯微鏡

的照片中看起來具有粗糙的表面；若沒有附著核糖體的內質網區域，其表面為光滑的型態，則稱為平滑型內質網。內質網如何決定哪些區域可附著核糖體？也就是如何決定形成那一類內質網？是內質網本身決定的嗎？

偵查與破案

一、不同的多肽鏈，經不同的修飾路徑形成特定功能與性質的蛋白質

在細胞質內轉譯出的各種多肽鏈，經修飾、成熟後，形成有特定功能的蛋白質。這些蛋白依據功能與性質，決定了各多肽鏈在細胞質內的運輸與修飾路徑，與蛋白質產物在細胞內的位置與去處。

若某蛋白質的修飾路徑需經過內質網，代表該基因的 mRNA 在轉譯出多肽鏈時，必須引導該多肽鏈進入內質網以進行修飾。進入內質網修飾的多肽鏈，會再進入高基氏體繼續修飾，最後形成有特定功能與分佈的蛋白質。會經粗糙型內質網與高基氏體修飾而成熟的蛋白質，包含：位於脂雙層膜上的膜蛋白、分泌到細胞外的分泌性蛋白或是溶體內的水解酶（圖一）。

二、核糖體如何決定成為附著型還是游離型？

若某蛋白質的修飾路徑需經過內質網，則在轉譯多肽鏈時，核糖體必須附著於內質網上，引導該多肽鏈進入內質網修飾。換句話說，是「轉譯的多肽鏈是否需要進入內質網」決定核糖體是否要附著於內質網上。

當核糖體正在轉譯「需進入內質網」的多肽鏈時，正在轉譯之 mRNA 的 5' 端有一段「內質網靶向信號序列」（ER-targeting signal sequence），經轉譯後可在多肽鏈的 N 端形成一段約由 16 至 26 個胺基酸組合成的「信息肽」。細胞質中的「訊息辨識顆粒」（SRP）屬於一種核糖核蛋白（由蛋白質與 RNA 所形成的複合體），SRP 可辨識信息肽並與信息肽結合，由於 SRP 類似 tRNA 分子的構型，故 SRP 可同時佔據核糖體上的 A 結合位，使轉譯過程暫時停止（圖二）。

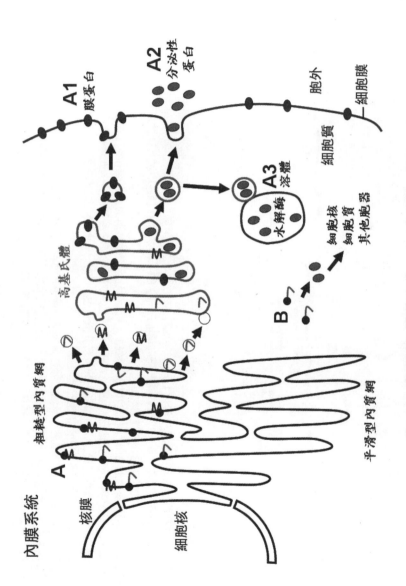

圖一：在內膜系統中，核糖體產生多肽鏈，經修飾成為成熟蛋白質的路徑示意圖。

A：附著型核糖體所產生的多肽鏈，經粗糙型內質網與高基氏體修飾後可形成膜蛋白（A1）、分泌性蛋白（A2）與溶體內的水解酶（A3）。

B：游離型核糖體所產生的多肽鏈，不往內膜系統中修飾，而是於細胞質液中修飾後，送往細胞核、其他胞器膜與留在細胞質液中執行功能。

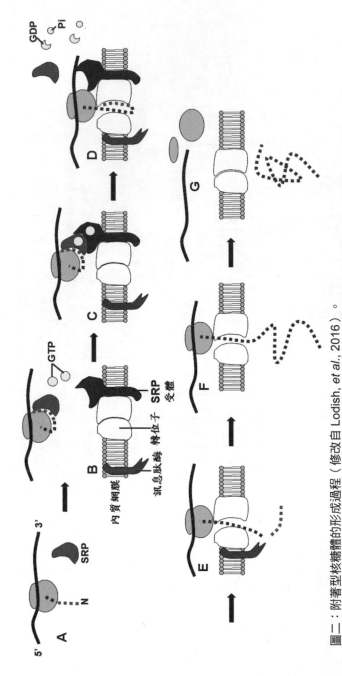

圖二：附著型核糖體的形成過程（修改自 Lodish, *et al.*, 2016）。

步驟 A：在細胞質中，某一含「內質網靶向信號序列」的 mRNA 於核糖體內進行轉譯，形成 N 端含訊息肽的多肽鏈，此時多肽鏈仍持續合成。

步驟 B：細胞質內的 SRP 辨識並與訊息肽結合，同時結合至核糖體的 A 結合位，此時轉譯暫時停止。

步驟 C：SRP 與 SRP 受體分別連接 GTP 分子，且 SRP 與 SRP 受體結合，此時核糖體被連接至內質網膜上。

步驟 D：一旦多肽鏈被正確引導進入轉位子孔道內，GTP 分子水解成 GDP 與 Pi，此時 SRP 與 SRP 受體分離，SRP 也從多肽與核糖體上脫落。

步驟 E：內質網膜上的信息肽酶切除信息肽，多肽鏈持續合成、延長。

步驟 F：在多肽鏈持續合成、延長的期間，核糖體持續屬於附著型核糖體的型態。

步驟 G：當多肽鏈轉譯完成，核糖體分離而自內質網脫落。

　　粗糙型內質網膜上的 SRP 受體（docking proteins，又稱停泊蛋白）可辨識 SRP，使得帶有 SRP 的核糖體被 SRP 受體結合於粗糙內質網的膜上，此時轉譯出的多肽鏈經引導進入粗糙內質網膜上的轉位子孔道蛋白（translocon channel）中，SRP 與 SRP 受體在辨識與結合的過程中，皆與 GTP 結合，一旦正確辨識與結合後，兩個 GTP 皆經水解而脫落，此時 SRP 離開核糖體，核糖體即可繼續進行轉譯作用。此時，核糖體透過正在轉譯的多肽鏈，與內質網的轉位子孔道蛋白相接，形成附著型核糖體。

　　多肽鏈進入內質網後，內質網膜上的信息肽酶（signal peptidase）將信息肽切割，剩餘的多肽鏈持續延長。附著型核糖體會一直維持至轉譯結束，此時核糖體的大、小次單位分離後即由內質網上脫落。

　　由以上附著型核糖體的形成過程可知，核糖體形成附著型核糖體，是由轉譯的 mRNA 所決定，若 mRNA 的多肽鏈產物具有訊息肽，最後該核糖體就會被引導至內質網的膜上，形成附著型核糖體。若核糖體所轉譯的 mRNA，其多肽鏈產物不具有訊息肽，則該核糖體就留在細胞質液中繼續完成轉譯，形成游離型核糖體。

三、粗糙型與平滑型內質網是如何決定的？

　　形成附著型核糖體時，內質網上的 SRP 受體扮演重要的角色，SRP 受體可偵測連結著 SRP 的核糖體，使核糖體附著於內質網上，換句話說，內質網膜上的 SRP 受體是內質網可否連接核糖體的關鍵：若某區域的內質網膜上具有 SRP 受體，就會附著上核糖體而形成粗糙型內質網；若內質網膜上不具有 SRP 受體，則核糖體無法附著，該內質網區域則會形成平滑型內質網。

細胞質液

課堂上教授細胞結構時,說明真核細胞由細胞膜、細胞質(cytoplasm)與細胞核所組成,然而細胞質與細胞質液(cytosol)有何不同?

細胞質是填充於核膜和細胞膜之間的膠狀物質,在真核細胞內,細胞質也含有所有的膜狀胞器,如粒線體、內質網、高基體、溶體等。細胞質液是指膜狀胞器外的膠狀物質,成份包含蛋白質、脂肪酸、醣類、水與細胞骨架等分子。下圖右的灰色區域為細胞質液,而圖左的灰色區域為細胞質,包含了細胞質液與膜狀胞器。

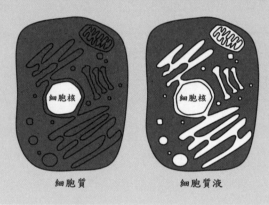

細胞質　　　　　　　　細胞質液

結案

◎核糖體所轉譯的 mRNA,其多肽鏈產物若具有訊息肽,該核糖體就會被引導至內質網的膜上,形成附著型核糖體。若多肽鏈產物不具有訊息肽,則該核糖體就留在細胞質液中繼續完成轉譯,形成游離型核糖體。

◎內質網膜上若具有 SRP 受體,就會附著上核糖體而形成粗糙型內質網。若不具有 SRP 受體,則核糖體無法附著,形成平滑型內質網。

情資來源

Guerriero, C. J. and Brodsky, J. L. 2012. The delicate balance between secreted protein folding and endoplasmic reticulum-associated degradation in human physiology. *Physiol Rev.* 92(2): 537-576.

Lodish, H., Berk, A., Kaiser, C. A., Krieger, M., Bretscher, A., Ploegh, H., Amon, A. and Martin, K. C. 2016. *Molecular Cell Biology* (8th Edition). W. H. Freeman.

案例 13

為何需要以膜狀胞器分隔細胞內的化學反應？為何代謝過程產生的物質常會轉化成儲存性物質？

　　生物課介紹真核細胞內各種膜狀胞器時，會說明胞器膜的成分為磷脂質構成的脂雙層，可將水溶液環境隔開，使得不同的化學反應間不會互相干擾。但是生物體內的化學反應多由酵素催化，而酵素具有專一性，應可透過催化不同的化學反應而達到不互相干擾的效果，為何還需要膜狀胞器分隔？

　　在高中課程中，除了介紹光合作用的過程外，也會說明葡萄糖並非光合作用的最終產物，而是會繼續轉化成澱粉作為儲存的醣類形式，或是轉化成蔗糖作為運輸的醣類形式。但當植物細胞需要進行有氧呼吸時，無論是何種醣類，常需先轉化成葡萄糖，才進入有氧呼吸的糖解作用。為何葡萄糖需要先轉化成其它物質，再轉化回葡萄糖，這樣不是多此一舉嗎？為何葡萄糖常在體內轉化成其它醣類，如植物的蔗糖、澱粉；動物的肝醣？同理，光合作用先形成 ATP 與 NADPH 再形成醣類，之後再行有氧呼吸形成 ATP，為何光合作用不只形成 ATP 即可？

　　以上兩個問題有關係嗎？此現象與細胞生理反應的性質與限制有關嗎？

偵查與破案

一、細胞內的生化反應必須符合物理與化學法則

　　雖然生物的生化反應多由酵素所催化，但酵素並無法決定化學反應的方向。生化反應的反應方向，需符合熱力學之自由能變化與勒沙特列原理（Le Chatelier principle），前者是指產物與反應物的淨自由能變化（ΔG）需為負值才可自發性發生，後者是指在一雙向反應的化學反應中，若改變影響平衡的任一因素，皆可決定反應方向；此兩種原理的內容，可見案例 10 與案例 11。但

由於熱力學之自由能變化說明起來較為複雜，本案主要以「平衡常數」與「勒沙特列原理」討論細胞內生化反應的反應方向。

二、什麼是平衡常數與反應商？與勒沙特列原理有什麼關係？

在定溫環境下，一可逆的化學反應若達到平衡時，此時反應中的各反應物之含量所形成的函數，與各產物之含量所形成的函數，之間會維持一特定比值，此比值稱為此化學反應的「平衡常數」。以下列反應為例：

$$aA + bB \rightleftharpoons cC + dD$$

a、b、c、d 各為物質 A、B、C、D 的係數，此反應的平衡常數（K）與各反應物與各產物含量的關係式如下：

$$K = \frac{[C]^c[D]^d}{[A]^a[B]^b}$$

若這些物質皆處於水溶液狀態，則各物質的含量以體積莫耳濃度（M）表示，平衡常數則以 K_C 為代號；若屬於氣態則可用分壓表示，平衡常數則以 K_P 為代號。舉例來說，若此反應式的 a、b、c、d 系數各為 2、3、1、2，以下列反應式表示：

$$2A + 3B \rightleftharpoons C + 2D$$

平衡常數（K）$= \frac{[C]^1[D]^2}{[A]^2[B]^3}$，若反應平衡時 A、B、C、D 的濃度依序為 0.1M、0.2M、0.5 M、0.1M，則平衡常數（KC）$= \frac{[0.5]^1[0.1]^2}{[0.1]^2[0.2]^3} = 62.5$。

由平衡常數的公式中可知，若某反應的平衡常數較高，代表平衡時，產

物的濃度常高於反應物；若平衡常數較低，代表平衡時，反應物的濃度常高於產物。平衡常數的數值大小可代表反應平衡時物質主要是轉化成產物（K 較大時）還是反應物（K 較小時）。以下列兩反應為例：

反應甲：$A + B \rightleftharpoons C + D$ $K_C = \dfrac{[C][D]}{[A][B]} = 10^3$

反應乙：$E + F \rightleftharpoons G + H$ $K_C = \dfrac{[G][H]}{[E][F]} = 10^{-3}$

在反應甲中，反應平衡時產物 C 與 D 濃度乘積為反應物 A 與 B 濃度乘積的 1000 倍，代表反應平衡時偏好向右反應（偏好形成產物）；在反應乙中，反應平衡時反應物 E 與 F 的濃度乘積為產物 G 與 H 的濃度乘積 1,000 倍，代表反應平衡時偏好向左反應（偏好維持為反應物）。當平衡常數大於 1，表示反應較易向產物方向進行；當平衡常數小於 1，表示反應較易向反應物方向進行；若平衡常數等於或大於 10^5，代表產物的濃度遠大於反應物的濃度，可視為完全反應；若平衡常數等於或小於 10^{-5}，代表該反應極難發生。雖然平衡常數可用來判斷反應的偏好方向，但無法代表反應速率的快慢，而反應速率的快慢常與活化能的高低有關。

當測得細胞中某一生化反應中各物質的含量，我們要如何得知該反應是否已達平衡？若未達平衡，則反應方向是偏好轉化成反應物還是產物呢？此時可利用「反應商」（Q_r）作為判斷的指標。反應商的計算方式與平衡常數一樣，但不限於平衡時的情形（也常常不知是否達平衡）。以下列反應是為例：

$$A + B \rightleftharpoons C + D \quad K_C = 10^3$$

若測得 A、B、C、D 的濃度各為 0.5 M、0.5 M、1.0 M、1.0M，則此時的反應商（Q_r）$= \dfrac{[1.0][1.0]}{[0.5][0.5]} = 4$，由於 $Q_r = 4$ 與 $KC = 10^3$ 兩者不同，代表此時

該反應仍未達平衡，且 Q_r 小於 K_C，代表此反應偏好向右反應，直到 Q_r 增加至與 K_C 一樣，那時反應就達平衡狀態。Q_r 可用來判斷反應方向，當 $Q_r > K$ 時，代表產物含量過多，則反應會向左進行；當 $Q_r < K$ 時，代表反應物含量過多，則反應會向右進行；當 $Q_r = K$ 時，代表已達平衡，向右反應速率與向左反應速率一致。

以上利用 Q_r 判斷反應方向的原理，其實也是勒沙特列原理的應用。反應商與平衡常數的比較，若未達平衡，則會往平衡狀態進行；也就是透過與平衡狀態相比，反應物與產物何者含量過高或過低，再透過勒沙特列原理可推測反應方向，使反應最後可達平衡狀態。

生化反應的變化，也常伴隨著能量變化：

$$\textbf{A} + \textbf{B} + 能 \xrightleftharpoons{\ 酶_1\ } \textbf{C} \quad （反應1，平衡常數K_1）$$

由於此反應為吸熱反應，依據勒沙特列原理，當溫度增加時，反應會偏好向右反應，此時平衡常數會變大。換句話說，溫度會影響平衡常數，在吸熱反應中，溫度增加可使平衡常數變大，溫度下降則使平衡常數變小；在放熱反應中，溫度增加可使平衡常數變小，溫度下降則使平衡常數變大。

三、為何生化反應的產物需要轉化成其他物質？

以上述反應 1 為例，若 C 是生物體內維持生理運作的重要物質，可經 A 與 B 經反應而形成。當 C 形成後隨即被代謝利用，代表 C 維持在相對較低的濃度，此時反應 1 無法達到平衡，使得反應持續偏好向右反應，使得 C 不斷形成（但也不斷被代謝利用而消耗）。

但若 C 的消耗速率不快，反應就容易達到平衡狀態了，此時若要增加 C 的產量，則可透過增加 A 或 B 的含量，或是增加能量的提供（依據勒沙特列原理）。但在生物體內，許多物質與能量並不容易取得，故在 A 或 B 的含量不易增加，且能量的獲得受到限制的情形下，細胞要如何增加增加 C 的產量呢？

其中一個策略就是將產生的 C 先轉變成其他物質儲存（如以下的反應 2 中的 D 物質），使得 C 物質在細胞內維持較低濃度，促使 A 與 B 代謝形成 C（反應向右），而形成的 C 物質則繼續換成 D，直到反應 2 亦達到平衡狀態。

$$\text{C} + 能 \xrightleftharpoons[]{酶_2} \text{D} \ (反應2，平衡常數K_2)$$

以上的反應 1 與反應 2 可用下列反應式表示，在能量充足的情形下，透過酶$_1$與酶$_2$的催化，可使 A 與 B 代謝形成 C 物質與 D 物質，此時 C 物質與 D 物質的含量，可比單一反應 1 所產生的物質 C 多，一旦細胞需要 C 物質時，除了可由反應 1 的正反應（向右反應）獲得，亦能由反應 2 的逆反應（向左反應）獲得。D 物質即為 C 物質的儲存型式，但與 C 物質不同，不會直接影響反應 1 的平衡狀態與反應方向。

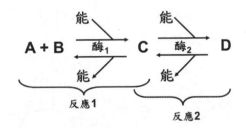

由以上細胞內的生化性質可知，進行光合作用而形成葡萄糖後，葡萄糖常會轉化成澱粉（儲存型式）或蔗糖（運輸形式），即可避免 CO_2 與 H_2O 形成葡萄糖的反應達平衡狀態，以維持光合作用的產醣效率。同樣的道理，若光合作用的光反應產生過多的 ATP，則 ADP + Pi + 能量 → ATP 的反應將達平衡而難以進行，除非要消耗更多的能量，或細胞產生更多的 ADP 與 Pi，但這兩者都難以照辦，故 ATP 需轉化回 ADP 與 Pi（ATP 的水解用於驅動葡萄糖的生成），以維持 ATP 濃度不至過高。

此外多個葡萄醣分子才可轉化成一分子澱粉，故儲存性大分子物質的轉化生成具有另個意義：維持細胞質的濃度不至於過高，以保持滲透壓恆定。

四、為何細胞內要分隔成不同空間？

反應 2 雖然可以透過消耗 C 物質使得反應 1 得以向右進行，但反應 2 亦會達到平衡，此時又要如何增加細胞生成 C 物質與 D 物質的效率呢？

若將反應 1 的產物與反應 2 的產物運輸、隔離至他處，則可維持原處的反應 1 與反應 2 持續向右進行（圖一），例如將反應 1 的 C 產物運輸至某一膜狀囊泡內儲存，使得細胞質液中的反應 1 向右進行，而將反應 2 的 D 產物運輸至某一膜狀囊泡內儲存，則可使得細胞質液中的反應 2 向右進行，這些處置皆可使物質 C 與其儲存形式（物質 D）的生成效率增加。

若反應 1 即為光合作用的反應（A 與 B 為二氧化碳與水分子，C 為葡萄糖），反應 2 即為葡萄糖轉化成蔗糖或澱粉（D 物質）的反應，葡萄糖轉化成澱粉或蔗糖，有助於光合作用產生葡萄糖（使反應 1 偏好向右反應），而蔗糖可經運輸而離開葉綠體，也有助於葡萄糖的轉化（使反應 2 偏好向右反應）。

膜狀囊泡的空間分隔也有累積物質濃度的功能，這些高濃度的物質亦可

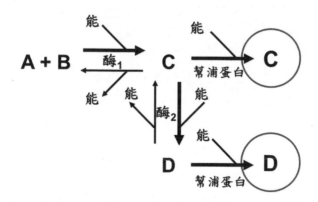

圖一：細胞透過物質轉化與空間分隔，以調控反應方向的示意圖（同化作用）。C 轉化成 D 物質，及 C 與 D 物質透過運輸至膜狀囊泡內，使得 C 與 D 物質在細胞質液中維持較低濃度，皆可增加 C 與 D 物質生成與累積的效率。

透過運輸的方式，調控其在不同空間中濃度。以圖二為例，當物質 C 與物質 D 大量釋出，即可增加物質 C 與物質 D 的濃度，此時反應 1 與反應 2 皆偏好向左反應。換句話說，細胞透過空間分隔與調控物質運輸方向，即可調控反應的方向，圖一與圖二即為細胞調控不同反應方向的示意圖，以醣類代謝為例，圖一為偏好醣類的同化作用，圖二則偏好醣類的異化作用。

　　細胞內分隔成不同空間，除了降低某些區域的某些物質，以利反應方向的調控，也可增加某些區域的某些物質的濃度，亦有利於反應方向的調控。例如：附著型核糖體所生產的多肽鏈會進入內質網內，細胞質液中的多肽鏈濃度低，有助於胺基酸形成多肽鏈的反應方向；但內質網腔中含高濃度多肽鏈，有助於多肽鏈經酵素催化而進行修飾的化學反應方向。以此例子而言，反應 1 中的 A 與 B 為胺基酸，C 為多肽鏈，多肽鏈形成後直接進入內質網腔，使得細胞質液中 C 物質濃度極低，有利於反應 1 向右進行；而反應 2 中的 D 物質為「經修飾的多肽鏈」，內質網腔內 C 物質（未修飾的多肽鏈）濃度高，有利於反應 2 向右進行，增加多肽鏈修飾反應的效率。

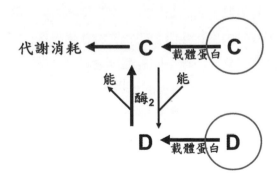

圖二：細胞透過物質轉化與空間分隔，以調控反應方向的示意圖（異化作用）。C 物質與 D 物質由膜狀囊泡內釋放出來，使得 C 與 D 物質在細胞質液中維持較高濃度，皆可增加 C 與 D 物質分解與消耗的效率。

上述的說明，皆為透過細胞內的空間分隔，調控各區域的各物質濃度，以利生理反應的進行，這些生理反應包含：生化代謝、化學滲透作用（包含用於次級主動運輸或 ATP 生成）、膜電位的形成與維持等，這些都可視為圖一與圖二示意圖的各種變形、應用。

空間上的分隔還有另一功能與意義，就是可限制危險物質的擴散與傷害，例如：溶體內含有各式水解酶，過氧化氫小體內含有各式氧化酶，若這些物質沒有被膜狀囊泡限制其分佈範圍與作用，可造成細胞內各物質與胞器的破壞，造成細胞的傷害與死亡。

五、「恆定」為何重要？

在生物課堂上，「恆定」一直是生理學重要的概念，但教科書多以「酵素的催化環境，需在適當範圍的溫度、酸鹼度內，才具足夠的催化活性」為例說明。事實上，生物學中的「恆定」概念與化學中的「反應平衡」概念與「勒沙特列原理」是相通的：細胞內維持溫度（能量）與各物質濃度的適當範圍，才能使細胞可以調控各生化反應的反應方向，若某物質濃度過高或過低，則使反應方向受到限制，此時細胞內的生化反應方向完全由化學性因子如溫度、濃度決定，故需由生物性因子如物質的代謝轉換、空間分隔、跨膜運輸等介入，生物體方可有「調控」的可能，這就是「恆定」為何重要的原因－在恆定的基礎上，才有調控的可能，也因有調控的機制，方可維持恆定。恆定與調控其實是一體兩面的機制。

結案

◎生物的生化反應多由酵素所催化，但酵素並無法決定化學反應的方向。

◎生化反應的反應方向，需符合勒沙特列原理。

◎生化反應的反應方向可由平衡常數與反應商（Q_r）作為判斷的指標。

◎為何生化反應的產物需要轉化成其他物質？

- 進行光合作用而形成葡萄糖後，葡萄糖常會轉化成澱粉（儲存型式）或蔗糖（運輸形式），即可避免二氧化碳與水分子形成葡萄糖的反應達平衡狀態，以維持光合作用的產醣效率。

- 若光合作用的光反應產生過多的 ATP，則 ADP + Pi + 能量 → ATP 的反應將達平衡而難以進行，故 ATP 透過驅動葡萄糖的生成，而轉化回 ADP 與 Pi，以維持 ATP 濃度不至過高。

- 儲存性大分子物質的轉化生成，可維持細胞質內的物質濃度不至於過高，以維持滲透壓的恆定。

◎為何細胞內要分隔成不同空間？

- 細胞透過空間分隔與調控物質運輸方向，可降低某些區域的某些物質，或增加某些區域的某些物質的濃度，即可調控反應的方向。

- 空間上的分隔可限制危險物質的擴散與傷害。

◎生物學中的「恆定」概念與化學中的「反應平衡」概念與「勒沙特列原理」是相通的：細胞內維持溫度（能量）與各物質濃度的適當範圍，才能使細胞可以調控各生化反應的反應方向。

案例 14

核仁與核糖體的組成有什麼關係？核仁有何功能？原核生物有核仁嗎？

教科書描述細胞核內的核仁（nucleolus），主要成分為 RNA 與蛋白質，其功能為形成核糖體。核仁是什麼？有什麼特徵與性質？它如何形成核糖體？既然核仁負責形成核糖體，原核生物同樣也有核糖體，為何教科書卻描述原核生物不具有核仁？

偵查與破案

一、核糖體如何合成、組裝？

轉譯時，位於細胞質的核糖體大、小次單位會與 mRNA 共同形成轉譯複合體。核糖體的大次單位與小次單位各皆由蛋白質與 rRNA 所組裝。真核細胞中 RNA 是在細胞核內轉錄、修飾而成，蛋白質則是在細胞質中轉譯、修飾而成，而核糖體的大次單位與小次單位又在細胞核中合成，但核糖體的組裝發生在細胞質的轉譯作用，故其核糖體合成的步驟較為複雜。圖一為真核細胞形成核糖體的過程，其步驟描述如下：

步驟 a：核糖體蛋白質的基因於細胞核內經轉錄作用合成 mRNA。

步驟 b：核糖體蛋白質的 mRNA 於核內經修飾後，由核孔進入細胞質。

步驟 c：核糖體蛋白質的 mRNA 於細胞質內，經核糖體的轉譯作用，再經由修飾過程，形成成熟的核糖體蛋白質。

步驟 d：核糖體蛋白質經核孔進入細胞核。

步驟 e：rRNA 的基因於細胞核內經轉錄作用合成 rRNA。

步驟 f：rRNA 在細胞核內經修飾後，形成成熟的 rRNA。

步驟 g：rRNA 與核糖體蛋白質於細胞核內組裝成核糖體次單位。

步驟 h：核糖體次單位經核孔進入細胞質。

上述步驟若為 1a~1h 為核糖體大次單位的合成過程，步驟 2a~2h 為核糖體小次單位的合成過程。

步驟 i：細胞質內的 mRNA 與核糖體大、小次單位，組裝成轉譯複合體，此時核糖體組裝完成；待轉譯結束後，核糖體大、小次單位則分離。

二、核仁是什麼？

細胞於細胞週期的間期時，核內充滿了染色質，此時若以染劑染色，細胞核會因染色質被染上色，因而顏色較深。在細胞核中，部分區域因含有 rRNA、核糖體蛋白質與正在組裝的核糖體次單位，在光學顯微鏡的視野中，可觀察到這些區域所染的顏色更深，也因為這些區域的光折射率與其他核質不同，即使是未染色的情形下，這些區域在視野中較暗；若在穿透式電子顯微鏡的照片中，此區域亦呈現較深的顏色，即為核仁，核仁含有豐富的蛋白質與 rRNA。珂芮‧伊蓮‧漢德沃格（Korie Ellen Handwerger）等人 2005 年研究非洲爪蟾（*Xenopus laevis*）卵母細胞核內各種構造的蛋白質密度，並以折射率推算蛋白質含量，推估核仁中的緻密纖維區域，其總蛋白質濃度約為 0.215 g/cm^3（折射率約 1.3744），而一般核質的總蛋白質濃度約為 0.106 g/cm^3（折射率約 1.3544）。

核仁並不是一個結構，而是一些染色較深（光學顯微鏡）或較緻密（電子顯微鏡）的區域，因此核仁的數量、形狀、位置都會隨細胞生理狀態而改變。由前文所知，核仁是負責組裝核糖體次單位的區域，在需要大量核糖體的細胞（需要大量轉譯蛋白質），其核仁就會較大且較多。

核仁區域（圖二）因為含有正在轉錄或剛轉錄出的 rRNA、經修飾而成熟的 rRNA、核糖體蛋白質，以及組裝中與完成組裝的核糖體次單位等，因此顏

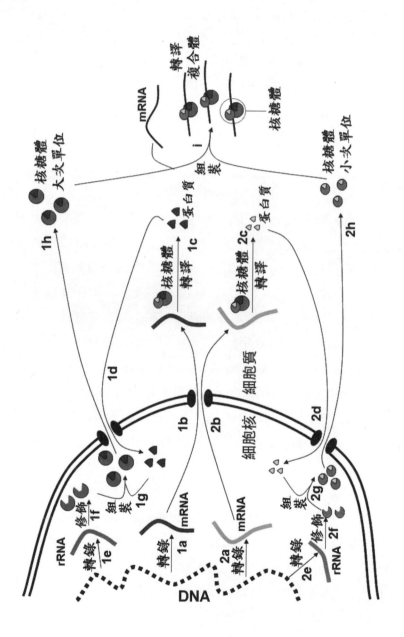

圖一：真核細胞形成糖體的過程。步驟 1a~1h 為核糖體大次單位的合成過程，步驟 2a~2h 為核糖體小次單位的合成過程，步驟 i 為核糖體大次單位與小次單位在轉譯時組裝成核糖體的步驟。

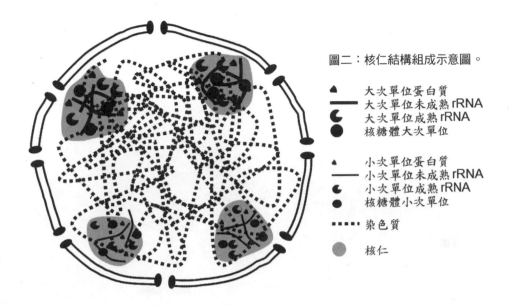

圖二：核仁結構組成示意圖。

▲　大次單位蛋白質
──　大次單位未成熟 rRNA
◖　大次單位成熟 rRNA
●　核糖體大次單位

▴　小次單位蛋白質
──　小次單位未成熟 rRNA
◖　小次單位成熟 rRNA
●　核糖體小次單位

‥‥‥　染色質

●　核仁

色較深。除了上述組成，核仁區域亦包含可轉錄出 rRNA 的 DNA 片段（Handwerger, *et al.*, 2005），這些片段稱為核糖體 DNA（rDNA），因此核仁的組成不止如高中教科書所言，只有蛋白質與 RNA，其實「含有 rDNA 的染色質」。

　　核仁可能會出現的區域，稱為核仁組織區（nucleolus organizing region, NOR），一般位於核內周圍的異染色質區域（McStay, 2016）。在人體中，NOR 位於第 13、14、15、21、22 號染色體的短臂上，這些 DNA 片段各自含有 RNR1、RNR2、RNR3、RNR4 與 RNR5 基因（可轉錄出 rRNA），這些區域含有約 300 個重複的 rDNA；小鼠的 NOR 含有約 200 個重複的 rDNA（McStay, 2016）。

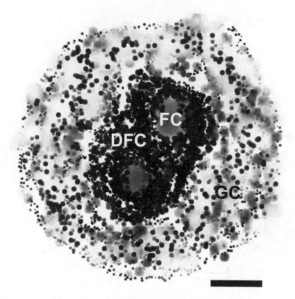

圖三：核仁的細部組成（參考 Handwerger, et al., 2005 與 Shaw, 2015），此圖只展現一個核仁區域的型態，黑色線段長度代表一微米（μm）。

三、核仁的細部組成

在電子顯微鏡下所觀察的核仁，雖然顏色較深但並非均質，依其型態特徵可分為三種區域：纖維中心（FC）、緻密纖維組成（DFC）與顆粒組成（GC）（圖三）。纖維中心含 rDNA 與新轉錄出的 rRNA，較無顆粒狀結構；緻密纖維組成為核仁中密度最高的區域，包含 rRNA 與核糖體蛋白，其中 rRNA 正連接於核糖體蛋白；顆粒組成區域內分佈著直徑 15-20 奈米的高密度顆粒，為 rRNA 與蛋白質組裝成的核糖體次單位（Shaw, 2015、Nucleolus, 2018）。

四、核仁還有什麼功能？

核仁最重要的功能，為轉錄出 rRNA 與形成核糖體次單位。除了這些功

能外，科學家發現核仁也具有許多其他的生理功能（Nucleolus, 2018、Politz, *et al.*, 2000、Shaw, 2015）。在案例 12 中介紹的「訊息辨識顆粒」（SRP），雖在細胞質執行功能，但也是在核仁組裝而成的。SRP 與核糖體次單位一樣，皆屬於由蛋白質與 RNA 所形成的核糖核蛋白，也一同於核仁組裝而成。此外，多種 RNA 的生化代謝也在核仁中進行，例如：初級 tRNA（pre-tRNAs）的早期修飾、mRNA 的輸出轉運（由細胞核運送至細胞質）與降解、部分「核小 RNA」（snRNAs）的甲基化（methylated），皆在核仁中進行。

在低等真核生物中例如酵母菌，核仁甚至參與細胞周期的調節；但在高等真核生物如高等植物與高等動物，由於核仁於有絲分裂階段時消失，一般認為核仁與細胞周期的調節較無直接關係（Shaw, 2015）。核仁也參與 DNA 損傷反應（DDR）的修復過程（Larsen and Stucki, 2016），與維持基因體的穩定（Lindström, *et al.*, 2018）。

五、原核生物有核仁嗎？

核仁是形成核糖體次單位的重要結構，也以核糖體轉譯出蛋白質的原核生物，理應有相同功能，「原核細胞不具有核仁」這樣的描述正確嗎？

無論是以光學顯微鏡還是電子顯微鏡觀察原核細胞，皆未發現類似核仁的結構，故有「原核細胞不具有核仁」之說，但原核細胞的染色體依然有 rDNA 轉錄出 rRNA，及 rRNA 與核糖體蛋白質組裝成核糖體次單位的過程。

真核細胞具有核仁結構而原核細胞不具有的原因，可能是真核生物的細胞核內有超過 200 種「非核糖體蛋白質」參與核糖體次單位的組裝（Lackmann, 2017），另外也含其它種類的核糖核蛋白，例如前文所討論的 SRP，而原核生物不具有 SRP。換句話說，真核生物的核仁含有大量「非核糖體蛋白質」而原核細胞則較少，故真核細胞的核仁區域顏色較深，容易被觀察，但原核細胞則否，故原核細胞無法觀察到核仁結構。

　　另一個假說，認為 rDNA 的多個串聯重複（multiple tandem repeats）可造成核仁的形成（Shaw, 2015）。在缺 rDNA 重複的酵母菌（*Saccharomyces cerevisiae*）突變株中，卻具有含 rDNA 的質體，該質體可轉錄出 rRNA；結果此突變株的酵母菌無法形成核仁結構，但能產生具正常功能的核糖體。某些細胞的細胞核內具有額外的 rDNA 重複序列例如卵母細胞，這些額外的 rDNA 重複序列亦一同構成了核仁結構。科學家相信重複的 rDNA 序列與形成核糖體次單位的眾多因子，集中於特定的細胞核區域（即核仁），可提高合成過程的效率（Shaw, 2015），這樣的特徵出現在真核細胞；但原核生物的 rRNA 操縱組（operons）通常被高度表達的 mRNA 基因分隔而分散（Lewis, *et al.*, 2008）。換句話說，真核細胞具有核仁而原核細胞則無，是真核細胞增加核糖體次單位合成效率，與增進核仁各種生理功能之效率的演化結果。

結案

◎核仁是負責組裝核糖體次單位的區域。

◎核仁並不是一個結構，而是一些染色較深（光學顯微鏡）或較緻密（電子顯微鏡）的區域，因此核仁的數量、形狀、位置都會隨細胞生理狀態而改變。

◎核仁依其型態特徵可分為三種區域：

- 纖維中心（FC）：含 rDNA 與新轉錄出的 rRNA。
- 緻密纖維組成（DFC）：含 rRNA 與核糖體蛋白。
- 顆粒組成（GC）：含 rRNA 與蛋白質組裝成的核糖體次單位。

◎核仁的功能：

- 轉錄出 rRNA 與組裝核糖體次單位。
- 組裝「訊息辨識顆粒」（SRP）。
- 初級 tRNA（pre-tRNAs）的早期修飾。
- mRNA 的輸出轉運（由細胞核運送至細胞質）與降解。

- 部分「核小 RNA」（snRNAs）的甲基化（methylated）。
- 在低等真核生物中參與細胞周期的調節。

◎為何真核生物具有核仁而原核生物則無？

- 真核生物的核仁含有大量「非核糖體蛋白質」而原核細胞則較少。
- 真核生物的 rDNA 含多個串聯重複（multiple tandem repeats），可造成核仁的形成；而原核生物的 rDNA 被分隔而分散。
- 重複的 rDNA 序列與形成核糖體次單位的眾多因子集中核仁區域，可提高合成過程的效率，這樣的特徵出現在真核細胞，原核生物則無。

情資來源

Handwerger, K. E., Cordero, J. A. and Gall, J. G. 2005. Cajal Bodies, Nucleoli, and Speckles in the Xenopus Oocyte Nucleus Have a Low-Density, Sponge-like Structure. *Mol Biol Cell*. 16(1): 202–211.

Lackmann, F. 2017. Nucleolar Ribosome Assembly (PhD dissertation). Department of Molecular BiosciDepartment of Molecular Biosciences, The Wenner-Gren Institute, Stockholm University, Stockholm.

Larsen, D.H. and Stucki, M. 2016. Nucleolar responses to DNA double-strand breaks. *Nucleic. Acids Res*. 44(2）: 538-44.

Lewis, P. J., Doherty, G.P. and Clarke, J. 2008. Transcription factor dynamics. *Microbiology*. 154(Pt 7）: 1837-44.

Lindström, M. S., Jurada, D., Bursac, S., Orsolic, I., Bartek, J. and Volarevic, S. 2018. Nucleolus as an emerging hub in maintenance of genome stability and cancer pathogenesis. *Oncogene*. 37(18): 2351-2366.

McStay, B. 2016. Nucleolar organizer regions: genomic 'dark matter' requiring illumination. *Genes Dev*. 30(14):1598-610.

Nucleolus. (2018, August 7). In *Wikipedia*, the free encyclopedia. Retrieved July 29, 2018, from https://en.wikipedia.org/wiki/Nucleolus

Politz, J. C., Yarovoi, S., Kilroy, S. M., Gowda, K., Zwieb, C. and Pederson, T. 2000. Signal recognition particle components in the nucleolus. *Proc. Natl. Acad. Sci. U S A*. 97(1): 55–60.

Shaw, P. J. 2015. Nucleolus. In: eLS. John Wiley & Sons Ltd, Chichester.

案例 15

有絲分裂的「絲」是指什麼？有「無絲分裂」嗎？

1882 年華特・佛萊明（Walther Flemming）提出了「有絲分裂」的名稱，「絲」指的是什麼？紡錘絲嗎？佛萊明所稱的有絲分裂，有什麼重要性質與意義？既然有「有絲分裂」，那有「無絲分裂」的例子嗎？

偵查與破案

一、什麼是有絲分裂？

有絲分裂在生物課程中，是重要的教學重點之一，中學乃至大學的生物課堂上，多強調有絲分裂的目的與產生的結果：使一母細胞經有絲分裂形成兩個染色體組成與母細胞一樣的子細胞，其重要的特性是「讓遺傳訊息與遺傳物質維持不變」。但「有絲」代表什麼意思？許多學生會直接聯想到真核細胞分裂過程中，參與紡錘體形成與染色體分離的紡錘絲，也有「絲」一字，而直接將有絲分裂解釋成有紡錘絲參與的細胞分裂過程；而且正好原核生物的分裂過程不會形成紡錘絲，「有絲分裂與無絲分裂的差異就是有無紡錘絲」的說法就更為有理而堅定。但這個說法是錯誤的！

有絲分裂的英文為 mitosis，此字是由佛萊明於 1882 年命名的，其字首源自希臘文「mitos」意指線，而字尾源自拉丁文「-osis」意指過程，mitosis 即為「有線形成的過程」。當年佛萊明觀察細胞分裂時，所觀察到的線狀結構其實是染色質經濃縮成粗線狀結構的染色體，並非是紡錘絲。因此有絲分裂是指「具染色質濃縮成染色體過程的細胞分裂」，原核生物屬於無絲分裂，是因為原核生物的染色體在細胞分裂過程中沒有濃縮成粗絲狀的過程。

減數分裂（meiosis）的字源亦來自希臘文，意指減少的過程（lessening）。

二、有絲分裂的「絲」為何不是指紡錘絲？

為何佛萊明所稱的絲（線）狀結構是染色體，而不是紡錘絲？這與佛萊明觀察的細胞材料與 19 世紀時的觀察工具限制有關。佛萊明所觀察的標本包含來自綠藻（水綿）、植物（百合）、人類角膜、蠑螈與海膽卵等細胞，其中蠑螈的染色體含有許多重複的 DNA 片段，基因體約為人類的 10 倍，因此染色體非常大，較容易觀察到聚縮成粗絲狀的染色體（Yanagida, 2014）。另一方面，紡錘絲是由細胞骨架中的微管所組成，微管是動態組裝的結構，非常不穩定而不易觀察，因此早期科學家懷疑紡錘絲的存在，受限於顯微鏡的解析度，許多科學家認為該結構可能只是固定細胞標本或染色過程中的人為產物。

最早在活細胞中觀察到有絲分裂過程中的紡錘體結構，是 1950 年代利用雙折射的偏光顯微鏡才得以觀察與證實紡錘體與紡錘絲的存在，日本科學家井上 信也與團 勝磨利用偏光顯微鏡觀察蚱蜢、蒼蠅、管蟲的卵母細胞和百合的花粉母細胞時，證實了紡錘絲的存在（Inoué and Dan, 1951、Inoué, 1953）。

「有絲分裂」之名由佛萊明提出後，直到 1951 年科學家才以偏光顯微鏡證實紡錘絲的存在。因此，「有絲分裂」的絲不可能是紡錘絲。

三、有絲分裂在生物學上有何含意？與「無絲分裂」有何不同？

佛萊明當時命名「有絲分裂」，除了觀察到粗絲狀染色體外，還有什麼意義？這要從 19 世紀時科學家對細胞分裂過程的觀察與描述開始說起。

早在 1873 年弗里德里希‧安頓‧施耐德（Friedrich Anton Schneider）與 1880 年愛德華‧施特拉斯布格爾（Eduard Strasburger）就已描述正在分裂之細胞，細胞中具有的絲狀物結構與分佈位置；而 1875 年波蘭學者瓦慈沃夫‧梅澤爾（Wac aw Mayzel）第一次對活細胞的有絲分裂做了口頭描述（Yanagida, 2014），佛萊明在梅澤爾的同意下，於 1878 發表了有絲分裂各階段的絲狀物行為（Flemming, 1878）；佛萊明詳細描述蠑螈幼蟲表皮細胞在行有絲分裂過程中，染色體在各階段動態

直接分裂（無絲分裂）

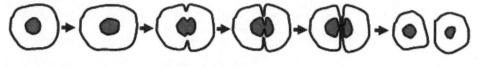

間接分裂（有絲分裂）

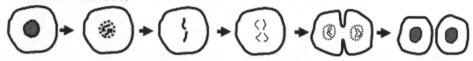

圖一：直接分裂（無絲分裂）與間接分裂（有絲分裂）的過程比較。

行為，相較於其他學者只有描繪染色體的靜態型態，佛萊明的描述較為完整也較為後人所知。隨後佛萊明將其研究成果撰寫於 1882 年的著作《細胞物質、核和細胞分裂》（Flemming, 1882），也在此書中提出「有絲分裂」（mitosis）和「染色質」（chromatin）。當然，當時還沒有「染色體」（chromosome）一字，這是 1888 年由德國學者海瑞克・威廉・哥特佛伊德・馮瓦爾代爾哈茨（Heinrich Wilhelm Gottfried von Waldeyer-Hartz）所提出的。

　　佛萊明觀察有絲分裂時，注意到細胞核在分裂時需經歷一連串的過程，而不是細胞核直接一分為二。這些過程就是生物課堂上描述分裂過程中，細胞核在前期、中期、後期與末期等時期的動態變化，包含核膜消失、染色體聚縮成粗絲狀、染色體規律排列、染色體分離形成兩群並於細胞質分裂後分配至不同細胞、核膜重新組成等，因此稱之為間接分裂（indirect division）。當時科學家也觀察到細胞核在核膜不消失、染色質不聚縮的情形下，直接進行核分裂，稱為直接分裂（direct division），也就是細胞核和細胞質直接分裂成兩個大小大致相等的子細胞（圖一上）。換句話說，佛萊明不只注意到粗絲狀的染色體形成，也注意到有絲分裂的核分裂，會經歷一段固定程序的過程（屬於間接分裂，圖一下圖），而與直接分裂的類型不同。有絲分裂屬於間接分裂，而

直接分裂又稱為無絲分裂（amitosis）。

　　佛萊明對有絲分裂過程中的核分裂過程，有著非常詳細的描述（包含精細的繪圖紀錄），可證明子細胞的細胞核內容物源自母細胞細胞核的內容物，此觀察支持了細胞學說（Cell theory）的第三點：細胞源自於已存在的細胞（all cells from cells）此理論是由魯道夫·魏修（Rudolf Virchow）所提出。

四、「無絲分裂」有哪些例子？

　　無絲分裂是生物課程中較少描述的細胞分裂種類。早期觀察無絲分裂的過程，多是以條蟲（*Moniezia* 屬）作為觀察對象，因為在 *Moniezia* 屬的條蟲身上，即使是快速生長的部位也很少觀察到有絲分裂。查理士·曼寧·喬爾德（Charles Manning Child）以綿羊身上的寄生條蟲（*Moniezia exftansa* 與 *Manzezia planissima*）為材料，觀察其卵巢發育的過程，注意到分裂中的細胞核常常含有核仁構造，當細胞核內形成兩個核仁時代表即將進行核分裂（Child,1907）；這代表核分裂的當下，細胞核仍在進行其他生理作用。

　　隨著科學家的觀察、研究，所知之無絲分裂的例子也越來越多，包含纖毛蟲（ciliates）中的多倍體大核（polyploid macronucleus）、大鼠胎盤組織、人體與小鼠的滋胚層、人體的腎上腺細胞、人體的肝細胞等。以纖毛蟲的多倍體大核為例，其並不參與生殖過程，而是參與細胞的代謝作用；多倍體大核進行直接分裂（無絲分裂）後，可使得等位基因（alleles）隨機分配。

　　真核生物中，參與無絲分裂的細胞，通常與繁衍下一代的任務無關，而是透過直接分裂的方式，快速增殖細胞，或藉此增加遺傳變異以因應逆境壓力，例如肝細胞（可參考案例 38）。

結案

◎有絲分裂（mitosis）是由佛萊明於 1882 年命名，源自希臘文「mitos」（意指線），字尾源自拉丁文「-osis」（意指過程），佛萊明所觀察到的「線狀結構」是染色質經濃縮成粗線狀結構的染色體，並非是紡錘絲。

◎直到 1951 年井上 信也與團 勝麿才以偏光顯微鏡證實紡錘絲的存在。

◎佛萊明觀察到有絲分裂的過程中，細胞核需經歷一連串的過程，稱之為間接分裂（indirect division）；而非在「核膜不消失、染色質不聚縮的情形下，直接進行核分裂」，後者稱為直接分裂（direct division）或無絲分裂（amitosis）。

◎無絲分裂的例子包含：條蟲（*Moniezia* 屬）、纖毛蟲（ciliates）中的多倍體大核（polyploid macronucleus）、大鼠胎盤組織、人體與小鼠的滋胚層、人體的腎上腺細胞、人體的肝細胞等。

情資來源

Amitosis. (2018, August 14). In *Wikipedia, the free* encyclopedia. Retrieved September 9, 2018, from https://en.wikipedia.org/wiki/Amitosis

Child, C. M. 1907. Studies on the Relation between Amitosis and Mitosis. 1. Development of the Ovaries and Oögenesis in Moniezia. *Biol. Bull.* 12(2): 89-114.

Flemming, W. 1878. Zur Kenntniss der Zelle und ihre Lebenserscheinungen. *Arch. Mikr. Anat.* 16: 302-436.

Flemming, W. 1882. *Zellsubstanz, Kern und Zelltheilung.* Vogel: Leipzig, Germany.

Inoué, S. 1953. Polarization optical studies of the mitotic spindle: I. The demonstration of spindle fibers in living cells. *Chromosoma.* 5: 487–500.

Inoué, S. and Dan, K. 1951. Birefringence of the living cell. *J. Morph.* 89:423-456.

Yanagida, M. 2014. The role of model organisms in the history of mitosis research. *Cold Spring Harb. Perspect. Biol.* 6(9): a015768.

案例 16

神經細胞的樹突外有髓鞘嗎？

　　部分高中生物教科書、坊間講義與參考書與許多考卷，過去在描述神經反射弧時，將感覺神經元本體與受器細胞之間的感覺神經突起標註為樹突，並在此樹突外畫了髓鞘（圖一），因此許多教師在教學或出題時，會認定「神經元的樹突外可能具有髓鞘，例如感覺神經元」，如以下例題，即是以「感覺神經的樹突可具有髓鞘」為出發點設計題目，但其實這個概念是錯誤的。

　　髓鞘的功能包含增加動作電位傳遞的速率，但樹突不會產生動作電位，故應該不需要髓鞘，但部分教材與考題中，感覺神經的樹突上確具有髓鞘，這樣的描述是正確的嗎？

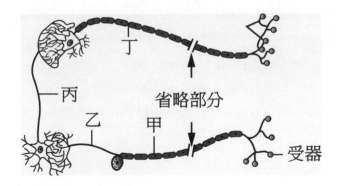

　　例題：下圖為人體三種神經元的關係圖，請選出正確的敘述。（解答：B）

（A）甲與丁為有髓鞘的軸突　（B）乙與丙為無髓鞘的軸突
（C）甲與丙屬於周圍神經系統　（D）丙與丁屬於中樞神經系統

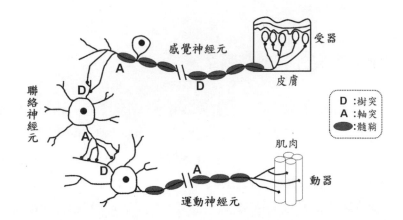

圖一：部分教科書、講義、參考書與考卷考題，將感覺神經元本體與受器細胞之間的感覺神經突起標註為樹突，並在其外畫出髓鞘。

偵查與破案

所有的神經元都包含以下四個區域：接收區（receptive zone）、觸發區（trigger zone）、傳導區（conducting zone）與輸出區（output zone）（Barrett, *et al.*, 2010）。上述的四個區域中，接收區是指細胞膜表面具有受體，可因外來刺激（如神經傳遞物質）而開啟離子通道，進而改變膜電位的區域，此區域即是功能上定義的樹突（dendrites）。觸發區的細胞膜具有密集的電位敏感鈉離子通道，是閾值最低之處，為引發動作電位（action potential）之處，一般稱為軸丘（axon hillock）。傳導區為動作電位傳遞的路徑，也是軸突最主要的部分。輸出區是該神經元將訊息傳遞給其他細胞的區域，也就是釋放神經傳遞物質之處，一般稱為軸突末梢（axon terminals）。

依據以上的定義，樹突並無動作電位，所以不應具有可加速動作電位傳遞的髓鞘，而部分高中生物教科書中在感覺神經元上畫有髓鞘之處，事實上皆為軸突，故感覺神經元細胞的各區域名稱，應為圖二所示，其中 A 區為神經元的接收區（即為樹突），功能為接受訊息輸入；BCD 區皆屬軸突，功能為形成並傳遞動作電位，將訊息輸出。軸突中，B 區為形成動作電位之處（觸發

區），稱為軸丘；C 區為週邊軸突（periphereal axon）與中樞軸突（cantral axon），組成傳導區，傳遞動作電位；D 區為軸突末梢（輸出區），可分泌神經傳遞物質，將神經訊息傳遞至其他細胞。前述過去被誤認為樹突的區域，即為 C 區中的週邊軸突，故應糾正為「屬於軸突」。

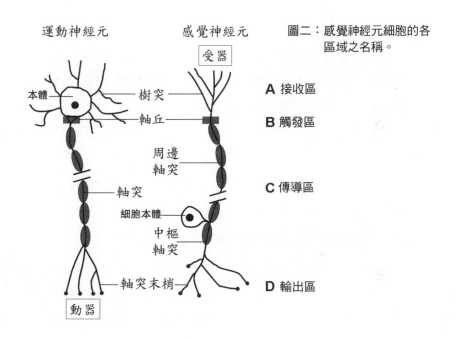

圖二：感覺神經元細胞的各區域之名稱。

結案

◎樹突並無髓鞘，也不產生動作電位。

◎許多教材或考題所標示之感覺神經元樹突，其實應屬軸突，可具髓鞘結構，傳遞神經衝動。

來源
Barrett, K. E., Barman, S. M., Boitano, S. and Brooks, H. L. 2010. *Ganong's Review of Medical Physiology* (23th Edition). McGraw-Hill.
https://zh.wikipedia.org/wiki/ 神經元（檢索日期：2017 年 11 月 27 日）

案例 17

為何飽和脂肪酸所占比例與膽固醇會影響細胞膜的流體性？膽固醇如何穩定細胞膜？反式脂肪酸屬不飽和脂肪酸，為何對人體健康有壞處？

　　植物油在室溫下常是液態，是因為植物油含較多不飽和脂肪酸；動物脂肪在室溫下常是固態，是因為動物脂肪含較多飽和脂肪酸。為何不飽和脂肪酸與飽和脂肪酸會影響細胞膜的流體性質？飽和脂肪酸攝取過多常會引發心血管疾病，因此相對而言，攝取不飽和脂肪酸對人體較為健康。但反式脂肪酸亦為不飽和脂肪酸，為何也容易引發心血管疾病？生物教科書提到膽固醇可穩定細胞膜，是什麼意思？膽固醇在細胞膜內扮演的角色又為何？

偵查與破案

一、飽和脂肪酸與不飽和脂肪酸如何影響脂雙層的流體性？

　　植物油與動物脂肪皆屬三酸甘油酯，也就是由甘油與脂肪酸所組合形成。植物油與動物脂肪的分子結構中，最大的差異為其脂肪酸的種類與性質不同，植物油所含的脂肪酸多為不飽和脂肪酸，而動物脂肪所含的脂肪酸多為飽和脂肪酸。飽和脂肪酸的碳鏈皆為單鍵，分子形狀較直。不飽和脂肪酸的碳鏈中若含有一個雙鍵稱為單元不飽和脂肪酸，若有一個以上的雙鍵則稱為多元不飽和脂肪酸；自然界中不飽和脂肪酸，其雙鍵多為順式形式，其碳鏈具有明顯折角（圖一上）。若細胞膜上的磷脂質，其所含的脂肪酸為飽和脂肪酸，則該磷脂的「脂肪酸腳」較直；若其所含的脂肪酸為（順式）不飽和脂肪酸，則該磷脂的「脂肪酸腳」易出現折角、彎曲（圖一下）。

　　植物油與動物脂肪在同一溫度下，具有不同的流體性，前者流體性較高，性質上較接近液體，具有較易代謝而較不穩定的特性；動物脂肪的流體

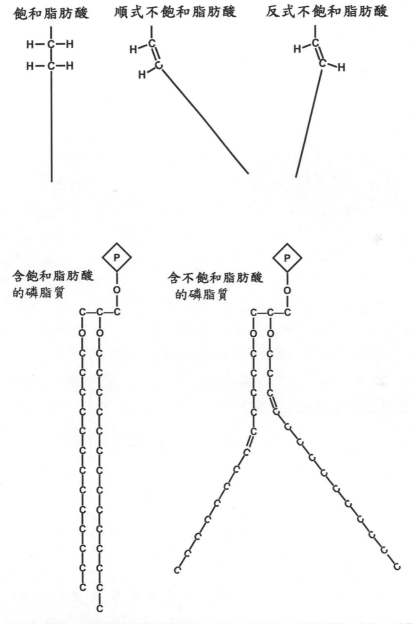

圖一：飽和脂肪酸、順式不飽和脂肪酸與反式不飽和脂肪酸的碳鏈結構示意圖；磷脂質所含的脂肪酸為飽和脂肪酸或順式不飽和脂肪酸，其「脂肪酸腳」的構型示意圖。

性較低，性質上較接近固體，具有較不易代謝而穩定的特性。為何從以上現象可推知不飽和脂肪酸比例較高的三酸甘油酯具有較高的流體性？

　　生物的脂質膜多為脂雙層，脂雙層是由兩層磷脂質所構成，這些磷脂質在膜上具有流動性，相鄰的磷脂每秒切換位置約 10^7 次，換算成距離，大約每秒可移動 2 μm（Urry, et al., 2017），這已經超過許多細菌的細胞長度。磷脂的運動程度受溫度、本身的分子構型與鄰近的磷脂質所影響。

　　分子之間的作用力稱為「凡得瓦力」（Van der Waals force），具有不同類型。在脂雙層內脂肪酸之間具有作用力，屬於其中一類凡得瓦力，稱為倫敦分散力（London dispersion force），而這種分子間的作用力，其強度與脂肪酸的長度與形狀有關。脂雙層內脂肪酸若多為飽和脂肪酸，分子形狀為直條形，分子間距離較近故分子間作用力較大（圖二），限制了分子的運動，而使流體性下降；脂雙層內脂肪酸若多為不飽和脂肪酸，「脂肪酸腳」多具折角、彎曲，分子間互相推擠使得距離較遠，故分子間作用力較小（圖二），分子運動的受限減少，而使流體性增加。若脂肪酸鏈較長，分子間產生作用力的機會愈多，整體作用力較大，亦會使脂質間的流動性下降。

二、膽固醇如何穩定細胞膜？

　　膽固醇在脂雙層中的角色，要從脂雙層的流動性與溫度的關係開始說

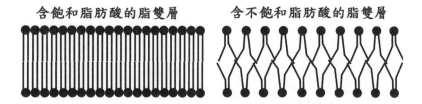

含飽和脂肪酸的脂雙層　　　含不飽和脂肪酸的脂雙層

圖二：含飽和脂肪酸與不飽和脂肪酸的磷脂質，所構成的脂雙層結構示意圖。

倫敦分散力

早期科學家認為非極性分子的分子之間不具有作用力，卻觀察到在高壓、低溫的環境中，非極性分子也能從氣態轉變成液態，或由液態轉變成固態，這代表非極性分子之間也具有作用力，這個作用力就是「倫敦分散力」。非極性分子雖然不具極性，但在任何的瞬間，可因電子於瞬間產生不均勻分布，而出現瞬間偶極矩（或稱為「瞬間極化」），使得相鄰的非極性分子經感應形成電荷相反的瞬時偶極矩，這兩分子之間即可產生正負相吸的作用力，稱為分散力，此作用力是由德裔美國物理學家弗里茲·倫敦（Fritz London）所提出，因此又稱為倫敦分散力。

以下圖為例，若兩非極性分子距離遠（A），兩分子間幾乎沒有作用；若兩非極性分子靠近（B），當任一分子瞬間出現電子分佈不均勻而出現部分正電端（δ+）與部分負電端（δ-），相鄰的非極性分子會感應出相對應的電荷分佈，使得兩分子因正負相吸而產生作用力，此作用力產生的機制，即為文中脂肪酸之間所產生作用力的原因，且距離越靠近作用力越大。

(A)

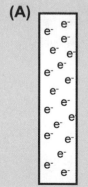
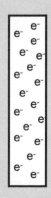

(B)

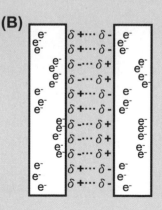

起。脂雙層的流動性受溫度影響，溫度高因為分子動能高，故流動性增加；溫度低時因分子動能低，故流動性下降。但溫度對脂雙層流動性的效應並非為線性關係，而是在某一狹小的溫度範圍中，使流體性產生劇烈的變化（圖三中的實線）。溫度較低時磷脂分子較類似固體性質，稱為「晶態」；高溫時磷脂分子較類似液體性質，稱為「液晶態」。而使磷脂分子在晶態與液晶態間轉換的關鍵溫度，稱為「變相溫度」，以就是引發兩相間變換的溫度。若磷脂分子含有較多飽和脂肪酸，分子間作用力較大，其變相溫度較高；而磷脂分子若含有較多不飽和脂肪酸，其變相溫度較低。

生物體內脂雙層構造的脂肪酸組成，通常不會在短時間內改變，因此短期內脂雙層的變相溫度不會大幅變動，此時，溫度就成為影響磷脂分子流動性與「變相」最主要的因子：溫度高時轉變成液晶態，溫度低時轉變成晶態。脂雙層需維持液晶態與晶態間狀態的恆定，過於液晶態時，磷脂分子容易不受束縛而散失；過於晶態時，脂雙層變脆易破裂。兩種情形都不利於脂雙層的維持與穩定。

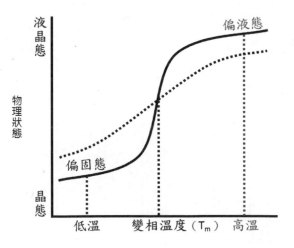

圖三：不含膽固醇（實線）與含膽固醇（虛線）的脂雙層中，溫度對磷脂分子流體性的影響。

　　脂雙層內的膽固醇，具有維持液晶態與晶態間狀態恆定的功能，這也是教科書中所謂的「穩定細胞膜」的作用。若脂雙層含有膽固醇，溫度對磷脂分子流體性的影響效果會變得較不劇烈（圖三中的虛線），也就是流動性變化「被緩衝」了，故膽固醇為一種「流動性緩沖劑」。

　　膽固醇為何可以緩衝脂雙層的流動性？在高於變相溫度之下，磷脂分子的流動性增加，但因為膽固醇分子具有四個環狀結構（圖四），就像小擋板一般，填充於磷脂質分子之間（圖五），阻擋其運動，進而降低了磷脂分子的流動性。因此在高溫時，膽固醇的存在可使脂雙層的流動性不致過高。

　　在低於變相溫度的溫度時，填充於磷脂質分子之間的膽固醇分子，隔開了磷脂質分子，使磷脂質分子間的作用力下降（圖六），造成磷脂質分子的流動性增加，因此在低溫時，膽固醇的存在可使脂雙層的流動性不致過低。

三、反式脂肪酸的攝取為何危害健康？

　　不飽和脂肪酸因分子中的碳鏈有較多折彎結構，使得分子間距離較遠，

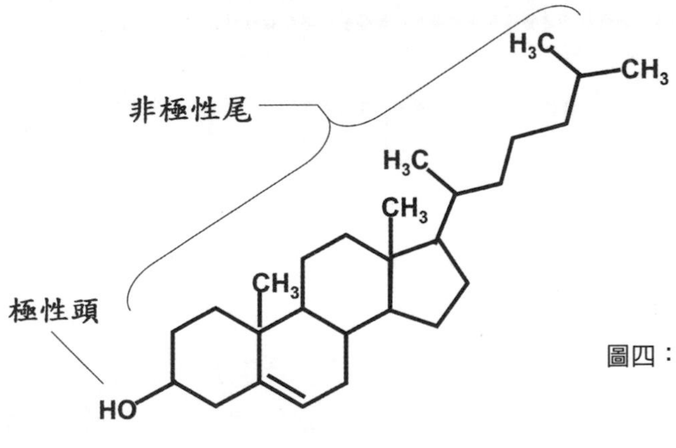

圖四：膽固醇的分子結構。

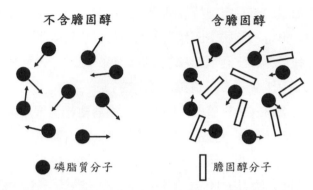

不含膽固醇　　　　　含膽固醇

● 磷脂質分子　　　　□ 膽固醇分子

圖五：高溫時，填充於磷脂質分子之間的膽固醇分子，阻擋了磷脂分子的運動，使了磷脂質分子的流動性降低。

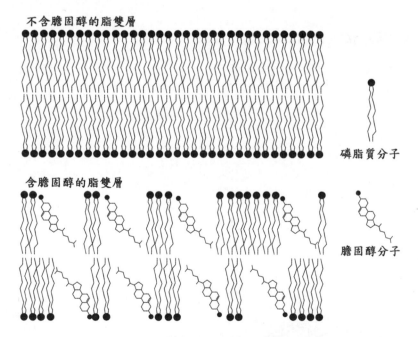

不含膽固醇的脂雙層

磷脂質分子

含膽固醇的脂雙層

膽固醇分子

圖六：低溫時，填充於磷脂質分子之間的膽固醇分子，隔開了磷脂質分子，使磷脂質分子間的作用力下降，造成磷脂質分子的流動性增加。

使該脂質的流動性較高，因此不飽和脂肪較不穩定，比較容易代謝，對心血管系統的傷害較低。反式脂肪酸亦屬不飽和脂肪酸，為什麼攝取反式脂肪酸卻容易累積在體內，造成心血管疾病與某些代謝疾病？

食品中的反式脂肪酸並不是食物中原有的分子，而是經氫化作用等人為加工過程所產生。氫化後的油脂具不易變質、更耐高溫等特性，使得保存期限較長。但氫化過程常無法使所有油脂完全氫化，部份的脂肪酸經過不完全氫化而轉變成反式脂肪酸（圖七）。

相對於順式不飽和脂肪酸，反式脂肪酸的碳鏈較直，比較像飽和脂肪酸，故其性質跟飽和脂肪酸比較接近。但反式脂肪酸有害健康最重要的原因，在於人體的酵素可以分解飽和脂肪酸與順式不飽和脂肪酸，但反式脂肪酸不是自然界中常見的分子，人體沒有酵素可以代謝、分解它，就容易累積於體內，引發心血管疾病與代謝相關疾病。

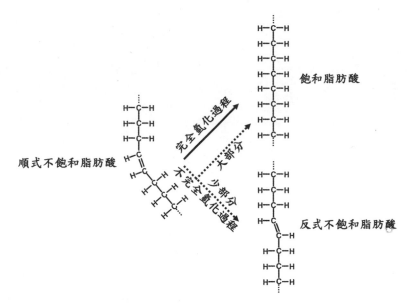

圖七：順式不飽和脂肪酸經過完全氫化過程形成飽和脂肪酸，與經過不完全氫化過程形成反式不飽和脂肪酸的示意圖。

結案

◎脂雙層內脂肪酸若多為飽和脂肪酸，分子形狀為直條形，分子間距離較近使得分子間作用力較大，而使流體性下降。

◎脂雙層內脂肪酸若多為不飽和脂肪酸，脂肪酸腳多具折角、彎曲，分子間距離較遠使得分子間作用力較小，而使流體性增加。

◎若脂雙層含有膽固醇，溫度對磷脂分子流體性的影響較不劇烈，故膽固醇為一種「流動性緩衝劑」，即為教科書中所謂「穩定細胞膜」作用。

- 溫度較高時磷脂分子的流動性增加，因膽固醇阻擋了磷脂分子的運動，降低了磷脂分子的流動性，使脂雙層的流動性不致過高。
- 溫度較低時磷脂分子的流動性下降，因膽固醇分子隔開了磷脂質分子，使磷脂質分子間的作用力下降，使脂雙層的流動性不致過低。

◎人體的酵素無法代謝反式脂肪酸，攝入的反式脂肪酸容易累積於體內，引發心血管疾病與代謝相關疾病。

情
資
來
源

London_dispersion_force. (2018, September 13). In *Wikipedia, the free encyclopedia*. Retrieved September 20, 2018, from https://en.wikipedia.org/wiki/London_dispersion_force

Trans_fat. (2018, September 16). In *Wikipedia, the free encyclopedia*. Retrieved September 20, 2018, from https://en.wikipedia.org/wiki/Trans_fat

Urry, L. A., Cain, M. L., Wasserman, S. A., Minorsky, P. V. and Reece, J. B. 2017. *Campbell Biology*(11th Edition). Pearson.

案例 18

甘油進入細胞的運輸方式為簡單擴散還是便利性擴散？甘油有何生理功能？

　　教科書描述三酸甘油酯於小腸分解成甘油與脂肪酸，再透過簡單擴散進入小腸上皮細胞。但學生於化學課學到：甘油是極易溶於水的物質，具有高的極性。按理來說，甘油應無法透過簡單擴散穿透細胞膜，為何有此矛盾？生物細胞膜有甘油通道嗎？甘油又有何生理功能？

偵查與破案

一、脂質消化過程

　　高中教科書所描述之水溶性與脂溶性養分的分解與吸收機制（圖一），包含水溶性養份（如葡萄糖）先經次級主動運輸吸收進入小腸絨毛上皮細胞，再經促進性擴散進入絨毛腔，由絨毛微血管吸收運輸；而部分教科書描述脂溶性養分中的三酸甘油酯或磷脂質，經分解成甘油與脂肪酸，再經簡單擴散進入小腸絨毛上皮細胞，甘油與脂肪酸在細胞內形成脂質後，再與胞內的蛋白質結合組裝成乳糜微粒（chylomicron），這種脂蛋白透過胞吐作用進入絨毛腔，由乳糜管吸收運輸。

　　三酸甘油酯或磷脂質若經分解後可產生甘油，甘油並非油類物質，其分子結構為丙三醇，為極性很大的分子，與水的互溶性很高，故不可能經簡單擴散穿透由脂雙層所組成的細胞膜。因此，部分教科書的描述必有錯誤之處。

　　事實上胰脂酶（pancreatic lipase）水解一分子的三酸甘油酯，是形成一分子的單酸甘油酯與二個分子脂肪酸（Barrett, *et al.*, 2010、Yanai, *et al.*, 2007），且單酸甘油酯中唯一保留的脂肪酸位於甘油上的二號碳，因為胰脂酶水解三酸甘油酯的酯鍵時，會優先分解位於分子外側的一號及三號碳上的酯鍵。單酸

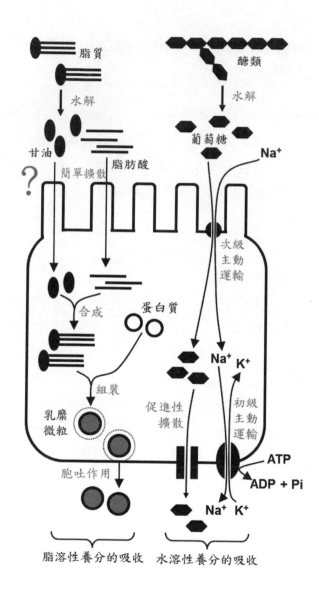

圖一：部分教科書對脂溶性與水溶性養分之分解與吸收過程的描述。

甘油酯與脂肪酸的極性較小，相對於甘油，較可經由簡單擴散進入細胞。

除了脂質的分解產物有錯誤之外，教科書對於脂質的分解與吸收亦有許多不完整或不完全正確之處，另由案例 25 偵辦。

二、細胞有運輸甘油的蛋白質通道嗎？

甘油與水的互溶性極高，兩者的運輸通道也息息相關。水分子跨過脂雙層的運輸蛋白為水通道蛋白（aquaporins），目前以知至少有 13 種水通道蛋白（表一，Verkman, 2005），其中 AQP1、AQP2、AQP4、AQP5 與 AQP8 可專一性地只運輸水分子；而 AQP3、AQP7、AQP9 與 AQP10 可運輸水與甘油兩種分子，故又稱為水－甘油通道蛋白（aquaglyceroporins）。

三、甘油有什麼生理功能？

甘油是三酸甘油酯與磷脂質的成分，與水具高互溶性，也參與細胞的代謝作用。科學家利用「水－甘油通道蛋白」基因缺失的動物，研究細胞缺乏甘油後的效應，以探討甘油的生理功能，發現甘油扮演了以下的角色（Verkman, 2005、Verkman, 2008）：

1. 皮膚保溼

   表皮的基底層細胞（basal layer）缺乏「水－甘油通道蛋白」基因（AQP3）功能的小鼠，出現了乾性皮膚症狀。推論甘油在皮膚表皮的角質層中具有保水、保溼的功能，當甘油無法送達角質層，即出現乾糙、彈性下降的症狀。

2. 細胞增殖

   表皮缺乏 AQP3 基因功能的小鼠，因甘油無法進入細胞內，出現了對皮膚癌變的抵抗現象，也就是透過阻礙了細胞的增殖，限制了腫瘤的發展。因此推論甘油在細胞內可經呼吸作用產生 ATP，甘油亦可形成脂質，這些代謝作用有助於細胞的生長、分裂。

表一：各種水通道蛋白的種類、運輸物質與所在的組織（修改自 Verkman, 2005）。

種類	運輸物質	表現該通道的組織
AQP0	未知	眼晶體纖維細胞
AQP1	水	腎小管、內皮細胞、紅血球、脈絡叢（choroid plexus）、睫狀上皮、小腸乳糜管、角膜內皮
AQP2	水	腎集尿管
AQP3	水、甘油	腎集尿管、表皮、氣道上皮、結膜、大氣道、膀胱
AQP4	水	中樞神經系統的星狀膠細胞、腎集尿管、腺上皮、氣道、骨骼肌、胃、視網膜
AQP5	水	腺上皮、角膜上皮、肺泡上皮、胃腸道
AQP6	氯離子？	腎集尿管的間細胞（intercalated cells）
AQP7	水、甘油	脂肪組織、睾丸、腎近曲小管
AQP8	水	肝臟、胰臟、腸道、唾腺、睾丸、心臟
AQP9	水、小分子溶質	肝臟、白血球、睾丸、腦
AQP10	水、甘油	小腸
AQP11	未知	腎、肝
AQP12	未知	胰臟腺細胞

3. 脂肪代謝

脂肪組織缺乏 AQP7 基因功能的小鼠，脂肪細胞出現了肥大（hypertrophy）的情形，這代表因甘油累積於脂肪細胞內引發了脂肪代謝改變。當脂肪細胞內累積高濃度的甘油時，會因為勒沙特列原理而阻礙了三酸甘油酯的水解，造成脂質的累積（有關勒沙特列原理，可見案例 10）。

結案

◎三酸甘油酯經胰脂酶水解後，形成一分子的單酸甘油酯與二個分子脂肪酸，而非形成甘油。單酸甘油酯與脂肪酸的極性較小，相對於甘油，較可經由簡單擴散進入細胞。

◎水分子跨過脂雙層的運輸蛋白為水通道蛋白（AQP），其中 AQP3、AQP7、AQP9 與 AQP10 可運輸水與甘油兩種分子，故又稱為水－甘油通道蛋白。

◎甘油的生理功能包含：

- 表皮角質層的保水、保溼。
- 甘油經呼吸作用可產生 ATP，甘油亦可形成脂質，有助於細胞生長、分裂。
- 脂肪細胞內若累積高濃度的甘油，阻礙了三酸甘油酯的水解，會造成脂質的累積。

情資來源

Barrett, K. E., Barman, S. M., Boitano, S. and Brooks, H. L. 2010. *Ganong's Review of Medical Physiology* (23th Edition). McGraw-Hill.

Verkman, A. S. 2005. More than just water channels: unexpected cellular roles of aquaporins. *J. Cell Sci.* 118: 3225-32.

Verkman, A. S. 2008. Mammalian aquaporins: diverse physiological roles and potential clinical significance. *Expert Rev. Mol.* 16: 10: e13.

Yanai, H., Tomono, Y., Ito, K., Furutani, N., Yoshida, H. and Tada, N. 2007. Diacylglycerol oil for the metabolic syndrome. *Nutr. J.* 6: 43.

第五偵查室

動物生理

案例 19

心電圖各期、心音與瓣膜開閉在心動週期中的時間關係為何？

高中和大學之生物課程「動物體內的運輸」中的重要內容為「心動週期」（cardiac cycle），也就是心臟搏動的運動週期。教科書在介紹心動週期時，常一併介紹心電圖的波形與心音的產生；而描述心電圖中各波型的意義時，常見如下：透過皮膚表面偵測心肌電位的週期性變化，所繪製之電位變化圖形稱為心電圖（圖一）；心電圖包含 P 波、QRS 複合波與 T 波等，其中 P 波代表心房收縮的電位（心房的去極化），QRS 波代表心室收縮的電位（心室的去極化），T 波代表心室舒張的電位（心室的再極化）。根據上文，許多教師將 P 波時期視為心房收縮期間，QRS 複合波時期視為心房舒張與心室收縮期間，而 T 波時期視為心室舒張期間（圖二），但是，此描述並非正確。

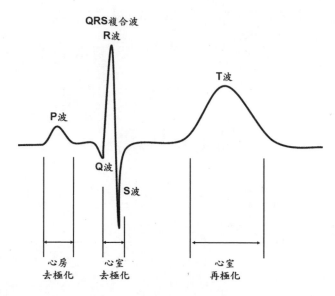

圖一：心電圖中各波形所代表的生理意義。P 波代表心房發生去極化，QRS 複合波代表心室發生去極化，T 波代表心室發生再極化。

　　另一方面，心臟瓣膜關閉後可因血液回流衝擊瓣膜與心臟壁或動脈壁產生震動，而發出心音，因此心音產生的時間與心臟瓣膜關閉的時間直接相關。許多教師在教授心音產生的時程時，常以「心室開始收縮時」與「心室開始舒張時」闡述第一心音與第二心音產生的時間。若師生將此關係套用於錯誤的「心電圖—心動週期」關係（圖二），常推論出第一心音與第二心音分別發生於心電圖中 Q 波前與 T 波前（圖三）；由於「心電圖—心動週期」關係的認知錯誤，所闡述之心音產生時程亦跟著錯誤。

　　心動週期與心電圖之間的時程關係為何？心音產生的機制與時間又為何？什麼是心臟等體積收縮與等體積舒張，其生理意義為何？

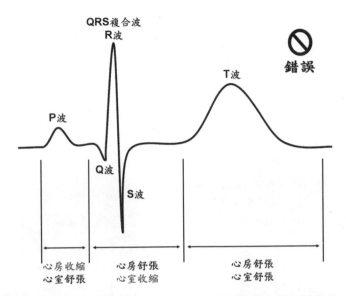

圖二：部分教師講述之「心電圖中各波形相對於心動週期各時期的關係圖」，但此圖中的關係並不正確。

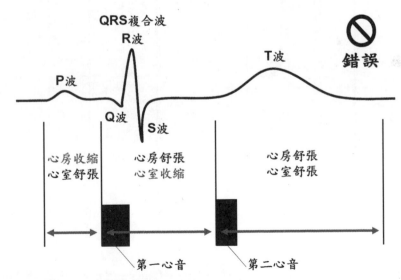

圖三：常見之「配合心電圖闡述心音所產生的時程」，但此圖中「心音」所發生的時間並不正確。

偵查與破案

一、心電圖與心動週期的關係

　　心房與心室的心肌發生去極化的同時，其肌肉壁尚未產生收縮運動，而是在去極化之後才發生肌肉壁收縮的運動（圖四）。換句話說，心房壁收縮的運動發生於心電圖中 P 波（心房去極化）結束之後，而心室壁收縮的運動發生於心電圖中 R 波（心室去極化）之後，其中心室壁收縮的運動可分為等體積收縮期（IVC）與射血期（ventricular ejection）兩個階段，後者發生於 QRS 複合波

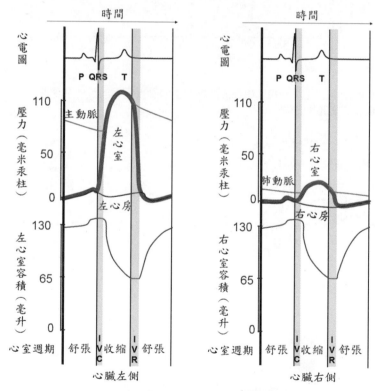

圖四：心電圖與心動週期的時程關係示意圖。壓力週期中最粗的曲線分別代表左心室與右心室的壓力變化。IVC 代表等體積收縮，IVR 代表等體積舒張。

結束之後。同理，心室的舒張發生在 T 波（心室再極化）結束之後，而心室壁舒張的運動亦可分為等體積舒張（IVR）、快速充填（rapid ventricular filling）與舒張後期（diastasis 或 resting phase）三個階段。

　　前文所描述之部分教師所教授的心動週期（圖二），錯誤之處在於認為「去極化的當下即為肌肉壁收縮之時」與「再極化的當下即為肌肉壁舒張之時」，未考慮兩生理現象的時間差，容易將教科書中的描述與附圖詮釋錯誤。

二、心動週期中心室的體積與壓力變化

　　心臟的收縮與舒張，各包含一段等體積收縮與等體積舒張，即在此段期間內，心室之容積無明顯的增或減（可見圖四心室容積變化曲線圖中，標示 IVC 與 IVR 的時段），此時肌肉壁所產生的能量轉換成心室內腔的壓力；因此在等體積收縮與等體積舒張時，心室內腔壓力分別明顯地增加與降低，同時心室容積無明顯變化（圖五）；而在其他時期中如射血期與快速充填期，則是容積明顯地改變，使血液大量噴出或流入心室，而壓力無顯著變化。

三、心音產生的機制與時程

　　心臟瓣膜關閉的時機雖與心室收縮或舒張的時機有關，但主要是受「心房—心室壓力差」與「心室—動脈壓力差」所決定，例如圖六中②與④，分別代表左心室壓力大於左心房與左心室壓力小於主動脈的時機，也就是二尖瓣與半月瓣關閉的時間（即第一與第二心音發生的時機）。另一方面，等體積收縮或等體積舒張的前提，是心室需為閉鎖狀態，方可使心臟壁舒張或收縮的初期，產生壓力變化而非容積變化；因此，必先發生瓣膜的閉鎖，心室方可進入等體積收縮或等體積舒張期，包含房室瓣關閉後心室隨即進入等體積收縮期，與半月瓣關閉後心室隨即進入等體積舒張期。由於心臟瓣膜關閉所產生的心音可持續一陣子（第一心音 0.105 至 0.165 秒；第二心音 0.085 至 0.145 秒），

故心音延續的時間幾乎橫跨了心室等體積收縮或等體積舒張的期間（圖六）。

四、第三與第四心音

　　除了教科書上所介紹的第一與第二心音外，心音還包含能量較弱而不易聽取的第三與第四心音（圖六）。第一與第二心音分別是因房室瓣與半月瓣關閉時，血液逆流衝擊瓣膜所造成的振動；而第三心音（約持續 0.1 秒）是心室充填至某種程度時，心室壁產生振動所致；而第四心音（約持續 0.03 秒）是心房收縮時，血液流入心室時造成心壁與瓣膜的震動所致。第三、第四心音在一般正常人身上不易偵測，通常只發生於老化與病態的心臟，因此可做為心臟相關疾病的診斷工具。

五、心動週期

　　圖六包含人體心動週期各時程的事件，我們藉由圖中各時間點（1 至 9），完整地描述心動週期各階段的房室收縮狀態、房室壓力與體積變化、瓣膜開閉狀態、心電圖、心音等現象：

　　時間點 1：心室維持舒張，二尖瓣維持開啟，靜脈血流經心房流至心室。心房發生去極化，產生心電圖中的 P 波，心房開始收縮。

　　時間點 2：心房收縮程度達最大，因血液流入心室時造成心壁與瓣膜的震動產生第四心音。同時心室發生去極化與心房發生再極化（心房開始舒張），產生心電圖中的 QRS 波。

　　時間點 3：心室開始收縮，由於心房壓力小，心室很快地壓力就大於心房，使得二尖瓣關閉，產生第一心音。此時心室處於閉鎖狀態，進入等體積收縮階段，心室內壓力快速上升。由於心房與心室被阻隔開，故心房與心室的壓力變化不再同步。

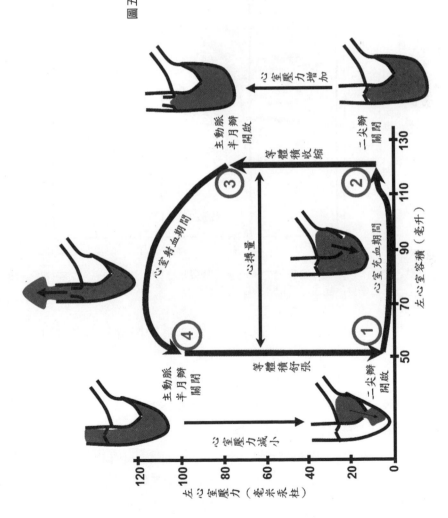

圖五：心動週期中左心室壓力與容積變化示意圖。①、②、③、④分別代表二尖瓣開啟、二尖瓣關閉、半月瓣開啟、半月瓣關閉。①至②為心室充填（容積明顯增加，壓力無明顯改變）。②至③為心室等體積收縮（壓力明顯增加，容積無明顯改變）。③至④為心室射血（容積明顯減少，壓力輕微增加）。④至①為心室等體積舒張（壓力明顯減少，容積無明顯改變）。

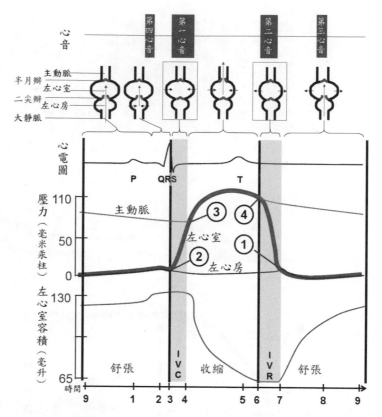

圖六：心動週期中，心電圖、心室壓力與心音的時程示意圖。圖中①～④之時間即為圖五中①～④之事件所發生之時機。IVC 代表等體積收縮，IVR 代表等體積舒張。

時間點 4：當心室壓力大於動脈，造成半月瓣開啟，心室容積大幅減少，心室進入射血期，血液進入動脈。由於心室與動脈相通，故心室與動脈的壓力變化開始同步。

時間點 5：心室開始再極化，產生心電圖中的 T 波。

時間點 6：心室開始舒張，心室壓力下降，此時心室壓力小於動脈時，造成半月瓣關閉產生第二心音。此時心室處於閉鎖狀態，進入等體積舒張階段，心室內壓力快速下降。由於心室與動脈被阻隔開，故心室與動脈的壓力變化不再同步。

時間點 7：當心室的壓力小於心房，造成二尖瓣開啟，心室容積大幅增
　　　　　加，心室進入快速充填期，血液進入心室。由於此時心房與心
　　　　　室相通，故心室與動脈的壓力變化開始同步。

時間點 8：當心室充填至某種程度時，心室壁產生振動產生第三心音。

時間點 9：心室舒張程度達最大，容積不再明顯變化，進入舒張後期。

結案

◎心房壁與心室壁收縮運動發生於心電圖中 P 波（心房去極化）與 R 波（心室
　去極化）之後，而非當下。心室舒張發生在 T 波（心室再極化）結束之後。

◎心室收縮運動可分為等體積收縮期（IVC）與射血期（ventricular ejection）兩
　個階段；而心室舒張運動可分為等體積舒張（IVR）、快速充填（rapid
　ventricular filling）與舒張後期（diastasis 或 resting phase）三個階段。

◎心臟瓣膜關閉的時機主要是受「心房－心室壓力差」與「心室－動脈壓力
　差」所決定，例如心室壓力大於心房時，造成房室瓣關閉（產生第一心音），
　心室壓力小於動脈時造成半月瓣關閉（產生第二心音）。

◎當心室初入閉鎖狀態，即進行等體積收縮或等體積舒張，此時產生壓力的
　變化而非容積的變化，直到壓力大於動脈（造成半月瓣開啟）或壓力小於心
　房（造成房室瓣開啟）。

情
資
來
源

Berne, R. M. and Levy, M. N. 1997. *Cardiovascular Physiology* (7th Edition). Mosby-year
Book Inc.

Khurana, I. 2006. Textbook of Medical Physiology. Elsevier.

Luisada, A. A., Mendoza, F. and Alimurung, M. M. 1949. The duration of normal heart sounds.
Br. Heart J. 11(1): 41-47.

本文修改自：蔡任圃（民 101）。心電圖與心音在心動週期中的時程關係。科學月刊，
507，236-238。

案例 20

動脈壓的曲線變化中，動脈壓下降時，為何出現小的壓力突起？

在教科書中介紹血液在動脈、微血管與靜脈中流動過程中的血壓變化時，常有描述血壓變化的曲線圖，在血壓的曲線圖中，動脈血壓從收縮壓下降至舒張壓的曲線中常有一突起，而微血管與靜脈因不具脈搏故無法觀察到此突起波形。動脈血壓曲線中的突起波形是什麼？是如何產生的？

偵查與破案

一、動脈血壓曲線

在動物循環系統的相關章節中，常有「血液在血管內流動路徑之血壓變化」的曲線圖（圖一），在動脈區域血壓常有上下起伏的波動，稱之為「脈搏」（即動脈的搏動），當心臟的心室收縮，使得動脈血壓升至最高時的血壓，稱為收縮壓，一般大約為 120 mmHg；當心臟的心室舒張，使得動脈血壓降至最低時的血壓，稱為舒張壓，一般大約為 80 mmHg。在動脈的區段皆可觀察到血壓上下起伏的脈搏，但微血管與靜脈則無。在脈搏由收縮壓下降至舒張壓的壓力曲線中，常可見一突起波形（圖一箭頭處），此波形類似一個刻痕或凹痕，稱之為「動脈切跡」（incisure）。脈搏的波形因此類似有一大一小兩個脈搏，故也稱為「（雙）重搏脈」（dicrotic pulse），故在血壓下降時的較小突起波形亦稱為「重搏切跡」（dicrotic notch）。

二、動脈切跡

產生動脈切跡的原因，一般生理學或醫學的教科書（Barrett, *et al.*, 2010；

「incisure」在解剖學中的意義

Incisure 一字源自拉丁文 *incisura*，在解剖學中是指一個凹口或凹痕，就像是經切割後留下的痕跡，故常翻譯成「切跡」。除了動脈血壓波形中有「切跡」的波形，其他解剖構造亦有此構造。左圖為胃的「角切跡」（angular incisure or angular notch），右圖為外耳的「屏間切跡」（intertragic incisure or intertragic notch）。

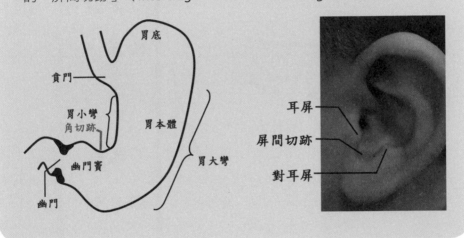

Esper and Pinsky, 2014），多是以心臟的心動周期為基礎：當心室收縮時動脈血壓上升，隨後心室開始舒張而進入等體積舒張階段，此時心室壓力下降，動脈血開始逆流，動脈的血壓亦跟著下降；當逆流的動脈血推動半月瓣使之關閉，產生震動，此時動脈血壓瞬間上升，在血壓紀錄中就記錄到短暫的壓力突起曲線，即為動脈切跡。圖二中時間軸上的數字代表以下事件，其中編號 4 即為動脈切跡產生的過程：

1. 心房收縮，心房壓力微幅增加，此時血液流入心室，心室的壓力亦同步微幅增加。
2. 心室開始收縮，心室壓力增加使得房室瓣（二尖瓣）關閉，進入等體積收縮狀態，心室壓力急遽增加。

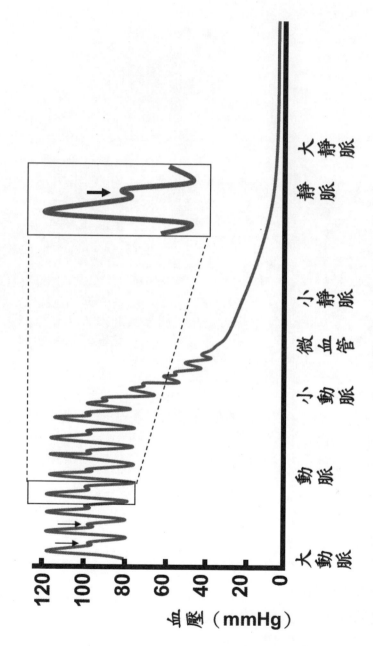

圖一：血液在血管內流動路徑之血壓變化，動脈血壓曲線中的突起波形（以黑色箭頭標示）。

3. 心室壓力大於動脈的壓力，推動半月瓣開啟，心室體積下降，血液進入動脈。

4. 心室開始舒張，心室壓力下降，當心室壓力小於動脈時，造成動脈血液逆流，堆動半月瓣關閉，產生震動波（壓力波），在動脈血壓的記錄上出現一短暫的壓力增加波形，即為動脈切跡。此時因半月瓣關閉，心室處於閉鎖狀態，進入等體積舒張階段。

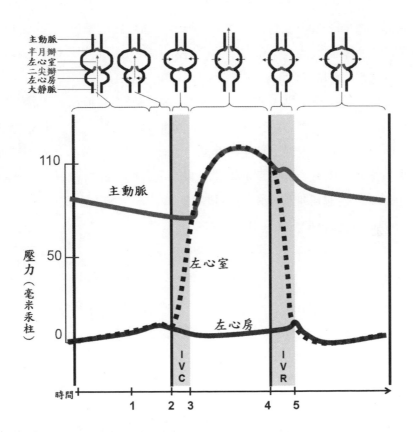

圖二：左心室的心動周期中，房室收縮或舒張情形、各瓣膜開啟或關閉情形與各構造內壓力的變化。IVC 代表等體積收縮，IVR 代表等體積舒張。下方時間軸中的數字，代表各事件發生（請見文中敘述）。

5. 當心室壓力下降至比心房壓力低，造成心房的靜脈血推動二尖瓣開啟，血液進入心室。

　　除了因半月瓣關閉時產生的震動，動脈切跡的波形也受其他因素調節。瑪莉雅・泰瑞莎・波利提（Maria Teresa Politi）等人以血管手術患者的臨床數據和數學模式模擬，證明心臟收縮時產生的壓力波，在動脈中產生的反射波亦可影響動脈切跡的波形（Politi, *et al*., 2016）。他們利用血管收縮劑增加動脈血管的阻力，改變了壓力波的反射波，可影響動脈切跡的幅度，進而證明動脈切跡可被視為壓力波與多次壓力波的反射波所整合成的波形，而反射波是來自阻力較大的小動脈與動脈的分枝（圖三）。

　　心臟收縮時所產生壓力波，可沿著動脈向靜脈方向推進。人體的小動脈具有較高的阻力，當壓力波前進的過程遇到較高阻力的血管，可產生方向相反的反射波。此外，人體主動脈在離開心臟後，依序有許多分枝，壓力波遇到這些血管的分枝處，皆可產生朝向心臟的反射波。壓力波與各種來源的反射波，在動脈處即可加疊成壓力短暫增加的波形，即為動脈切跡（Moxham, 2003；Politi, *et al*., 2016）。

結案

◎動脈血壓變化的曲線圖中，由收縮壓下降至舒張壓的過程中常可見一突起波形，此波形類似一個刻痕或凹痕，稱為動脈切跡（incisure）。因為看似有一大一小兩個脈搏，也稱為重搏切跡（dicrotic notch）。

◎心室舒張時壓力下降造成動脈血液逆流，堆動半月瓣關閉而產生震動波（壓力波），因而產生動脈切跡。

◎壓力波在動脈中產生的反射波亦可影響動脈切跡的波形。

圖三：人體動脈分枝示意圖。主動脈在離開心臟後，依序有許多分枝。

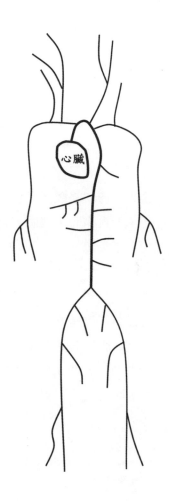

情
資
來
源

Barrett, K. E., Barman, S. M., Boitano, S. and Brooks, H. L. 2010. *Ganong's Review of Medical Physiology*(23th Edition). McGraw-Hill.

Esper, S. A. and Pinsky, M. R. 2014. Arterial waveform analysis. *Best Pract. Res. Clin. Anaesthesiol.* 28(4): 363-80.

Moxham, I. M. 2003. Understanding Arterial Pressure Waveforms, *South. Afr. J. Anaesth. Analg.* 9(1): 40-42.

Politi, M. T., Ghigo, A., Fernández, J. M., Khelifa, I., Gaudric, J., Fullana, J. M. and Lagrée, P. Y. 2016. The dicrotic notch analyzed by a numerical model. *Comput. Biol. Med.* 72: 54-64.

案例 21

人類眼中的睫狀肌，是環肌還是縱肌？

　　早年高中介紹視覺形成的過程與機制（99 課綱與 108 課綱中的相關內容已大幅縮減），討論光線進入眼球內的路徑中，可透過晶體曲度（curvature）的改變，進而調節物體影像聚焦的位置。眼睛可配合物體的遠近，調節光線的路徑使影像聚焦於視網膜上，形成清楚的影像。而調節水晶體曲度的機制，課文多如下：視近物時，睫體中的睫狀肌收縮，使懸韌帶放鬆，降低對晶體的拉力，使晶體突出（曲度變大）；視遠物時，晶體扁平（曲度變小），這些調節機制有利於物像聚焦於視網膜上。

　　具傳道、受業、解惑重任的老師，一定常被學生詢問：為何「睫狀肌收縮，可使懸韌帶放鬆」？為何「睫狀肌舒張，可使懸韌帶拉直」？多數老師常解釋：睫狀肌屬於環肌，因此當環肌收縮時，使環狀的睫狀肌內徑縮小，故在內側懸韌帶長度縮短、張力下降，最終使晶體的直徑縮短而變厚、曲度增加（圖一）。此說法正確嗎？睫狀肌與懸韌帶在結構與功能上的有何關係？

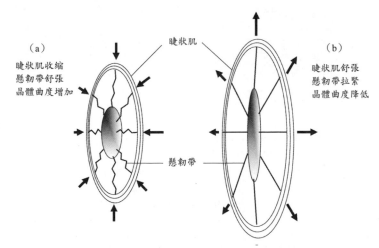

（a）
睫狀肌收縮
懸韌帶舒張
晶體曲度增加

睫狀肌

（b）
睫狀肌舒張
懸韌帶拉緊
晶體曲度降低

懸韌帶

圖一：以「睫狀肌屬於環肌」的方式，解釋調節晶體曲度的機制。

偵查與破案

一、睫體中睫狀肌的肌纖維走向為何？

以睫狀肌屬於環肌的解釋方式，說明調節晶體曲度的機制，並沒有錯誤，但並不是全部的答案。睫狀肌不「屬於」環肌，而是「包含」環肌。

在人體眼球中，睫體連接懸韌帶，懸韌帶又連接著晶體，換句話說，晶體的四周以輻射環狀的方式，透過懸韌帶與睫體連結（圖二），使睫體中睫狀肌的運動，可改變無收縮能力之懸韌帶的張力，進而調節晶體曲度。依據睫體的組織切片觀察，睫狀肌包含縱肌（longitudinal）、輻射狀肌（radial）與環肌（circular）三群肌肉群（圖三），其中環肌分佈在睫體中最內側，最靠近晶體，縱肌位於睫體中最外側，輻射狀肌分佈於縱肌與環肌之間。縱肌與環肌的肌肉走向相互垂直，而輻射狀肌的肌肉走向介於縱肌與環肌之間。

二、肌纖維走向不同的睫狀肌，各自如何調節晶體的曲度？

睫體中的環肌，調節晶體曲度的機制如同大多數老師上課時的解釋，而縱肌調節晶體曲度的機制較為複雜，大多數教師亦較少介紹。縱肌收縮時，調節晶體曲度增加的機制有二：當縱肌收縮時，縱肌縮短而變厚，使得睫體的厚度增加而更為靠近中央，使懸韌帶長度降低、張力下降，進而使晶體曲度增加（圖四）。另一個機制，則是透過縱肌的收縮，將懸韌帶離心端的連接處向內牽引，進而縮短懸韌帶的長度（圖五），調節晶體的曲度。

綜上所論，睫狀肌中的環肌與縱肌，其收縮皆可透過降低懸韌帶的張力，增加晶體的曲度。而輻射狀肌的作用機制，則介於兩者之間（兼具兩者的生理功能），如同其肌肉走向亦介於兩者之間。

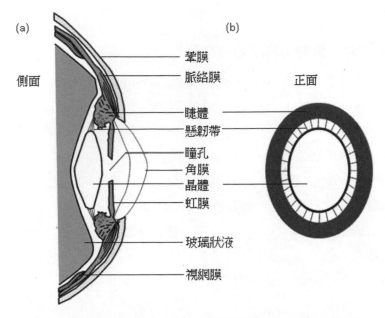

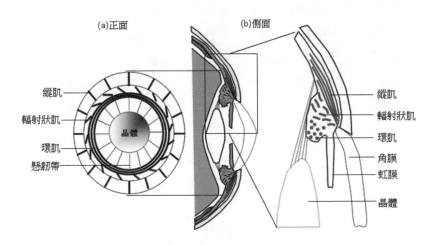

圖二：人體眼球構造中，睫體、懸韌帶與晶體結構關係示意圖。

圖三：睫體中的睫狀肌包含縱肌、輻射狀狀肌與環肌。

（a）縱肌舒張　　（b）縱肌收縮

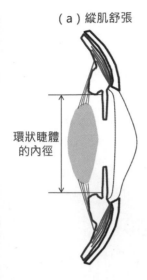
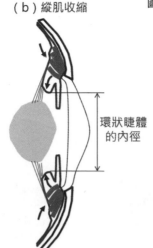

環狀睫體
的內徑

環狀睫體
的內徑

圖四：睫狀肌中縱肌收縮時，使睫體
　　　厚度增加，進而降低懸韌帶張
　　　力、增加晶體曲度。

　　（a）縱肌舒張時，睫體厚度
較薄，使環狀的睫體內徑較大。

　　（b）縱肌收縮時，睫體厚度較
厚，使環狀的睫體內徑減少。

（a）縱肌舒張　　（b）縱肌收縮

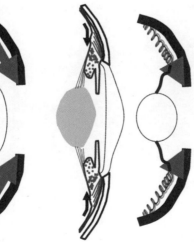

圖五：睫狀肌中縱肌調節晶體曲度的
　　　機制（紅色箭頭代表縱肌）。

　　（a）縱肌舒張時，懸韌帶張
力較大，晶體曲度較小。

　　（b）縱肌收縮時，懸韌帶張
力降低，晶體曲度較大。

結案

◎睫體內包含縱肌、輻射狀肌與環肌三種肌肉群。

◎環狀的睫狀肌收縮時內徑縮小，使懸韌帶張力下降、晶體曲度增加。

◎睫狀肌中的縱肌收縮時，使睫體厚度增加而更靠近中央。此外，縱肌的收縮使懸韌帶離心端內牽引，這些現象使懸韌帶張力下降、晶體曲度增加。

◎睫狀肌中的輻射狀肌，其肌肉走向介於環肌與縱肌之間，其收縮的作用機制，亦兼具兩者功能。

情
資
來
源

Pardue, M. T. 1997. *Functional Anatomy of the Ciliary Muscle in Birds and Humans*, National Library of Canada.

Werner, L., Trindade, f., Pereira, f., and Werner, L. et al., 2000. Physiology of Accommodation and Presbyopia, *Arq. Bras. Oftalmol.*, 63(6): 503-509.

本文修改自：蔡任圃 (民 100)。睫狀肌是環肌還是縱肌？科學月刊，502，796-798。

案例 22

散瞳劑的作用原理為何？

　　許多孩童在診斷罹患「假性近視」後，常以「散瞳劑」治療。散瞳劑會使眼睛的瞳孔放大，增加眼球入光量，使得患者出現畏光的症狀。近視的病理原因應與瞳孔大小較無關係，散瞳劑為何可以用來治療近視？又為何會造成瞳孔放大？此外，什麼是假性近視？與一般近視有何不同？

偵查與破案

一、什麼是近視與假性近視？

　　一般近視的症狀就是看遠的東西較為模糊，必須靠近才能看得清楚。這是因為物體的影像進入眼球後，無法聚焦在視網膜上使得影像模糊（郭鐘元，2013）。只要是光線路徑於眼球中出現屈光異常，都可能造成近視（郭鐘元，2013；梁中玲，2018），例如角膜或晶體屈光度（曲度）過大，或是眼軸長度過長，皆可此影像聚焦於視網膜前，眼軸長度過長是較為常見的近視原因。

　　新生兒因眼軸長度的比例較短，所以表現出遠視的視覺，隨著眼球發育，眼軸長度不斷增加，逐漸形成正常視覺，但若眼軸長度過長就會演變成近視。人體正常的眼軸長約 23 公釐，每增加一公釐，近視度數就會增加約 300 度（郭鐘元，2013；梁中玲，2018）。

　　若因長時間看近距離的物體，例如考前馬拉松式讀書、整日看漫畫書或用手機看影片，睫狀肌因過度收縮導致水晶體曲度增加而變厚，使得光線焦點暫時往前而使影像模糊（影像聚焦於視網膜前），造成短暫性的近視，即為「假性近視」。若假性近視繼續惡化，使得眼軸長度過長，就會演變成非暫時性的近視，也就是「真性近視」（梁中玲，2018），此時就需要眼鏡矯正或角膜塑型，甚至以雷射手術治療。

二、其為何可用散瞳劑治療假性近視？

假性近視是因睫狀肌過渡收縮所導致，故初期可用睫狀肌舒張劑治療，近視度數便可逐漸恢復，散瞳劑即為一種睫狀肌舒張劑。若已發展成真近視（眼軸長度已明顯增加），散瞳劑亦可抑制近視病徵的惡化（梁中玲，2018）。

睫狀肌屬於平滑肌，主要受副交感神經的支配，其節後神經發自位於眼睛後方的睫狀神經節（ciliary ganglion），此副交感神經屬於第三對腦神經動眼神經的分枝；另一方面，睫狀肌亦受交感神經支配，其節後神經發自上頸神經節（superior cervical ganglion），但其功能仍不明。副交感神經的節後神經所分泌的神經傳遞物質「乙醯膽鹼」，可引發睫狀肌的收縮，增加晶體曲度，使近物聚焦於視網膜，此時可看清楚近物，但遠物則不清楚。在假性近視患者的治療方式中，可利用乙醯膽鹼抑制劑，抑制睫狀肌的收縮，使晶體曲度下降，使遠物可聚焦於視網膜，同時環狀的睫體舒張後，可使眼球前後徑縮短，使原本聚焦於視網膜前的情形，因眼球形狀改變而造成視網膜向前靠近，使物像聚焦於視網膜（圖一）。國內常見以阿托品（Atropine）作為乙醯膽鹼的拮抗劑，其功能為睫狀肌舒張劑，也就是常見的散瞳劑。

三、散瞳劑的名稱由來

如上所述，由於眼球內的睫狀肌受乙醯膽鹼調控，可用乙醯膽鹼拮抗劑抑制其收縮。但除了睫狀肌外，虹膜中的環肌亦受副交感神經支配，也由乙醯膽鹼調控，因此施用乙醯膽鹼抑制劑後，亦可抑制虹膜中環肌的收縮，使得瞳孔放大，故此乙醯膽鹼拮抗劑有「散瞳劑」之名。

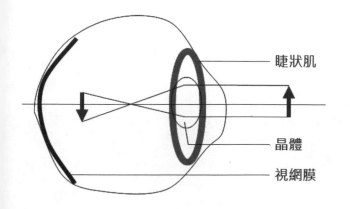

睫狀肌

（a）睫狀肌收縮時，物像
聚焦於視網膜前，近
視患者看不清楚遠物。

晶體

視網膜

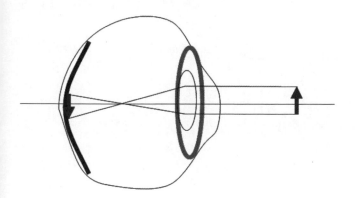

（b）睫狀肌舒張，散瞳劑
作用後，降低晶體曲
度、改變眼球形狀，
使物像聚焦於視網膜。

圖一：乙醯膽鹼拮抗劑（散瞳劑）治療近視患者的的作用機制。

阿托品

阿托品是種乙醯膽鹼受器的阻斷劑，可抑制其生理作用。人體的乙醯膽鹼受器分成許多種類，其中一種稱為蕈毒鹼型乙醯膽鹼受器（muscarinic acetylcholine receptor），而阿托品即可透過與蕈毒鹼型乙醯膽鹼受器的作用，而達抑制功能。阿托品常見的醫療功能多為抑制副交感神經（分泌乙醯膽鹼）的作用，施用阿托品可舒緩腸胃痙攣症狀、抑制汗腺與黏液腺分泌、加快心率、散大瞳孔、治療近視、鬆弛支氣管與腸道等。

結案

◎假性近視是因長時間看近物，使睫狀肌過渡收縮導致水晶體曲度增加，所形成的短暫性近視症狀。

◎睫狀肌受副交感神經的支配，可用乙醯膽鹼拮抗劑抑制其收縮而治療假性近視。

◎常見的乙醯膽鹼拮抗劑為阿托品（Atropine），但除了具睫狀肌舒張劑的功能外，亦為虹膜環肌舒張劑，可造成瞳孔放大，故稱之為「散瞳劑」。

情資來源

岑在增 (2015)。治療近視的方法。國泰醫訊，175，8-9。

梁中玲 (2018)。近視～已躍居台灣造成失明第一位的疾病。高雄醫師會誌，26(1)，28-30。

郭鐘元 (2013)。預防近視更要預防高度近視。中國醫訊，117，12-13。

劉暢、李穎、代麗麗、邵正波、韓城城 (2015)。近視的藥物治療及手術治療研究進展。現代生物醫學進展，15(19)，3779-3783。

本文修改自：蔡任圃 (民 100)。睫狀肌是環肌還是縱肌？科學月刊，502，796-798。

案例 23

為何以「氧分壓」代表血液中的溶氧濃度？一氧化碳中毒時，會降低血液的氧分壓嗎？

高中生物的呼吸生理課程中，有一著名的氧合血紅素解離曲線，該圖橫座標以氧分壓代表血漿中氧量，而縱座標代表氧與血紅素結合的飽和百分比；在描述肺泡與組織時，亦以氧分壓與二氧化碳分壓代表該血漿或組織液中的氣體含量。為何在此領域中，常以分壓代表氣體溶於液體的濃度？

在高中生物的教科書中，含有「氧分壓」、「血紅素中氧的飽和度」等名詞。事實上，氧分壓、氧飽和濃度與氧濃度各具有不同的意義而不能混用。這些相關名詞各代表什麼意義？

民國 93 年大學入學指定科目考試的生物科考題中，有一題問到：「與正常生理狀態時相比，一氧化碳中毒時，哺乳類動物肺靜脈的氧分壓會產生何種變化？並說明造成此種變化的原因。」由於大考中心沒有公布非選擇題的答案，故師生對該題答案的資訊，多來自補教業的公布，其答案為：「一氧化碳與血紅素親和力極強，遠遠超過氧與血紅素的親合力，故一氧化碳會占據血紅素的位置，降低氧分壓」，許多參考書、測驗卷，甚至教師上課的教材亦沿用至今。但此答案其實不正確，究竟一氧化碳中毒時，對氧分壓、氧飽和濃度與氧濃度各具什麼效應？

偵查與破案

一、氧分壓

混合氣體的總壓力，是其組成中各種氣體壓力的總和，各氣體的壓力即為該氣體的分壓。而各氣體的分壓則由其所占的百分比例決定，例如大氣中氧含量約 21％，而大氣的總壓力為 760 毫米汞柱（mmHg），則氧的分壓為

760 毫米汞柱 ×21％＝159.6 毫米汞柱，這個法則由約翰‧道爾吞（John Dalton）於 1801 年提出，因此被稱為道耳頓分壓定律。依據此定律，某氣體的分壓可代表其在大氣中的含量比例。

二、液體中的氣體溶解量可用分壓表示嗎？

著名的氧合血紅素解離曲線如圖一，其橫座標以氧分壓代表血漿中的氧量，而縱座標代表氧與血紅素結合的飽和百分比；在描述肺泡與組織時，亦以氧分壓與二氧化碳分壓代表該血漿或組織液中的氣體含量。為何在呼吸生理學的領域中，常以分壓表示氣體於液體中的溶解量？

當氣態與液態流體（例如肺泡微血管中的血液與肺泡內氣體）進行氣體交換時，該氣體的最大溶解量受溶解度、溫度與氣體分壓三者所影響，此法則由威廉‧亨利（William Henry）於 1803 年提出，故被稱為亨利定律。上述的三項因子中，前兩項因子在人體內常為定值（在 37℃ 時氧的溶解度約為 0.3 mL/100mL），故影響氣體溶解量最重要的因子為氣體分壓，且兩者呈現性關係，可由以下式子表示：

$$氣體分壓＝亨利定律常數×氣體在液體中的溶解量$$

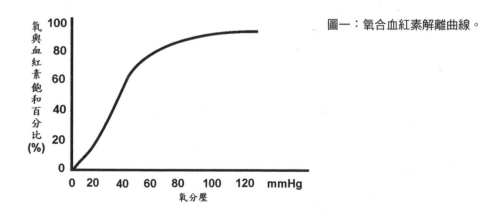

圖一：氧合血紅素解離曲線。

氣體在溶液中的溶解量不易測量，目前最常使用的測量方式是利蘭・克拉克（Leland Clark）於 1950 年代開發的氧電極法，氧電極可測量液體中氧所產生的電流，而反映出溶解於水或血漿中的含氧量。在校正氧電極的讀數時，若以氧分壓 159.6 mmHg 的氣體灌注至液體中，氧電極產生電流所推動的指針或呈現的讀數，常直接設為 159.6 mmHg，讀數以分壓的數值呈現以簡化操作與換算步驟，且某氣體在液體中的溶解量與該氣體的分壓呈線性關係（亨利定律），故生理學家常以氣體分壓表示該氣體於液體中的溶解量。

三、氧分壓、氧飽和濃度與氧濃度

氧分壓雖不等於溶解於血漿中的氧量，但兩者成正比，在生理學領域中常以氧分壓代表溶解於血漿中的氧量。已知每 1 mmHg 的氧分壓在一毫升水中可溶解 0.03 毫升的氧，故血漿中的氧濃度可由以下式子算出：

血漿中氧溶解量（mL/L）＝血漿中氧分壓（mmHg）×0.03 mL/mmHg・L

氧電極的原理

氧電極法是植物生理學研究中，常用的一種測定氧含量的技術，電極通常由鉑陰極及銀陽極組成。電極腔中含有氯化鉀溶液，外面則覆蓋一層 15-30 μm 厚的聚乙烯或四氟乙烯薄膜，電極與被測液隔離，而溶於液體的氧仍能透過薄膜進入電極，兩極間加上 0.7 V 左右的極化電壓時，溶於液體的氧透過薄膜在陰極上還原，極間產生擴散電流，此電流與氧濃度成正比，經控制器轉換成電壓，由自動記錄器進行記錄。

氧飽和濃度是指紅血球中的血紅素攜帶氧的百分比，若所有血紅素皆攜帶氧時，氧飽和濃度定義為 100%。已知每公克的血紅素（Hb）約可攜帶 1.34 毫升的氧分子，故血液中由血紅素所攜帶的氧量，可由以下式子算出：

血紅素的攜氧量（mL/L）＝血液中血紅素濃度（g/L）×1.34 mL O_2/g Hb× 氧飽和濃度（％）

氧濃度（又稱氧含量）是指血液中所有氧分子的含量，包含溶於血漿的氧與由血紅素攜帶的氧，其計算方式如下：

氧濃度（mL/L）＝血漿中氧的溶解量（mL/L）＋血紅素的攜氧量（mL/L）

換句話說，氧分壓用以表達血漿中溶於液體的氧量，而飽和濃度用以表達血紅素攜帶氧的程度，氧濃度則代表血液中所有氧分子的濃度。

四、一氧化碳中毒

一氧化碳與血紅素結合的親和力比氧大 200 至 300 倍，且解離速度較氧慢 3600 倍，而排擠了氧的運輸功能。當人體吸入的空氣中含超過 35 ppm（百萬分之一）的一氧化碳時，可引發體內缺氧的症狀，例如頭痛、噁心、嘔吐、肌肉無力，最後可能喪失意識甚至死亡；但一氧化碳僅影響氧飽和濃度（血紅素的攜氧量），並不影響血漿中的溶氧量（因為氧分壓並未改變）。人體的頸動脈體可感應血漿中的溶氧量（以氧分壓表示）以調節呼吸，而血液中的氧分壓在一氧化碳中毒時不會改變或影響甚小，因此不會造成明顯的呼吸急促症狀。換句話說，一氧化碳中毒時，雖血紅素分子中的氧結合位被親合力較高的一氧化碳所占去，但對氧在血漿的溶解量（以氧分壓表示）影響甚小（圖二）。另一方面，氧電極只能測量溶於血漿的氧量，而無法偵測血紅素所攜帶的氧；而人體內周邊化學受器也偵測溶解於血漿中的氧與二氧化碳，而無法偵測血

紅素所攜帶的氧，故以分壓表示也能與「氧濃度」（包含血漿與血紅素所攜帶的氧）有所區分。

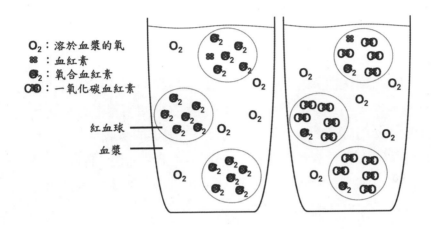

O₂：溶於血漿的氧
❀：血紅素
O₂：氧合血紅素
CD：一氧化碳血紅素

紅血球
血漿

	正常情形	一氧化碳中毒
氧分壓	100 mmHg （圖中5單位的氧溶於血漿）	100 mmHg （圖中5單位的氧溶於血漿）
氧飽和濃度	94.44%（17/18）	16.67%（3/18）
氧濃度 （氧含量）	100 mmHg × 0.03 mL /mmHg・L + 14.7 g. Hb/dL × 1.34 mL.O₂/g Hb × 94.44%	100 mmHg × 0.03 mL /mmHg・L + 14.7 g. Hb/dL × 1.34 mL.O₂/g Hb × 16.67%

圖二：正常情形與一氧化碳中毒時，血液中氧分壓、氧飽和濃度與氧含量。

結案

◎依據亨利定律,氣態與液態流體進行氣體交換時,若溶解度與溫度不變,則影響氣體溶解量最重要的因子為氣體分壓,且兩者呈線性關係。由於氣體在溶液中的溶解量不易直接測量,故生理學家常以校正過程所使用的氣體分壓代表該氣體於液體中的溶解量,也就是以「氧分壓」代表「血漿中的溶氧量」。

◎「氧飽和濃度」是指紅血球中的「血紅素攜氧」的百分比,而「氧濃度」(又稱氧含量)是指「血液中所有氧分子的含量」;三者可用下式子表示:
氧濃度＝血漿中氧的溶解量(以氧分壓表示)＋血紅素的攜氧量。

◎一氧化碳與血紅素結合的親和力比氧大,但一氧化碳中毒時,因吸入氣體的氧分壓無明顯改變,故對血漿中的溶氧量影響甚小,不會引發呼吸調節的反射,因此不會出現呼吸急促的症狀。

情
資
來
源

Clark electrode (2018, June 9). In *Wikipedia, the free encyclopedia*. Retrieved June 9, 2018, from http://en.wikipedia.org/wiki/Clark_electrode

Dalton's law (2019, January 12). In *Wikipedia, the free encyclopedia*. Retrieved January 12, 2019, from https://en.wikipedia.org/wiki/Dalton's_law

Henry's law (2019, January 5). In *Wikipedia, the free encyclopedia*. Retrieved January 5, 2019, from https://en.wikipedia.org/wiki/Henry's_law

案例 24

疫苗可救急嗎？急診時「打狂犬病」或「打破傷風」是指疫苗嗎？是否來得及？

疫苗的功能是預防疾病，也就是透過施打疫苗，使體內免疫細胞辨認抗原，建立專一性免疫的記憶細胞。待病原體入侵時，透過記憶細胞辨認病原體的抗原，引發免疫反應，消滅該病原體。但我們常由新聞或生活中聽聞，被野生動物咬傷而有感染狂犬病風險時，或是被生鏽的鐵器刺傷或刮傷而有感染破傷風風險時，會注射疫苗；病原體入侵時這麼做來得及嗎？為何不是施打血清呢？如何判斷疫苗與血清的使用時機？

偵查與破案

一、什麼是狂犬病？

人體感染狂犬病常是起因於染病動物的咬傷，這是種急性病毒性腦脊髓炎，病原體為狂犬病毒。若病毒入侵中樞神經系統而發病，死亡率幾乎達100％。

狂犬病初期呈現症狀包含發熱、發冷、頭痛、喉嚨痛、厭食、呼吸困難、嘔吐、咳嗽、虛弱、焦慮等；數日後，會出現興奮及恐懼的行為表現；最後出現麻痺、吞嚥困難，咽喉部肌肉之痙攣的症狀，而引起病患出現「恐水」症狀，因此狂犬病又有「恐水症」之名，此時亦可能出現精神錯亂及抽搐等現象，病患最後常因呼吸麻痺而死亡。

二、被咬後才施打狂犬病疫苗來得及嗎？

狂犬病病毒入侵體內後，在產生病徵前的潛伏期階段，會先感染肌細胞或皮膚細胞，隨後感染周圍神經系統的神經細胞，並沿神經細胞的軸突緩慢

地向中樞神經系統的方向傳播，狂犬病病毒上行到脊髓後，再入侵到腦區。狂犬病病毒在體內的傳播方式，不依賴血液擴散，故移動速度較慢，在周圍神經組織裡的平均移動速率是三公釐／小時（mm/hr），因此若感染的傷口離中樞神經（脊髓或腦）越遠，潛伏期就會越長，也就是狂犬病病毒入侵後，到產生病徵的時間越長。但一旦狂犬病病毒進入脊髓或腦，可在一天內擴散到整個中樞神經系統，此時就會發病，甚至死亡。若是狂犬病病毒進入人體後，沒有作醫療上的處置，則中樞神經系統中的病毒數量，在 35 至 42 天時開始大量增加，而唾腺中的病毒數量約在第 49 天後開始大量增加（圖一中，兩條「無處理」的線）。

被疑似罹患狂犬病之動物咬傷的民眾，求診後最常見的醫療處置為立即施打血清與疫苗，前者可降低病毒數量（圖一中「傷口處的病毒」）。醫療處置常用的血清為人類狂犬病免疫球蛋白（HRIG），而施打疫苗後第七日，因免疫系統的反應而產生的大量抗體（圖一中「疫苗引發的抗體免疫」）。由上述狂犬病病毒入侵神經系統與人體經施打疫苗建立免疫反應的時程的比較，可知在狂犬病病毒入侵人體時施打狂犬病病毒疫苗，可於病毒入侵中樞神經系統並大量繁殖前，建立免疫反應而達預防病發之效。

若狂犬病病毒上行至中樞神經所需的時間越長，例如被野生動咬傷的傷口離中樞神經系統越遠，則疫苗就越可有效預防狂犬病發病。一般而言，接種狂犬病病毒疫苗的最佳時間為咬傷後 24 小時之內。雖然施打疫苗誘發 B 細胞產生抗體的速度快過該病毒繁殖的速度，但為了謹慎起見，一般醫師會於傷口周圍注射抗病毒血清，儘可能的減少體內狂犬病毒的數量。但若病毒已入侵中樞神經而發病，因為血腦屏障的阻隔，即使接受被動免疫的治療（施打血清）也很難挽回生命。

三、破傷風

破傷風是被破傷風桿菌（*Clostridium tetani*）感染後，由破傷風桿菌分泌之

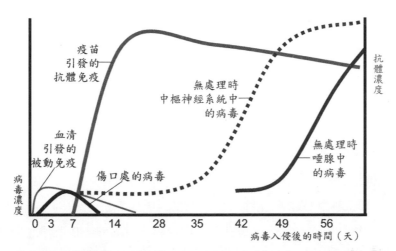

圖一：狂犬病病毒進入體內時，施打血清與疫苗或未做醫療處置時，對病毒數量的效應（修改自：Rupprecht, *et al.*, 2010）。

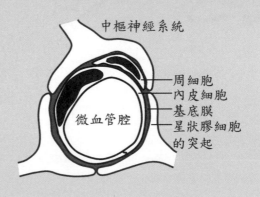

血腦屏障

血腦屏障是指血液與中樞神經系統之間具有阻隔物質運輸的屏障，除了降低血液中病原體感染中樞神經系統的機會，也是為了避免血液中的激素對中樞神經系統的神經元產生回饋調節作用，尤其是神經內分泌的激素。血腦屏障是由微血管內皮細胞間的緊密排列（一般微血管內皮細胞的縫隙較大）、內皮細胞外的基底膜，與星狀膠細胞（astrocyte）所包圍而形成（見右圖）。血腦屏障的作用下，只有如氧、二氧化碳、血糖等小分子可進行交換，其他如許多藥物、蛋白質等大分子則無法通過。

179

外毒素所引起病症。初期病徵包含腹部僵硬與肌肉痙攣，隨後常出現的其典型病徵：角弓反張（opisthotonus）的痙攣現象（圖二），與臉部出現痙笑（risus sardonicus）表情（圖三）。破傷風的潛伏期約 3 至 21 天，大多在 14 天內發病；死亡率約在 10 至 90％，其中大多為老人與小孩。

四、受傷後才施打破傷風疫苗是為了預防下一次的風險

臺灣自 1954 年開始供應兒童施打白喉、破傷風、百日咳三合一疫苗（DTP），接種四劑 DTP 疫苗後，對破傷風的免疫效力可維持約 10 年。甚至於 2010 年 3 月起，國內開始接種白喉、破傷風、百日咳、B 型嗜血桿菌及小兒麻痺的五合一疫苗。換句話說，1954 年之後出生的臺灣民眾，對破傷風應已具有免疫能力，故一般除清理、包紮傷口外，不會有特別的醫療處置。

若求診病患過去疫苗施打的次數少於三劑或不確定是否曾施打，但傷口

圖二：角弓反張（opisthotonus）的痙攣
　　　現象示意圖。

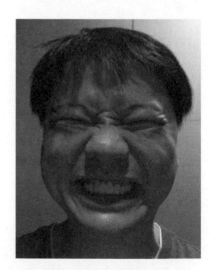

圖三：痙笑表情的模仿照片

小而乾淨，感染破傷風的風險較低，則會追加施打破傷風疫苗；但若傷口較大而髒汙，感染風險較高，則除了追加施打破傷風疫苗外，常見的醫療處置是在傷口周圍與肌肉注射破傷風免疫球蛋白（TIG，由人體血液分離而得），同時配合抗生素治療。若無 TIG 則會考慮靜脈注射單一大劑量之破傷風抗毒素（TAT，由馬血液分離而得），但約有 10％至 20％的人會出現過敏反應。

　　綜上所論，施打破傷風疫苗是為了建立完整的免疫能力，以預防之後的感染。由於施打疫苗後，需至少兩週甚至一個月方可建立主動免疫，長於破傷風的潛伏期，故施打破傷風疫苗並無救急、治療的功能。

結案

◎狂犬病是種急性病毒性腦脊髓炎。

◎狂犬病病毒在體內的傳播不依賴血液擴散，而是沿神經元軸突緩慢地向中樞神經系統傳播，故移動速度較慢，平均移動速率是 3 mm/hr。

◎狂犬病病毒入侵人體時才施打狂犬病病毒疫苗，可於病毒入侵中樞神經系統並大量繁殖前，建立免疫反應而達預防病發之效。

◎破傷風是被破傷風桿菌感染後，由破傷風桿菌分泌之外毒素所引起病症。

◎臺灣自 1954 年開始施打白喉、破傷風、百日咳三合一疫苗（DTP），故 1954 年之後出生的臺灣民眾，對破傷風應已具有免疫能力。故被生鏽鐵器所傷後，除清理、包紮傷口外，不會有特別的醫療處置。

◎若被生鏽鐵器所傷的病患過去疫苗施打的次數少於三劑或不確定是否有無施打，求診時施打破傷風疫苗以建立完整的免疫能力，以預防之後的感染，而無救急、治療的功能。

情資來源

Rupprecht, C. E., Briggs, D., Brown, C. M., Franka, R., Katz, S. L., Kerr, H. D., Lett, S. M., Levis, R., Meltzer, M. I., Schaffner, W. and Cieslak, P. R. 2010. Use of a Reduced (4-Dose) Vaccine Schedule for Postexposure Prophylaxis to Prevent Human Rabies. *M.M.W.R.* 59(RR-2): 1-19.

狂犬病 . (2018, August 15). In *Wikipedia, the free encyclopedia*. Retrieved November 5, 2018, from https://zh.wikipedia.org/zh-tw/ 狂犬病

衛生福利部疾病管制署，2016 年 11 月。新生兒破傷風防治工作手冊。檢索日期：2018.11.05。取自：https://www.syndriver.com/portal/sharing/2b741efb23fa48c5be29b4d50f7e4f36

衛生福利部疾病管制署，2018 年 05 月 30 日。破傷風及新生兒破傷風防治工作手冊。檢索日期：2018.11.05。取自：https://www.cdc.gov.tw/professional/info.aspx?treeid=4c19a0252bbef869&nowtreeid=4dc827595f55c334&tid=BA55415138D0E03B

衛生福利部疾病管制署，2018 年 8 月。狂犬病工作手冊。檢索日期：2018.11.05。取自：https://www.syndriver.com/portal/#/sharing/c486d901ad0a4bd382c09f35c38aea02

案例 25

胰臟是唯一分泌脂質水解酶的消化腺嗎？脂溶性養分是透過簡單擴散進入小腸上皮細胞嗎？

教科書描述三酸甘油酯於小腸分解成甘油與脂肪酸，這些脂溶性養分再透過簡單擴散進入小腸上皮細胞內。除了小腸與胰臟外，還有哪些消化道與消化腺參與脂質的分解？雖然在案例 18 中，已釐清三酸甘油酯應是分解成單酸甘油酯與脂肪酸等脂溶性養分，這些脂溶性養分的吸收方式為何？

偵查與破案

一、參與分解脂質的消化腺與酵素

依據高中生物教科書，參與脂質分解的消化腺包含了肝臟與胰臟。肝臟分泌膽汁，膽汁中的膽鹽參與脂肪的乳化作用，物理性地將脂肪分散成小油滴，以增加脂質水解酵素的作用面積；胰臟分泌的胰液中含有胰脂酶，可水解三酸甘油酯。膽汁與胰液注入小腸中，於小腸腔中分解脂質。

以上內容在考題中常被解釋成：參與脂肪分解的消化腺「只有」肝臟與胰臟，事實上，這是過於偏頗的歸納。目前已知與脂質分解有關的消化腺，除了肝臟與胰臟外，還有唾腺與胃腺（Barrett, *et al.*, 2010）：唾腺中的艾勃納氏腺（Ebner's glands）或稱馮‧艾勃納氏腺（von Ebner's glands），可分泌舌脂酶，可水解三酸甘油酯成 1,2- 雙酸甘油酯與脂肪酸。胃腺除分泌胃蛋白酶外，也分泌胃脂酶，胃脂酶水解三酸甘油酯成甘油與脂肪酸。食物中的三酸甘油酯有 10％至 30％是由胃脂酶水解，其重要性不可小覷。胃脂酶於新生兒時期即開始分泌，此時胰脂酶還未分泌，故胃脂酶於新生兒時期，在脂質分解中具重要角色；若因胰臟患病的患者，胃脂酶亦扮演催化脂質分解重要角色。

胰液中最重要的脂酶為羧酸酯酶（carboxylic esterase），也就是教科書所謂的胰脂酶（pancreatic lipase），也稱為「輔脂酶依賴胰脂酶」。胰液中的輔脂酶（colipase）是胰脂酶的輔因子，胰臟分泌的前輔脂酶（procolipase）進入腸道後，被胰蛋白酶分解形成活化的輔脂酶，輔脂酶作為胰脂酶的輔酶，可增加胰脂酶的催化活性。胰脂酶可將三酸甘油酯分解成單酸甘油酯與脂肪酸。

胰液中還有另一群膽鹽依賴型脂酶（BSDL），包含膽固醇酯水解酶（cholesteryl ester hydrolase）與磷脂酶（Phospholipase A2）等。膽固醇脂水解酶可將膽固醇酯水解成膽固醇與脂肪酸（圖一），磷脂酶可將磷脂水解成水解磷酸脂（lysophospholipids，或稱溶血磷酸脂）與脂肪酸（圖二）。

表一：人體參與脂質分解的消化酵素。（修改自：Barrett, *et al*., 2010、Boron and Boulpaep, 2017）。

	舌脂酶	胃脂酶	輔脂酶依賴型	膽鹽依賴型	
			胰脂酶 （羧酸酯酶）	膽固醇脂 水解酶	磷脂酶
分泌腺	唾腺中的舌腺	胃腺	胰腺	胰腺	胰腺
作用場所	口腔	胃腔	小腸腔	小腸腔	小腸腔
受質	三酸甘油酯	三酸甘油酯	三酸甘油酯	膽固醇脂	磷脂質
產物	1,2- 雙酸甘油酯 脂肪酸	甘油 脂肪酸	2- 單酸甘油酯 脂肪酸	膽固醇 脂肪酸	水解磷酸脂 脂肪酸

二、脂溶性養分的吸收方式

消化道中的脂溶性養分，經簡單擴散進入小腸上皮細胞，於細胞內形成乳糜小球後，經胞吐作用進入絨毛腔，最後由乳糜管吸收及運輸；以上是生物學教科書中對脂溶型養分吸收方式的介紹。但科學家發現脂溶性養分進入小腸上皮細胞的機制，並不是只透過簡單擴散這樣單純。

酯酶與脂酶有何不同？

「酯」（Ester）在有機物中，是指醇與羧酸發生酯化反應形成酯鍵後，而生成的產物（如下圖）。酯酶（Esterase）即為可催化酯鍵水解反應的酵素，其 EC 標號[1]為 EC 3.1.1.1，一般稱為 Carboxylesterase（羧酸酯酶）。

$$R_1\text{—}\overset{\overset{O}{\|}}{C}\text{—OH} + HO\text{—}\overset{\overset{H}{|}}{\underset{\underset{H}{|}}{C}}\text{—}R_2 \longrightarrow R_1\text{—}\overset{\overset{O}{\|}}{C}\text{—O}\text{—}\overset{\overset{H}{|}}{\underset{\underset{H}{|}}{C}}\text{—}R_2 + H_2O$$

酯鍵

有機羧酸 ＋ 醇 ⟶ 酯 ＋ 水

另一方面，脂酶（Lipase）是指可水解脂質的酵素。雖然脂質含有酯鍵，但含酯鍵的物質不一定是脂質。通常脂酶是指可分解較難溶於水的脂質油滴（含較長的脂肪酸鏈），其催化效率與油滴的表面積有關，其 EC 標號為 EC 3.1.1.3，又稱為三酸甘油酯脂酶（triacylglycerol lipase）；而酯酶通常是指可水解較為水溶性（含較短的脂肪酸鏈）的酯類分子，其催化效率與受質濃度有關。

註 1：酶學委員會（Enzyme Commission）為酶所製作的編號分類法，分類依據為其所催化的化學反應類型。

　　小腸上皮細胞吸收脂肪酸的速率隨著細胞外的脂肪酸濃度增加而增加，但當脂肪酸濃度增加到一定值後，細胞攝取脂肪酸的速率卻無法明顯增加而達飽和；若加入另一種脂肪酸，也會降低原先脂肪酸的運輸效率，也就是脂肪酸之間具運輸競爭性；若移除膜蛋白後，小腸上皮細胞攝取脂肪酸的效率

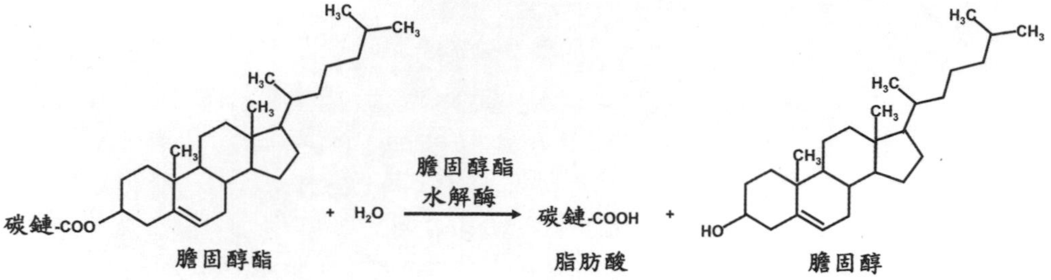

圖一：膽固醇酯水解酶可將膽固醇酯水解成「膽固醇」與「脂肪酸」。

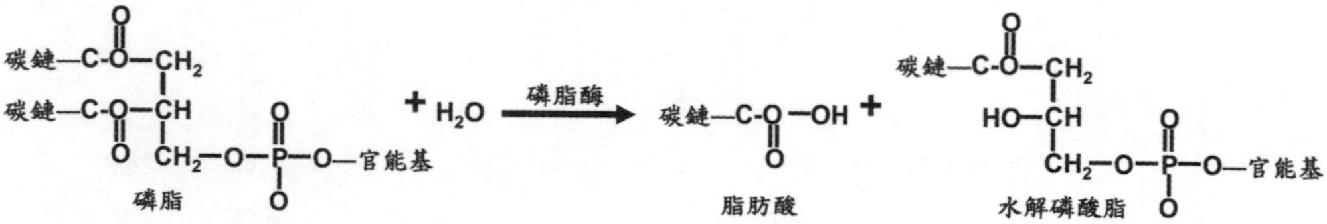

圖二：磷脂酶可將磷脂水解成「水解磷酸脂」與「脂肪酸」。

亦受影響（Goodman, 2010）。這些現象皆證明脂肪酸的吸收有很大一部分是透過促進性擴散的方式。

　　小腸上皮細胞面對小腸腔的細胞膜具有密集的微絨毛，稱為刷狀膜。科學家在小腸前段之上皮細胞的刷狀膜，發現「脂肪酸轉位酶」（FAT，亦稱為CD36），具有吸收中、長鏈脂肪酸功能。另外，小腸中亦有「脂肪酸轉運蛋白」（FATP）與「脂肪酸結合蛋白」（FABP），皆參與中、長鏈脂肪酸的吸收（圖三中的 A、B、C 路徑）；而短鏈脂肪酸的吸收則是透過簡單擴散（圖三中的D 路徑）（Goodman, 2010; Wang, *et al.*, 2013）。

在膽固醇的運輸方面，「尼曼匹克 C1 類 1 蛋白 1」（NPC1L1）為膽固醇攝取轉運蛋白（圖三中的 E 路徑），另有兩種「ATP 結合盒蛋白」（ATP-binding cassette proteins, ABCG5 和 ABCG8）為膽固醇運出轉運蛋白（圖三中的 F 路徑）（Goodman, 2010; Wang, *et al.*, 2013）。

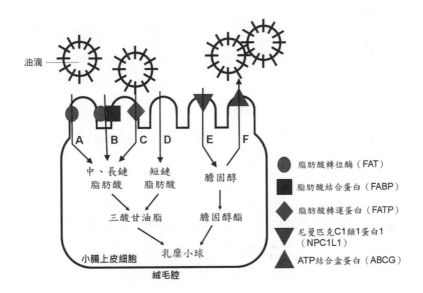

圖三：脂肪酸與膽固醇在小腸上皮細胞之細胞膜的運輸方式示意圖。路徑 A～C 為中、長鏈脂肪酸運輸路徑、路徑 D 為短鏈脂肪酸運輸路徑、路徑 E 為膽固醇吸收運輸路徑、路徑 F 為膽固醇排出運輸路徑（修改自：Wang, *et al.*, 2013）。
A 路徑：FAT 運輸路徑。
B 路徑：FABP 共同運輸路徑。
C 路徑：FATP 運輸路徑。
D 路徑：簡單擴散運輸路徑。
E 路徑：NPC1L1 膽固醇攝取路徑。
F 路徑：ATP 結合盒蛋白（ABCG5 和 ABCG8）」膽固醇運出路徑。

結案

◎參與脂質分解的消化腺，除了肝臟與胰臟外，還有唾腺與胃腺。

- 唾腺中的舌腺或稱艾勃納氏腺，可分泌舌脂酶。
- 胃腺除分泌胃蛋白酶外，也分泌胃脂酶。食物中的三酸甘油酯有 10% 至 30% 是由胃脂酶水解。
- 胰液中含有羧酸酯酶（又稱輔脂酶依賴胰脂酶）、膽鹽依賴型脂酶等脂質水解酶。

◎脂溶性養分進入小腸上皮細胞並非只透過簡單擴散。

- 中、長鏈脂肪酸，透過脂肪酸轉位酶（FAT）、脂肪酸轉運蛋白（FATP）與脂肪酸結合蛋白（FABP）等蛋白質所參與的促進性擴散而吸收。
- 短鏈脂肪酸透過簡單擴散吸收。
- 膽固醇的攝取是透過尼曼匹克 C1 類 1 蛋白 1（NPC1L1）。
- 膽固醇的運出是透過 ATP 結合盒蛋白（ABCG）。

情資來源

Bauer, E., Jakob, S. and Mosenthin, R. 2005. Principles of Physiology of Lipid Digestion. Asian-Australas. *J. Anim. Sci.* 18(2): 282-295.

Boron, W. F. and Boulpaep, E. L. 2017. *Medical Physiology* 3rd ED. Elsevier.

Goodman, B. E. 2010. Insights into digestion and absorption of major nutrients in humans. *Adv. Physiol. Educ.* 34(2): 44-53.

Wang, T. Y., Liu, M., Portincasa, P. and Wang, D. Q. 2013. New insights into the molecular mechanism of intestinal fatty acid absorption. *Eur. J. Clin. Invest.* 43(11): 1203-23.

第六偵查室

植物生理

案例 26

開花素是什麼物質？發現過程有什麼曲折的故事？

俄國科學家米哈伊爾·赫里斯托福羅維奇·察拉罕（Mikhail Khristoforovich Chailakhyan）於 1936 年與 1937 年發表兩篇文章，探討植物激素與植物生長發育的關係，文中提出葉子產生的某個物質，可由韌皮部運輸至莖頂，並促使開花，但不知其為何物，稱之為開花素（florigen）。開花素為何物？是某種已知的植物激素還是多種激素的共同作用？

在發現開花素的過程中，曾有篇被《科學》期刊列為年度十大科學突破的論文卻被撤件，發生了什麼曲折的故事？

偵查與破案

一、開花素可能是一種基因的 mRNA

在生物學教科書中,開花素長久以來都為假設名詞。在煙草嫁接的實驗中,可知開花素由韌皮部運輸,甚至可以影響其他個體的開花狀態。許多好學的同學常問我:吉貝素(gibberellins)有促進開花的作用,可不可能就是開花素,或參與開花素的作用?這個灰暗的未知謎題在 2005 年終於出現曙光了,三組研究團隊分別於 8 月 12 日(Abe, *et al.*, 200、Wigge, *et al.*, 2005)與 9 月 9 日(Huang, *et al.*, 2005)的《科學》期刊,發表了開花素可能是某種 RNA 的論文,這項進展被該期刊列為「年度十大科學突破」之一。

科學家以長日照植物阿拉伯芥(*Arabidopsis thaliana*)為模式生物,研究開花機制。阿拉伯芥以葉子偵測日照週期,一片葉子接受光照刺激就足以引起開花。於長日照環境中,葉子維管束細胞中的核內蛋白 CONSTANS(CO)濃度增加,CO 可直接活化 *FLOWERING LOCUS T*(FT)基因的啟動子[註1],使 FT mRNA 產生。另一個關鍵基因 *FD* 主要表現於莖頂,其 mRNA 在種子萌發後逐漸增加,它的表現不受光週期或 CO 的影響。FD 蛋白可與 FT 蛋白結合成轉錄因子複合體,刺激其他下游基因的表現,進而開啟開花的程序,使莖頂產生花芽。但 FT 基因於葉子表現,而 FT 蛋白於莖頂與 FD 蛋白作用,FT 蛋白如何跑到莖頂?上述三篇論文指出:葉子的 *FT* mRNA 透過韌皮部運輸至莖頂,再轉譯為 FT 蛋白,於莖頂和 FD 蛋白作用。葉子接收光週期的訊息後,透過 *FT* mRNA 將訊息傳達至莖頂引發開花過程(圖一),所以,FT mRNA 可能就是開花素!

【註 1】啟動子(promoter)是位於基因前的一段 DNA,可與 RNA 聚合酶結合,引發以基因為模版而產生 RNA 分子的轉錄作用。啟動子本身並不轉錄,但其與 RNA 聚合酶結合的能力,決定了基因的表現情形。科學家利用特定序列的啟動子,這些啟動子只能在某些特殊細胞或組織與 RNA 聚合酶結合,或是可用某些藥物或因子(如熱)引發其作用,使科學家可因時、因地操縱特定基因的表現。

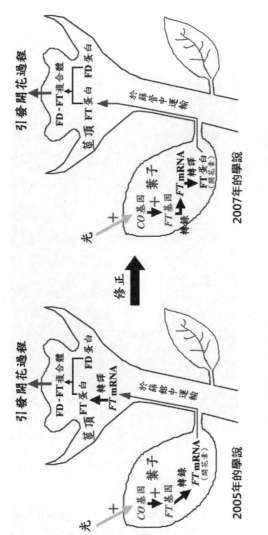

圖一：比較阿拉伯芥開花素的學說。2005 年提出 *FT* mRNA 為開花素，但該研究的關鍵實驗無法再現預期的結果，2007 年其他研究證明 FT 蛋白轉可能為開花素本尊。

基因與其蛋白產物的表示方式

對於基因與其蛋白產物的表示方式，通常以斜體英文字母代表基因（如文中的 *FT* 基因、*Hd3a* 基因），而正體代表蛋白質（如 FT 蛋白、Hd3a 蛋白）；以大寫或小寫（如 *FT* 基因或 *ft* 基因）呈現則端看各科學期刊的稿約規定。

科學家利用極敏感的即時反轉錄聚合酶連鎖反應[註2]（real time RT-PCR）技術，發現在長日照環境下，阿拉伯芥葉子內的 *FT* mRNA 增加 70 倍，而莖頂的 *FT* mRNA 增加三倍（Wigge, *et al.*, 2005）。轉譯產生的 FT 蛋白能直接或間接活化 *FT* 基因的表現，代表一旦 *FT* 基因開始表現，FT 蛋白就能維持穩定濃度而不受日照影響。這個現象解釋了傳統的韌皮部嫁接實驗：在連續嫁接的七株植物中，第一株給予長日照刺激，其餘處於短日照環境，但七株皆可接受開花素訊息，這是因為受開花素刺激的植株，本身也可以成為開花素提供者。此外，受適當光照刺激的葉子，需要三到五小時以引發 *FT* mRNA 的表現，其於韌皮部的運輸速度約為 1.2 至 3.5 mm/h。隨著研究進展，我們對開花素的瞭解與日俱增。

二、其他研究團隊無法重現實驗

mRNA 竟然可以離開細胞，充當訊息的傳遞者，著實衝擊了傳統的激素觀念，但「*FT* mRNA 可能就是開花素」的結論卻因無法再現而遭受質疑，尤

【註2】 指利用反轉錄酵素，將樣本中 RNA 先反轉錄成 DNA 片段，再利用 DNA 聚合酶複製 DNA 片段，同時偵測 DNA 濃度的技術。最常測量 DNA 濃度的方法，為利用螢光物與 DNA 作用所發出之螢光，經光學儀器檢測而推算 DNA 濃度。反轉錄的過程需要特殊序列的 RNA 片段作為選擇對象的依據，故此技術可即時偵測樣本中是否含有特定 RNA。

其是其他科學家無法利用 real time RT-PCR 技術於篩管內偵測出 *FT* mRNA。提出 mRNA 理論的其中一組研究團隊（Huang, *et al*, 2005），其主持人奧韋・尼爾森（Ove Nilsson）於 2007 年宣稱，該研究的第一作者黃濤選擇性的使用數據，因此尼爾森與其他作者已同意將這篇研究報告撤銷。

　　黃濤於瑞典農業科學大學植物科學中心實驗室進行博士後研究，並與其他科學家於 2005 年 9 月發表了 *FT* mRNA 就是開花素的成果，研究結束後，他回到中國任教於廈門大學。黃濤是唯一不同意撤銷報告的作者，他認為只是數據不成熟，而無捏造或選擇性使用數據。這個事件剛好發生於 2006 年黃禹錫事件之後，格外受到矚目。

三、找到開花素本尊！

　　《科學》期刊於 2007 年 4 月 20 日撤銷黃濤團隊的論文中，有關開花素的結論。巧的是，新的證據已於 4 月 19 日在《科學特快報導》（*Science Express Reports*）雜誌線上發表，洛朗·柯布西埃（Laurent Corbesier）等人與玉置 祥二郎（Shojiro Tamaki）等人，分別於阿拉伯芥與水稻證明開花素不是 *FT* mRNA，FT 蛋白質才是開花素本尊，這些研究結果在 5 月 18 日正式刊登於《科學》期刊。

　　柯布西埃等人利用綠色螢光基因與 FT 基因融合並進行轉殖[註3]，在無法產生 FT 蛋白的阿拉伯芥突變株（*ft-7 mutants*）體內，追蹤轉殖產生之 FT 蛋白的位置與運輸路徑，並利用 *SUC2*（*SUCROSE TRANSPORTER2*）與 *GAS1*（*GALACTOL SYNTHASE1*）作為啟動子，SUC2 與 GAS1 已被證實只在葉脈的伴細胞中活化，故使用這兩種啟動子，可控制 FT 蛋白只於葉子的維管束中形成。結果證實 FT 蛋白於葉子韌皮部形成，並經篩管運輸至莖頂（圖二），而篩管內無法偵測到 *FT mRNA*。

　　玉置等人研究水稻的 *FT* 同源基因[註4]—*Hd3a*（*Heading date 3a*），利用 *Hd3a* 基因與綠色螢光基因融合後進行轉殖，也得到相同的結論。稻米屬於短日照植物，與阿拉伯芥（長日照植物）不同，在短日照情況下，*Hd3a* 蛋白於葉片表現，並由篩管運輸至莖頂，引發開花，而在篩管中仍無法偵測到 *Hd3a* mRNA。確認了 FT 蛋白產物或其同源蛋白為可移動之開花訊息。

　　除了阿拉伯芥與水稻的研究，科學家也於南瓜尋找證據。南瓜大多屬中

【註 3】轉殖是指將基因殖入細胞的過程，使該細胞或其組織獲得新的基因，科學家利用這個技術，可使細胞表現殖入的新基因。

【註 4】同源基因在本文中指的是異種同源基因（orthology）。當一祖先物種隨著演化而形成兩個物種，原先祖先物種的某一基因，亦隨著物種分化而分別存在於新物種身上，而兩個新物種的該基因即屬異種同源基因。一般而言，異種同源基因的 DNA 序列相似，其蛋白質產物的胺基酸序列與功能亦相近。

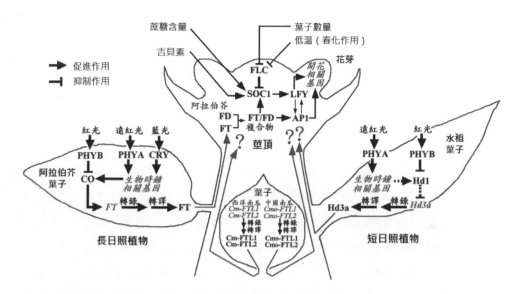

圖二：調節開花的相關機制與開花素的角色。斜體代表基因，正體代表蛋白質。

日照植物[註5]，較難應用於開花研究，但加州大學戴維斯分校的威廉·路卡斯（William J. Lucas）研究團隊發現中國南瓜（*Cucurbita moschata*）於短日照情況下開花，屬短日照植物。路卡斯與林民昆等人利用矮南瓜黃化嵌紋病毒（ZYMV）作為載體[註6]，將阿拉伯芥的 *FT* 基因殖入，使得中國南瓜於長日照情況下開花，該病毒只感染生長中的葉片，不會入侵莖頂組織，因此證明受病毒感染的葉子所產生的 FT 蛋白，可遷移至莖頂並引發中國南瓜開花。此外，該團隊也於南瓜找出了 FT 的同源基因，屬中日照植物的西洋南瓜（*Cucurbita*

【註5】中日照植物是的開花不受光照週期調節，即光照條件對開花的影響非促進亦非抑制，例如豌豆、玉米、胡瓜、蕃茄、南瓜等植物。

【註6】載體（vector）是指在遺傳工程中，能攜帶特定基因的 DNA 載具，幫助科學家將特定的 DNA 序列送進細胞中。例如文中描述利用病毒作為載體，就是將特定基因插入病毒的遺傳訊息中，當病毒感染細胞時，會將該基因送入細胞並進行轉錄與轉譯，而表現該基因。若該病毒感染細胞的種類具專一性，則這些基因就只會送入特定細胞。

maxima），其 FT 同源基因（*FTL*）為 *Cm-FTL1* 與 *Cm-FTL2*，中國南瓜則為 *Cmo-FTL1* 與 *Cmo-FTL2*。利用液相層析－質譜儀[註7] 進行分析，發現屬於短日照植物的中國南瓜，只有在短日照情形下，Cmo-FTL2 與 Cmo-FTL1 蛋白才出現在篩管液中，在篩管中依然無法偵測到 *Cmo-FTL2* 與 *Cmo-FTL1* 的 mRNA。

將中國南瓜架接於西洋南瓜上，在長日照的情形下可觀察到中國南瓜開花，同時可於中國南瓜的篩管液中發現西洋南瓜的 Cm-FTL2 蛋白，這個研究並非利用異種基因的轉殖，而是直接觀察植物本身的基因表現，更具價值。這篇研究發表於 2007 年 5 月的《植物細胞》（*Plant Cell*）期刊。

調節開花的相關機制，經科學家多年的努力已有眉目，尤其在阿拉伯芥的研究中，已解謎出較完整的調節開花機制，其他植物的調節機制亦逐漸明朗（圖二）。FT 蛋白於阿拉伯芥葉子的維管束產生，經篩管運輸至莖頂分生組織，與莖頂分生組織所產生的 FD 蛋白結合，FT-FD 複合蛋白促進 SOC1 蛋白的產生，此過程受光週期、植物生理狀態、春化作用與吉貝素的調節，最後活化莖頂分生組織的 *LFY* 與 *AP1* 基因，引發植物的開花過程。

雖然許多研究團隊無法在篩管液中偵測到 FT mRNA，而可發現 FT 蛋白，且 FT 蛋白符合開花素的生理特性，因此開花素的本尊應為 FT 蛋白質。但此結論仍須更多的驗證，因為難以排除偵測 mRNA 技術與儀器的敏感度太低，以致無法偵測 mRNA 的可能性，尤其是科學家已證明部分植物基因的 mRNA 與其蛋白質，可一同運輸至其他器官。無論如何，2005 年至 2007 年這短短三年的科學進展，是自俄國科學家察拉罕於 1936 年提出開花素假說以來，最具突破性的關鍵。

【註7】液相層析 - 質譜儀可將液態樣本經過液相層析而初步分離純化，再經質譜儀分析各個成分的種類、相對含量，甚至可分析其分子結構。質譜儀的原理是將樣本中各組分子離子化生成不同的離子，並在質量分析器中利用電場和磁場分析各離子的荷質比（電荷／質量比），進而分析其成分與結構。

結案

◎開花素由葉子產生，可經韌皮部運輸至莖頂引發開花，但成分一直未知。

◎ 2005 年三組研究團隊指出：葉子接收光週期的訊息後，FT 基因於葉子表現，FT mRNA 透過韌皮部運輸至莖頂，再轉譯為 FT 蛋白。將訊息傳達至莖頂引發開花過程，是透過 FT mRNA，所以，FT mRNA 可能就是開花素！這項進展被《科學》期刊列為「年度十大科學突破」之一。

◎由於無法再現上述實驗結果，且其中一篇論文的作者群宣稱第一作者選擇性的使用數據，同意撤銷報告。這個事件剛好發生於 2006 年黃禹錫事件之後，格外受到矚目。

◎不同研究團隊分別以阿拉伯芥、水稻與南瓜作為研究對象，證明開花素不是 FT mRNA，FT 蛋白質才是開花素的本尊。

情資來源

Abe, M., Kobayashi, Y., Yamamoto, S., Daimon, Y., Yamaguchi, A., Ikeda, Y., Ichinoki, H., Notaguchi, M., Goto, K. and Araki1, Y. 2005. FD, a bZIP Protein Mediating Signals from the Floral Pathway Integrator FT at the Shoot Apex. *Science* 309(5737): 1052 – 1056.

Corbesier, L., Vincent, C., Jang, S., Fornara, F., Fan, Q., Searle, I., Giakountis, A., Farrona, S., Gissot, L., Turnbull, C., and Coupland, G. (2007) FT protein movement contributes to long-distance signaling in floral induction of *Arabidopsis. Science* 316(5827): 1030–1033.

Huang, T., Bohlenius, H., Eriksson, S., Parcy, F. and Nilsson1, O. 2005. The mRNA of the Arabidopsis Gene FT Moves from Leaf to Shoot Apex and Induces Flowering. *Science* 309(5741): 1694-1696.

Lin, M-K., Belanger, H., Lee, Y-L., Varkonyl-Gasic, E., Taoka, K-I., Miura, E., Xoconostie-Cázares, B., Gendler, K., Joprgensen, R. A., Phinney, B., Lough, T. J. and Lucas, W. J. (2007) FLOWERING LOCUS T protein may act as the long-distance florigenic signal in the cucurbits. *Plant Cell* 19(5): 1488–1506.

Tamaki, S., Matsuo, S., Wong, H.L., Yokoi, S., and Shimamoto, K. (2007) Hd3a protein is a mobile flowering signal in rice. *Science* 316(5827): 1033–1036.

Wigge, P. A., Kim, M. C., Jaeger, K. E., Busch, W. Schmid, M., Lohmann, J. U. and Weigel, D. 2005. Integration of Spatial and Temporal Information During Floral Induction in Arabidopsis. *Science* 309(5737)：1056–1059.

黃禹錫 (2018, July 21). In *Wikipedia, the free encyclopedia*. Retrieved July 21, 2018, from https://zh.wikipedia.org/wiki/ 黃禹錫

案例 27

植物為何需要頂芽優勢？有哪些產生機制？

教科書對「頂芽優勢」的描述常以「去除頂芽後引發腋芽生長，因為頂芽所分泌的生長素可抑制腋芽發育」，此描述是否正確、合理？什麼是頂芽優勢？它的生理機制為何？植物為何需要頂芽優勢？生長素的角色又為何？

偵查與破案

一、頂芽優勢的生物意義？

若頂芽優勢（apical dominance）是指去除頂芽後引發腋芽生長的現象，對植物有何意義？若可接受最多光能的頂芽可接收足夠的光線，則在其附近的腋芽（吸收光能效率較弱）則不需要旺盛生長，以節省體內的資源。一旦頂芽消失，附近的腋芽即需長出葉片行光合作用，以獲得足夠有機養分以維持生存，及完成生長、繁衍等生活史。換句話說，「頂芽優勢」是頂芽失去作用後的「補償」效應（Dun, et al., 2006），目的是維持適當的光合作用生理效率。

二、去除頂芽後的最初反應與生長素無關

雖然教科書對「頂芽優勢」的解釋多為：頂芽所分泌的植物生長素可抑制腋芽生長，一旦頂芽消失，「生長素抑制腋芽生長」的效應即消失。但科學家發現於去除頂芽的初期，生長素在濃度還未下降之前，即已出現腋芽生長的現象（Mason, et al., 2014）。由於葉片行光合作用所產生的醣類產物原本運輸至頂芽，供應頂芽生長所需養分，而醣類原先的目的地在去除頂芽後消失，因此轉而運輸至腋芽，引發腋芽的生長，因此在去除頂芽的初期，醣類是引發腋芽生長的因子，而非生長素（圖一）。

三、去除頂芽後期

過去科學家常以去除頂芽的手段來研究頂芽優勢，但常發現在優勢頂芽仍存在的情形下，莖仍可能分枝，因此腋芽生長應也受根與莖的訊號調節。即使只是針對「生長素在頂芽優勢的角色」，也不如教科書所描述的單純，目前至少有以下幾個假說：

1. 生長素透過第二傳訊者調節莖的分枝

   此假說即為教科書所描述的傳統假說，也就是生長素可以抑制腋芽生長，而細胞分裂素可以促進腋芽生長。由於生長素抑制細胞分裂素的表現，因此去除頂芽之後，生長素的含量會下降，增加了莖與腋芽內的細胞分裂素含量，引發腋芽生長。外加生長素亦能夠抑制細胞分裂素的表現，而外加細胞分裂素可促進腋芽生長。頂芽所分泌的生長素除了可抑制細胞分裂素外，亦可促進「枝芽分枝訊息」（SMS），進而

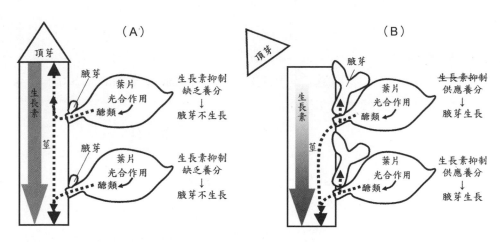

圖一：去除頂芽的初期生長素與醣類的濃度與運輸方向的變化。
（A）正常狀態，葉片行光合作用產生的醣類可運輸至頂芽，同時頂芽分泌生長素向下運輸，此時因「生長素的抑制」與「缺乏養分」，腋芽不生長。
（B）去除頂芽初期，因醣類無法運輸至頂芽而轉運輸至腋芽，使腋芽獲得養分而生長。

枝芽分枝訊息

科學家透過莖部具高度分枝的突變株,與野生型珠之間的嫁接實驗,發現植物的根與莖產生可抑制腋芽生長物質,稱之為枝芽分枝訊息,此物質並非生長素也非細胞分裂素,應為類胡蘿蔔素的衍生物(Malladi and Burns, 2007)。

調節芽的生長。換句話說,當去除頂芽後,失去生長素的調節,造成第二傳訊者的改變(莖部細胞分裂素增加或枝芽分枝訊息減少),引發腋芽生長。

2. 生長素的運輸流(auxin transport stream)調節莖的分枝,而非生長素的濃度。此假說稱為「生長素運輸假說」,主張是「生長素的運輸」作為調節因子,而非生長素的「含量」。科學家發現部分莖部多分枝的突變珠,起因於運輸生長素之相關蛋白的基因過度表現。

各個芽皆可能作為頂端生長素的來源而建立向下運輸的「生長素流」(PATS),彼此互相競爭。當頂芽建立了生長素流,使得腋芽無法建立生長素流,此時抑制了腋芽生長(圖二,Teichmann and Muhr, 2015)

3. 芽發育期的轉變

依據芽發育的性質,可分為休眠期、轉型期與持續生長期。芽發育期轉變假說(bud transition hypothesis)主張芽在不同的發育時期時,對包含生長素等不同的訊息分子具不同的敏感性,而許多因子如個體發育的階段、節的位置、芽的年齡、基因型、光照、溫度和光照等皆會決定芽的發育階段(Morris, *et al.*, 2005.)。

科學家發現去除頂芽的刺激可使腋芽由休眠期進入轉型期,腋芽在轉型期比休眠芽更容易接受生長信號的刺激,引發芽的生長(圖三),但也可因環境或自身因子的作用,而恢復到休眠狀態。

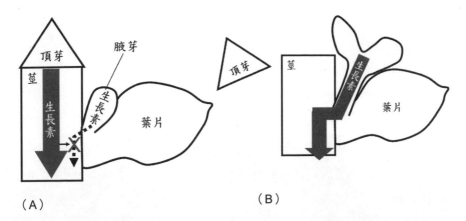

圖二：「生長素運輸假說」示意圖。
（A）當頂芽建立了生長素流，使得腋芽無法建立生長素流，此時抑制了腋芽生長。
（B）去除頂芽後，腋芽建立了生長素流，腋芽開始生長。

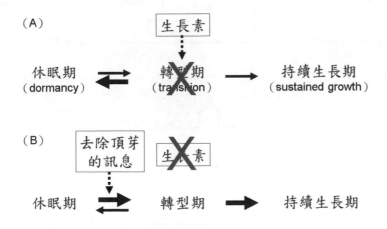

圖三：「芽發育期轉變假說」示意圖。
（A）頂芽分泌的生長素，使得腋芽停留於休眠期。
（B）去除頂芽後，引發腋芽進入轉型期，進而進入生長期。

201

4. 生長狀態的回饋

腋芽生長的狀態，可透過生長素、細胞分裂素、枝芽分枝訊息（SMS）等訊息分子，經回饋機制維持莖部分枝、腋芽生長，以及與其他區域莖部間的生長平衡。

5. 統整

調節腋芽生長情形的各種生理因子，在去除頂芽後，透過生長素與其他訊息分子、生長素流與腋芽發育期的轉變等機制，引發腋芽的生長（圖四）。

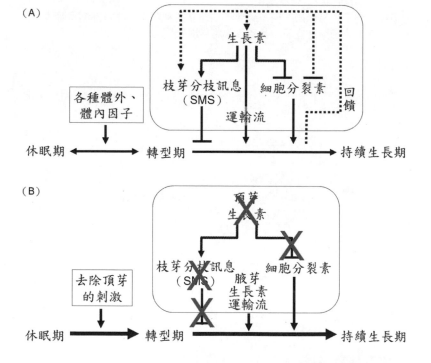

圖四：「去除頂芽後引發腋芽生長的現象」中，各種因子的生理角色（修改自：Dun, *et al.*, 2006）。
（A）正常情形下，各種調節腋芽生長的生理因子。
（B）去除頂芽後，引發腋芽生長的機制。

結案

◎頂芽優勢常指去除頂芽後引發腋芽生長的現象，是種使光合作用維持於適當生理效率的「補償」效應。

◎去除頂芽初期，原本運輸至頂芽的醣類轉為運輸至腋芽，引發腋芽的生長。

◎頂芽優勢的機制，目前有以下假說：

- 生長素透過第二傳訊者調節莖的分枝：去除頂芽後使生長素的含量下降，改變了第二傳訊者的作用，引發腋芽生長。

- 生長素的「運輸流」調節莖的分枝：當頂芽建立了生長素流，使得腋芽無法建立生長素流，抑制了腋芽生長。

- 芽發育期的轉變：去除頂芽的刺激使腋芽由休眠期進入轉型期，更容易接受生長的信號刺激。

- 生長狀態的回饋：腋芽生長的狀態，可透過各種訊息分子經回饋機制維持各莖部區域間的生長平衡。

情資來源

Dun, E. A., Ferguson, B. J. and Beveridge, C. A. 2006. Apical Dominance and Shoot Branching. Divergent Opinions or Divergent Mechanisms? *Plant Physiol*. 142(3): 812–819.

Malladi, A. and Burns, J. K. 2007. Communication by Plant Growth Regulators in Roots and Shoots of Horticultural Crops. *HortScience*. 42(5): 1113-1117.

Mason, M. G., Ross, J. J., Babst, B. A., Wienclaw, B. N. and Beveridge, C. A., 2014. Sugar demand, not auxin, is the initial regulator of apical dominance. *Proc. Natl. Acad. Sci. USA*. 111(16): 6092-7.

Morris, S. E., Cox, M. C. H., Ross, J. J., Krisantini, S. and Beveridge, C. A. 2005. Auxin dynamics after decapitation are not correlated with the initial growth of axillary buds. *Plant Physiol*. 138: 1665-1672.

Teichmann, T. and Muhr, M. 2015. Shaping plant architecture. *Front. Plant Sci.*, 6: 233.

案例 28

向日葵的「追日行為」是否屬於向光性？

　　教科書與科普書籍常描述向日葵的追日行為雖與刺激方向有關，但不屬於生長，而是膨壓變化所造成，故屬於傾性反應。這樣歸類是否合理？什麼是追日行為？對其運動機制的研究又有什麼新發現？

偵查與破案

一、爭議由來

　　大多數動物具有顯著的神經系統與肌肉，遇逆境可立即逃避。植物運動能力較不顯著，但對環境變化亦可適當反應，包含向性（tropism）與傾性（nastic movements）反應。高中生物教科書對向性的描述如下：「有些刺激會引起植物組織的生長不均勻，而造成和刺激方向有關的運動」、「植物受環境刺激時，因局部生長的速率或方向產生改變，導致植物體兩側生長差異」、「植物器官因應外界的光照、水分、接觸或地心引力等刺激，使植物組織的生長不均勻，產生和刺激方向有關的生長反應」，大學普通生物學也有類似的內容：「任何一種導致植物器官朝向或遠離刺激而彎曲生長的生長回應皆稱為向性。」（Campbell and Reece, 2005），所以教師與學生常認為「向性」需符合兩項條件：和刺激方向有關的運動，以及肇因於生長不均勻，故向性是種生長現象。而傾性反應自然就歸類於和刺激方向無關的運動，且與生長無關的現象。

　　基於上述推論，植物的器官於白天追隨太陽東起西落的運動（圖一），雖與刺激方向有關，但不屬於生長（而是膨壓變化造成），故屬於傾性反應。植物器官追隨太陽東起西落的運動稱為追日行為，雖然現在高中教科書已不再介紹此例，但許多參考書、講義、考題與教師上課的內容中，追日行為始終被歸屬於傾性反應的範疇中。這樣的歸類是否合理？

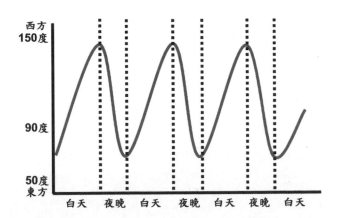

圖一：向日葵莖頂的角度隨太陽移動而改變（參考 Vandenbrink, *et al*., 2014）。

二、追日行為

　　追日行為又稱向日性（heliotropism），源自希臘文 helios（意指太陽，希臘神話中的太陽神即為 Helius）與 tropos（意指轉彎）。追日行為見於菊科、豆科、錦葵科等（Ehleringer and Forseth, 1980），其中最為人所知的是向日葵（*Helianthus annuus*），其葉子、頂端芽和發育中的花序，都表現向日性，其中發育中的花序表現最強的追日行為，在花成熟的過程中其向日性逐漸減緩直到開花，成熟的花朵保持面向東方直到衰老凋萎（Vandenbrink, *et al*., 2014）。雖然向日葵花序的向日性廣為人知，但科學家多是研究其葉子的向日性機制，對花的向日性機制所知甚少。

　　向日葵幼苗亦具有向光性，其下胚軸受單側光刺激後引起彎曲生長，而莖頂的追日行為直到後來的發育階段才表現，代表兩者具有不同機制（Vandenbrink, *et al*., 2014）。向日性可分為橫向日性（diaheliotropic）與側向日性（paraheliotropism）（Silvertown, and Gordon, 1989; Vandenbrink, *et al*., 2014）。橫向日

性使葉子在白天時與太陽光方向垂直，可增加光合作用效率，而側向日性使葉子與太陽光方向平行，以減少強光的傷害（圖二）。

三、追日行為的歸屬與性質

向日性的字根為 -tropism，可知向日性應屬於向性，而與部份教材的歸類不同。《植物生理學》（Hopkins and Hüner, 2013）與《現代生物學》（Postlethwait and Hopson, 2007）對「向性」的說明，是指與刺激方向有關的運動，與其是否屬於生長無關。這樣的定義也見於國際學術期刊的研究報告或回顧性文章

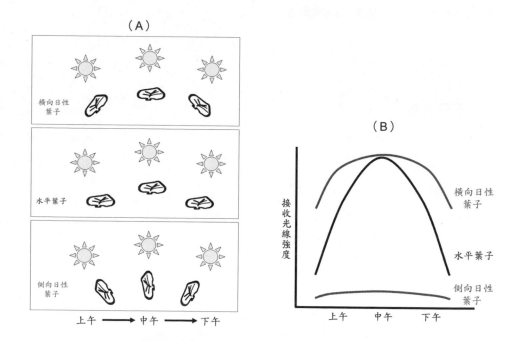

圖二：不同行為特性的葉子於白天中不同時段的受光強度（修改自 Silvertown and Gordon, 1989）。
（A）具橫向日性、維持水平方向與具側向日性的葉子，其受日光照射情形的示意圖；
（B）不同行為特性的葉子於不同時段的受光強度比較。

（Chen, *et al.*, 2012; Lee, *et al.*, 2014; Silvertown and Gordon, 1989）。換句話說，某項植物行為是否屬於向性，與其「是否屬於生長」無關。

葉子的向日性可透過葉柄基部的運動構造：葉枕（pulvinus）的膨壓變化所引發。葉枕驅動的運動速度可以很快，例如錦葵科花葵屬的副瓣對消錦葵（*Lavatera cretica*），其葉子的向日性運動可達每小時偏轉 40 度角。另一方面，向日性也可能是因生長所引發，而不一定是透過細胞的膨壓變化，例如許多具追日性的植物器官不具葉枕，尤其是莖與花，他們透過局部組織生長的方式產生追日行為，但此種生長屬於不可逆的細胞擴展（Vandenbrink, *et al.*, 2014），與引發向光性的生長方式類似，但此領域的研究極少。

向日性的感光構造為何？對向日葵莖的向日性研究發現其感光受器可能為葉，當去除幼葉（長度小於四公分）後，於數天內可抑制其追日行為；但若去除成熟葉（長度大於四公分）則使追日行為消失，直到幼葉發育成熟（Vandenbrink, *et al.*, 2014），但葉子是否確實為感光受器仍須進一步研究。除了葉子之外，科學家也發現具向日性的高山植物草玉梅（*Anemone* rivularis）花具有追日行為，其花瓣為感光受器（Zhang, *et al.*, 2010）；而雪毛茛（*Ranunculus adoneus*）的感光受器位於莖的頂端，也就是總花梗（Sherry and Galen, 1998）。

結案

◎「是否屬於不可逆的生長」並不是判斷向性的條件。

◎向日葵的追日行為（向日性），其反應方向與刺激方向有關，應屬向性。

◎部分植物器官的追日行為可能屬於生長現象。

情
資
來
源

Campbell, N. A. and Reece, J. B. 2005. 生物學第六版。(鐘楊聰等人譯)。臺北市：偉明圖書有限公司。

Chen, J., Moreau, C., Liu, Y., Kawaguchi, M., Hofer, J., Ellis, N., and Chen, R. 2012. Conserved genetic determinant of motor organ identity in *Medicago truncatula* and related legumes. *Proc. Natl. Acad. Sci. U. S. A.* 109(29): 11723-11728.

Ehleringer, J. and Forseth, I. 1980. Solar tracking by plants. *Science*. 210(4474): 1094-8.

Hopkins, W. G. and Hüner, N. P. A. 2013. 植物生理學第四版。(徐善德、廖玉琬編譯)。臺北市：偉明圖書有限公司。

Lee, H., Garrett, W. M., Sullivan, J., Forseth, I. and Natarajan, S. S. 2014. Proteomic analysis of the pulvinus, a heliotropic tissue, in *Glycine max. Int. J. Plant Biol.* 5(1): 8-12.

Postlethwait, J. H. and Hopson, J. L. 2007. *Modern Biology* Chapter 31: Plant Responses. Holt, Rinehart and Winston.

Sherry, R. A. and Galen, C., 1998. The mechanism of floral heliotropism in the snow buttercup, *Ranunculus adoneus. Plant Cell Environ.* 21: 983–993.

Silvertown, J. and Gordon, D. M. 1989. A Framework for Plant Behavior. *Annu. Rev. Ecol. Syst.* 20: 349-366.

Vandenbrink, J. P., Brown, E. A., Harmer, S. L. and Blackman, B. K. 2014. Turning heads: the biology of solar tracking in sunflower. *Plant. Sci.* 224: 20-26.

Zhang, S., Ai, H-L., Yu, W-B., Wang, H. and Li, D-Z. 2010, Flower heliotropism of *Anemone rivularis* (Ranunculaceae) in the Himalayas: effects on floral temperature and reproductive fitness. *Plant Ecol.* 209(2): 301–312.

案例 29

除了以生長素解釋植物向光性現象，還有其他機制嗎？

　　幾乎所有的生物教科書對向光性機制的解釋，都是「莖頂或芽鞘頂端透過生長素的橫向運輸，使背光面含有較高濃度的生長素，生長素的不對稱分佈引發不對稱的生長」。但許多植物並不符合上述描述，自 80 年代起有另一假說崛起，新發現的機制為何？有哪些證據？

偵查與破案

一、傳統向光性機制

　　向光性的產生機制，生物教科書常以「因照光刺激，引發植物生長素的橫向運輸，使生長素累積於莖頂的背光面，生長素的不對稱分佈引發不對稱的生長，造成背光面生長較快，進而引起莖頂朝向光源彎曲」解釋，此假說稱為「喬羅尼－溫特假說」（Cholodny-Went）也稱為「生長素不均勻假說」。

二、另一假說崛起

　　約翰・布魯因斯瑪（Johan Bruinsma）等人於 1975 年以向日葵幼苗進行研究時，發現單側藍光的刺激並不會使生長素不均勻分佈，長谷川 宏司（Koji Hasegawa）等人於 80 年代以蘿蔔為研究材料，發現向光側可累積抑制生長的物質，但生長素的分布卻不具兩側差異，故莖頂向光彎曲應是由抑制生長或抑制生長素作用的物質所引起。布魯因斯瑪與長谷川於 1990 年共同提出「抑制物質不均勻假說」，也稱為「布魯因斯瑪－長谷川假說」（Bruinsma and Hasegawa, 1990）。目前為止，已證明燕麥，玉米，蘿蔔，向日葵與豌豆等植物的其向光性並非由生長素梯度調節，也已在許多植物中鑑定出引發向光性的生長抑制物質（表一）。

表一：引發植物向光性行為的生長抑制物質（統整自 Hasegawa, *et al.*, 2000、2002、陳，1999）。

物種	生長抑制物質	
	英文名稱	中文名稱
蘿蔔	raphanusanins	蘿蔔寧
	4-methylthio-3-butenyl isothiocyanate	4- 甲硫基 -3- 丁烯基異硫氰酸酯
玉米	Benzoxazolinones	苯並噻唑啉酮類物質
	6-methoxy-2-benzoxazolinoe	6- 甲氧基 -2- 苯並噻唑啉酮
向日葵	8-epixanthatin	8- 表 - 蒼耳定
水芹	4-hydroxy-2,3-dimethyl-2-nonen-4-olide	4- 羥基 -2,3- 二甲基 -2- 壬烯 -4- 內酯

結案

◎向光性的機制一直以「生長素不均勻分佈」假說作為課程內容。

◎上世紀 80 年代開始，另一「生長抑制物質不均勻分佈」假說崛起，逐漸占據一席之地。

情資來源

Bruinsma J. and Hasegawa K. 1990. A new theory of phototropism– its regulation by a light-induced gradient of auxin-inhibiting substances. *Physiol.Plant*. 79: 700–704.

Hasegawa, T., Yamada, K., Kosemura, S., Yamamura, S. and Hasegawa, K. 2000. Phototropic stimulation induces the conversion of glucosinolate to phototropism-regulating substances of radish hypocotyls. *Phytochemistry*. 54(3): 275-279.

Hasegawa, T., Yamada, k., Shigemori, H. Hasegava, K., Miyamoto, K. and Ueda, J. 2002. Isolation and identification of a growth inhibitor from blue light-illuminated cress seedlings. *Plant Growth Regul*. 37(1): 45–47.

陳汝民，1999。MBOA 分佈不均勻是引起玉米胚芽向光性運動的主要原因。植物學報。41(3)，296-300。

第七偵查室

生態學

案例 30

高中教科書對能量塔的定義正確嗎？十分之一法則的源起為何？

　　生態系中各營養階層的能量流轉與物質循環，一直是高中生物教材中的重要一環，也是常見考題範疇。民國 92 年生物科指考中（第 34 題），比較不同數量之營養階層的食物鏈間消費者總能量的大小。對學生與對高中教師而言，很難完整又正確地解釋其答案與背後原理。高中生物教科書對生態塔的定義並不正確，到底生態塔是什麼？它在生態學中的意義為何？能量塔的十分之一法則是怎麼來的？

偵查與破案

一、考題說明與常見解法

　　民國 92 年生物科指考第 34 題：研究人員在甲、乙兩個不同的生態系調查後，發現兩個生態系的生產者總能量相同，甲生態系只有初級和二級消費者，乙生態系則有初級、二級、三級和四級消費者。如果其他的因素都一樣，則下列何項敘述正確？

　　（A）甲、乙兩個生態系消費者的總能量都小於生產者的總能量

　　（B）甲生態系的消費者總能量小於生產者的總能量，但乙生態系則相反

　　（C）甲生態系的消費者總能量大於乙生態系的消費者總能量

　　（D）乙生態系的消費者總能量大於甲生態系的消費者總能量

　　（E）甲、乙兩個生態系的消費者總能量相等

　　大考中心提供的答案為 A 與 C。師生很容易推論 A、B 兩選項，但為何剩下選項中答案為 C，傷透大家的腦筋。常見解題方式如下：

1. 許多學生常以「能量塔符合十分之一律」的理由，認為若生產者總能量的數值為 10,000，則初級、二級、三級和四級消費者的總能量數值依序為 1,000、100、10 與 1，則甲生態系的消費者總能量應為 1,000+100，乙生態系的消費者總能量應為 1,000+100+10+1，故乙生態系的消費者總能量應大於甲生態系（1,111>1,100），此推論支持 D 選項（圖一）。

2. 許多高中教師以「營養階層越多，能量的散失就越多」為立論基礎，在營養階層較多的生態系中，因能量散失較多，所以留在生物體內的總能量即較少（圖二），甲生態系的消費者總能量為 $X-(x1+x2)$，乙生態系的為 $X-(x1+x2+x3+x4)$，因此甲生態系的消費者總能量（散失較少）應大於乙生態系（散失較多）。此推論支持 C 選項。

3. 部分師生的解題策略，是尋找科學家調查研究所得的能量塔數據，比

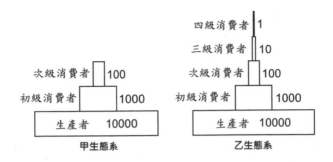

圖一：以「十分之一法則」推論甲、乙生態系消費者總能量。

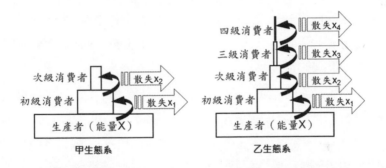

圖二：以「營養階層越多，能量散失就越多」推論甲、乙生態系消費者總能量。

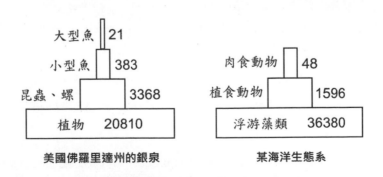

圖三：比較實際能量塔數值（kcal/m² · y）。

較具不同長短食物鏈的生態系，其各營養階層的能量數值，就可推論出食物鏈的長短對消費者總能量的效應。例如銀泉的水域生態系[註1]（圖三），其能量塔由低至高的數值依序為：20,810、3,368、383、21（$kcal/m^2.y$），而某一海域生態系[註2]則為：36,380、596、48（$kcal/m^2.y$），後者雖營養階層較少，且生產者能量高於前者（36,380>20,810），但其消費者總能量卻低於前者（596+48<3,368+383+21），以此例推論應支持 D 選項。

二、能量塔中各數值的意義

高中生物教科書對能量塔的定義為「生態系中各營養階層所含的總能量，其單位為焦耳或大卡（Kcal），或是卡／平方公分」（不同於圖三能量塔的單位）。事實上，這樣的定義與單位並不合適。

能量塔是指能量在各營養階層間的流動速率，而非各營養階層之生物體體內的能量總和，能量塔的單位常為「單位時間（年）、空間（平方公尺）內流經的能量大小（焦耳或大卡）」（Chapman and Reiss, 1999）。數量塔與生物量塔可由短期內所獲取的樣本獲得數據（數量與質量），但能量塔必須經長期觀測，才能計算能量在各營養階層間的流通速率，並非單純由數量塔或生物量塔換算生物體內能量而得。

能量塔的另一名稱為生產力塔（Pyramid of productivity）更能表達其意義，「生產力」是指一營養階層於單位面積（或體積）與單位時間內可提供給下一營養階層的能量流動速率（亦可用質量或碳量的流動速率表示）。能量由一營養階層傳遞給下一階的過程中，必定有能量的散失，若以一個三階層食物鏈中

【註1】http://www.globalchange.umich.edu/globalchange1/current/lectures/kling/energyflow/highertrophic/trophic2.html(檢索日期：2015 年 12 月 1 日)
【註2】https://en.wikipedia.org/wiki/Food_web(檢索日期：2015 年 12 月 1 日)

的初級消費者為例（圖四），前一營養階層（生產者）的生產力為 P_1，I_2 代表被初級消費者吃下之食物所攜帶的能量，D_1 代表未被捕食的能量（$D_n = P_n - I_{n+1}$），生產力中被下一階捕食的比例，稱為取食效率（exploitation efficiency）。即使被捕食後，許多能量未被消化吸收而排出（圖四中以 W_n 表示），被消化吸收的能量占捕食攝入能量的比例，稱為同化效率（assimilation efficiency）。即使已吸收進入體內的能量，也會因生物的行為、生理活動而散失於環境中，例如產生體熱、呼吸作用過程中散失熱能等，這些因生理活動而散失的能量以 R_n 表示，生物所消化吸收的能量最後仍儲存於身體，而未因生理活動而散失的比例，稱為淨生產效率，而粗生產效率是指生物由光合作用（針對生產者）或自食物中（消費者）所經同化作用所獲得能量的效率。

以圖四中的消費者為例，其各項能量流轉速率計算如下：

$$取食效率 = \frac{I_n}{P_{n-1}} \quad；同化效率 = \frac{I_n - W_n}{I_n}$$

$$淨生產效率 = \frac{(I_n - W_n) - R_n}{I_n - W_n} = \frac{P_n}{I_n - W_n}$$

$$粗生產效率 = \frac{I_n - (W_n + R_n)}{I_n} = \frac{P_n}{I_n}$$

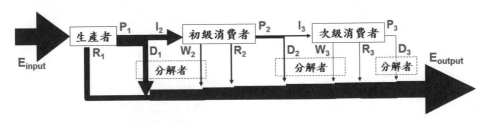

圖四：三階層食物鏈的能量流轉（各代號意義請見內文說明）。

生態效率（營養階層間的轉換效率，trophic efficiency or ecological efficiency）

$$= 取食效率 \times 同化效率 \times 淨生產效率 = \frac{P_n}{P_{n-1}}$$

總而言之，當生產者可傳遞至初級消費者的能量流動速率（P_1），在傳遞至初級消費者之前與之後，皆有能量流失，結果初級消費者可傳遞至次級消費者的能量流動速率（P_2）會減少許多。以此例而言，所謂生產力塔（能量塔）即是 P_1、P_2 與 P_3 的塔狀關係（圖五）。

三、由生態塔推知消費者總能量

十分之一法則是指「營養階層間能量流動速率的轉換效率很低，大約為 10%」，並非「某一特定時間點各營養階層總能量間的比例關係」，也就是能量塔的概念不是用來表達各營養階層總能量的差異，而是用來說明能量在營

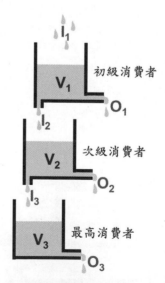

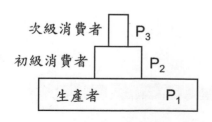

圖五：三階層食物鏈的能量塔。　　　圖六：以流水與積水的模型模擬能量在各營養
　　　　　　　　　　　　　　　　　　　　　階層的流動與累積情形。

養階層間流動的效率及損耗。因此不宜如前文用「十分之一法則」推論甲、乙生態系消費者總能量的差異（圖一）。

能量塔的數值呈現的是能量流動的速率，那可以推論消費者總能量嗎？答案是可以，但需長期監測，以計算各項能量流轉速率後，方可推論，就像是無法由降雨速率直接推算一湖泊的水量。

為了驗證營養階層的多寡如何影響消費者的總能量，可建立簡化的模型來模擬能量的累積情形。若能量的流動與累積如同流水與積水一樣（圖六），若水流入一水塔的流速為 I_n（$n \geq 1$），水流出該水塔的路徑有二，一為流入下一階的水塔（流速為 I_{n+1}），另一為流失至水塔外（流速為 O_n，即圖四中的 $W_n+R_n+D_n$），該水塔的積水體積為 V_n。若進出水塔的流速自始保持一致（$I_n = I_{n+1}+O_n$），則水塔的積水體積（V_n）維持為 0。若水塔有積水（$V_n > 0$），則代表至少有一段時間流入速率大於流出速率（$I_n > I_{n+1}+O_n$）。以此例模擬營養階層間的能量流動，每營養階層需先歷經一段「能量輸入速率大於輸出速率」，而之後才轉變為「能量輸入速率等於輸出速率」而達平衡。

若一營養階層一開始無能量流失（$I_{n+1}+O_n = 0$），此時其能量累積速率為 I_n，隨後因能量流失（$I_{n+1}+O_n$）的幅度增加，使得能量累積速率（$I_n-(I_{n+1}+O_n)$）逐漸減少。以物體運動比擬，當「初速」為 v_0，「加速度」為 a，則時間 t 時，該物體移動距離為 s，$s = v_0 t +\frac{1}{2}at^2$；一營養階層的能量累積的初速為 I_n，能量累積的加速率為 a_n（a_n 為負值，使得能量累積速率逐漸減少而終止於 0），則時間 t 時，該營養階層累積的能量為 V_n，$V_n = I_n t +\frac{1}{2}a_n t^2$。假設能量由生產者流入初級消費者的初速為 100 千卡／平方公尺·年（無能量流失），隨後以每年減少 10% 的幅度衰減（即能量累積的加速率 $=a_n = (-10\% \times I_n)$／年，則各階層消費者的相關參數與總能量計算公式如表一。因最高級消費者的能量流失只有 O 而無 I（無下一階消費者），故其能量流失的速率應與其他階層的消費者不同，假設最高消費者每年能量累積的速率以每年減少 7.5% 的幅度衰減（$a_n = (-7.5\% \times I_n)$／年，其餘消費者為 10%），直到各階能量流失速率達能量流入的

100%（$I_{n+1}+O_n=I_n$），此時能量累積速率為 0。以上述條件分別計算具二階與四階消費者的食物鏈中，其消費者能量總合的變化（圖七）：在第 1 至第 7 年間，具二階消費者的能量總合略低於具四階消費者的，但當能量進出達平衡時（第 13 年以後），具二階消費者的能量總合（約 566.625 千卡 / 平方公尺）大於具四階消費者的（約 555.666 千卡 / 平方公尺）。故以上述條件的模擬計算後，可支持 92 指考第 34 題的 D 選項（乙生態系的消費者總能量大於甲生態系的消費者總能量），但此案例實際上可能存在，也可能不存在。

當能量進出達平衡時，具二階消費者的能量總合必定大於具四階消費者的嗎？如果改變上述模擬所設定的參數，例如改變能量階層間的傳遞效率（I_{n+1} ∕ I_n）與每年能量累積加速率（a_n），結果又會如何？

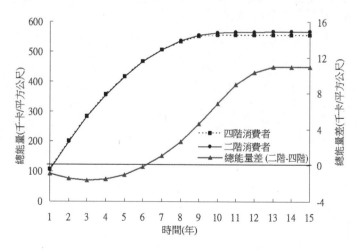

圖七：依表一的參數設定，算出之四階、二階消費者總能量與總能量差隨時間的變化。

表一：各營養階層之消費者總能量的參數設定與計算公式。t 為時間（年）；a_n 為各階層能量累積的加速率，皆為負值，即能量累積速率的衰退速率。

營養階層數		四階消費者	二階消費者
參數設定	I	I_1 = 100 千卡／平方公尺·年 I_2 = 10 千卡／平方公尺·年 I_3 = 1 千卡／平方公尺·年 I_4 = 0.1 千卡／平方公尺·年	I_1 = 100 千卡／平方公尺·年 I_2 = 10 千卡／平方公尺·年
	A	a_1 = -10 千卡／平方公尺·年^2 a_2 = -1 千卡／平方公尺·年^2 a_3 = -0.1 千卡／平方公尺·年^2 a_4 = -0.0075 千卡／平方公尺·年^2	a_1 = -10 千卡／平方公尺·年^2 a_2 = -0.75 千卡／平方公尺·年^2
各階消費者能量	初級	$V_1 = (I_1 \cdot I_2)\,t + \frac{1}{2}a_1 t^2$ $= 100 \cdot t - \frac{1}{2} \cdot 10 \cdot t^2$	$V_1 = (I_1 \cdot I_2)\,t + \frac{1}{2}a_1 t^2$ $= 100 \cdot t - \frac{1}{2} \cdot 10 \cdot t^2$
	次級	$V_2 = (I_2 \cdot I_3)\,t + \frac{1}{2}a_2 t^2$ $= 10 \cdot t - \frac{1}{2} \cdot 1 \cdot t^2$	$V_2 = I_2 t + \frac{1}{2}a_2 t^2$ $= 10 \cdot t - \frac{1}{2} \cdot 0.75 \cdot t^2$
	三級	$V_3 = (I_3 \cdot I_4)\,t + \frac{1}{2}a_3 t^2$ $= 1 \cdot t - \frac{1}{2} \cdot 0.1 \cdot t^2$	
	四級	$V_4 = I_4 t + \frac{1}{2}a_4 t^2$ $= 0.1 \cdot t - \frac{1}{2} \cdot 0.0075 \cdot t^2$	
消費者總能量		$V_1 + V_2 + V_3 + V_4$	$V_1 + V_2$

　　若最高消費者的能量累積加速率與其餘消費者一致，即 $a_n = (-10\% \times I_n)$／年，則無論能量階層間的傳遞效率（$I_{n+1}／I_n$）高或低，具四階消費者的能量總合皆大於具二階消費者的（圖八），此時的能量累積情形就與 92 指考第 34 題的 D 選項相反。

　　若最高級消費者的能量加速率為（$-7.5\% \times I_n$）／年，其餘消費者的為（$-10\% \times I_n$）／年，則只有在能量階層間的傳遞效率（$I_{n+1}／I_n$）較低時（階層間傳遞效率小於 20%），具四階消費者的能量總合才大於具二階消費者的（圖九）。若最高級消費者的能量加速率降低至（$-5\% \times I_n$）／年，其餘消費者的為（$10\% \times I_n$）／年，則能量階層間的傳遞效率小於 50% 時，就可呈現四階消費者的能量總合大於二階消費者的現象（圖十）。綜上所論，92 指考第 34

題的 D 選項（乙生態系的消費者總能量大於甲生態系的消費者總能量）必須在特定的條件範圍內方可成立：

1. 最高級消費者的能量累積加速率（a_n）需小於其餘消費者，且差距越大越容易成立。

2. 能量階層間的傳遞效率（$I_{n+1}／I_n$）需較低。

簡而言之，各階消費者的能量總和與其能量累積與流失的歷程有關，以模型模擬的結果可知，若 92 指考第 34 題的 C 選項成立（較少階層消費者的總能量總和大於較多階層的消費者的），則最高級消費者的能量累積速度的衰退程度必須小於其餘階層，且各階層的間能量傳遞比率必須很低，方可產生「兩階層食物鏈的第二階消費者累積的能量，大於四階層食物鏈的第二階消費者，且多出的能量大於四階層食物鏈的第三、四階消費者總和」（因為第二階傳給第三、四階的能量很少）的現象。

四、「十分之一法則」是怎麼來的？

十分之一法則又稱琳德曼能量轉換效率法則，為雷曼・勞雷爾・琳德曼（Raymond Laurel Lindeman）於 1942 年的研究報告中，以自己在賽達伯格湖（Lake Cedar Bog）的研究數據與昌西・喬岱（Chancey Juday）對門多塔湖（Lake Mendota）的研究數據中（表二），提出營養階層間的能量流動必有能量散失，故能量在營養階層間的轉換效率不高，且能量階層越高則能量轉換效率越高的法則。其中後者已被其他學者證實能量轉換效率也不一定與能量階層的高低有關（Chapman and Reiss, 1999）。

這篇論文是琳德曼最後一篇論文，在他過世（27 歲）後才刊登。他以 Λ_n 表示一營養階層的能量隨時間的變化情形，其中 Λ_n 代表第 n 階營養階層能量總和，λ_n 代表從上一階（n-1）營養階層流入第 n 階的能量速率，λ'_n 代表在第 n 階能量的流失速率，其中 λ_n 被定義成第 n 階的生產力，因為各營養階層

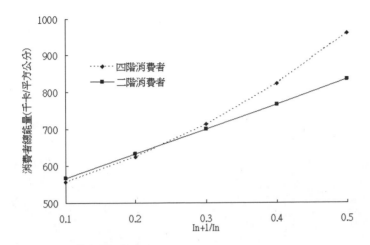

圖八：若各階層能量加速率（an）皆一致（皆為-10% x In），在不同階層間的傳遞效率（I_{n+1} /I_n）狀態下的消費者總能量。

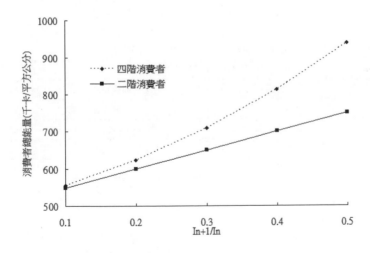

圖九：若最高級消費者的能量加速率為（-7.5% x In）／年，其餘消費者的為（-10% x In）／年，在不同階層間的傳遞效率（I_{n+1}/I_n）狀態下的消費者總能量。

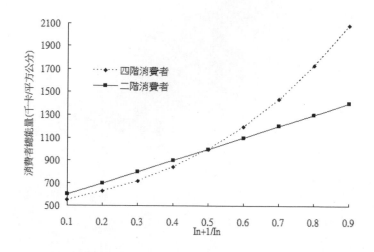

圖十：若最高級消費者的能量加速率為（-5% x ln ）／年，其餘消費者的為（-10% x ln ）／年，在不同階層間的傳遞效率（I_{n+1} / I_n）狀態下的消費者總能量。

表二：兩個湖泊生態系各營養階層的能量轉換效率（Lindeman, 1942）。

營養階層	營養階層間的轉換效率	
	門多塔湖	賽達伯格湖
生產者	0.4%	0.1%
初級消費者	8.7%	13.3%
次級消費者	5.5%	22.3%
三級消費者	13.0%	—

必有能量流失（$\lambda'_n < 0$），故 $\lambda_0 > \lambda_1 > \lambda_2 > \lambda_3 > \lambda_4 > \lambda_5$。這篇論文也討論湖泊在消長與老化過程中的能量流動情形，但並沒有描述生產力在營養階層間的轉換效率為十分之一（或 10%），十分之一法則應為後人的詮釋。許多學者的研究數據亦已指出，營養階層間的轉換效率變異很大（不一定恰好為 10%），例如在草原中的小型草食性哺乳類的能量轉換效率小於 0.1%，而捕食浮游藻類的浮游動物，轉換效率可能大於 20%（Chapman and Reiss, 1999）。琳德曼的

這篇論文奠定了生態系統中能量流動的量化觀念，為生態學的理論發展奠定了基礎（曾與李，2004）。

結案

◎高中生物教科書對能量塔的定義為「生態系中各營養階層所含的總能量，其單位為焦耳或大卡，或是卡／平方公分」，此定義是錯誤的。

◎能量塔是指能量在各營養階層間的流動速率，單位常為「單位時間（年）、空間（平方公尺）內流經的能量大小（焦耳或大卡）」。

◎能量塔又稱生產力塔，生產力是指一營養階層於單位面積（或體積）與單位時間內可提供給下一營養階層的能量流動速率。

◎本文建立簡化的模型來模擬能量的累積情形，推論若民92指考第34題的C選項成立（較少階層消費者的總能量總和大於較多階層的消費者的），則最高級消費者的能量累積速度的衰退程度必須小於其餘階層，且各階層的間能量傳遞比率必須很低。

◎十分之一法則又稱琳德曼能量轉換效率法則，為琳德曼於1942年提出營養階層間的能量流動必有能量散失，故能量在營養階層間的轉換效率不高。但並沒有描述生產力在營養階層間的轉換效率為十分之一，十分之一法則應為後人詮釋。

情資來源

Chapman, J. L. and Reiss, M. J.1999. *Ecology: Principles and Applications*. Cambridge University Press.
Juday, C. 1940. The annual energy budget of an inland lake. *Ecology*. 21 : 438-450.
Lindeman, R.L., 1942. The trophic-dynamic aspect of ecology. *Ecology*. 23: 399-418.
曾威揚、李培芬，2004。系統論觀點下的生態學。全球變遷通訊雜誌，44，33-36。
本文修改自：蔡任圃（民105）。可由能量塔的結構推知消費者總能量嗎。科學教育月刊，394，50-59。

案例 31

為何硝化細菌、亞硝化細菌、硫化細菌是化學自營生物？

　　自營菌包含光合自營菌與化學自營菌，光合自營菌可行光合作用，化學自營菌可行化學自營，什麼是化學自營？為什麼生物課程介紹生態系中的元素循環時，參與氮元素循環的硝化細菌與亞硝化細菌，及參與硫元素循環的硫化細菌，皆是屬於化學自營生物？要如何判斷化學自營菌？它們會進行特殊代謝反應嗎？

偵查與破案

一、硝化細菌、亞硝化細菌如何參與氮元素循環？硫化細菌如何參與硫元素循環？

　　1. 氮循環與硝化細菌、亞硝化細菌

　　圖一為高中生物課程中，所描述之氮元素的循環與各種生物所參與的作用。生態系中的生產者，可吸收銨鹽與硝酸鹽等無機含氮物質，轉化成含氮的有機物質（例如胺基酸、蛋白質、核苷酸、核酸、部分脂質與維生素等），使得氮元素從無機物（物質世界）轉化成有機物（進入生命世界）。銨鹽與硝酸鹽的形成，可由固氮菌經固氮作用，將大氣中的氮轉化成氨，氨再與土壤中的水作用，形成銨鹽（NH_4^+）。銨鹽（NH_4^+）可在亞硝化菌與硝化菌的作用下，轉化成硝酸鹽（NO_3^-）。生物體內的含氮有機物質，經代謝可產生其他種類的含氮有機物質，也可帶謝形成無機物氨（NH_3）。

　　本案件的主角－亞硝化菌與硝化菌，參與了氮循環中的硝化作用（nitrification）。硝化作用是指銨鹽（NH_4^+）氧化成硝酸鹽（NO_3^-）的過程，包含兩個步驟，各由兩群微生物參與執行。第一步為銨鹽（NH_4^+）

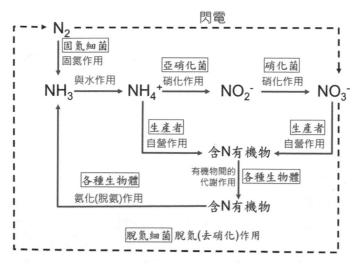

圖一：高中生物課程中所介紹之「生態系中氮元素的循環與各種生物所參與的作用」。「自營作用」是指生產者消耗能量，將無機物轉化成有機物的過程，此處指含氮無機物轉化成含氮有機物的過程。

氧化成亞硝酸鹽（NO_2^-），雖然高中生物課程以「亞硝化菌」描述執行此反應的微生物，但此反應的執行者，包含了真細菌與古細菌，且其反應為銨鹽的氧化，固在生態學中是以氨氧化細菌（AOB）與氨氧化古菌（AOA）描述之，要注意這些微生物的名稱，是氨「氧化」細菌 /古菌，不是「氨氧」化細菌 / 古菌。硝化作用的第二步為亞硝酸鹽（NO_2^-）氧化成硝酸鹽（NO_3^-），高中生物課程以「硝化菌」描述執行此反應的微生物，在生態學中也以「亞硝酸鹽氧化菌」（NOB）稱呼它們。無論是硝化作用中的第一或第二步驟，皆可使執行的微生物獲得能量而產生 ATP，反應式如下：

硝化作用第一步驟（由 AOB 或 AOA 執行）：

$2NH_4^+ + 3O_2 \rightarrow 2NO_2^- + 2H_2O + 4H^+ +$ 能量（用於形成 ATP）

硝化作用第二步驟（由 NOB 執行）：

$2NO_2^- + O_2 \rightarrow 2NO_3^- +$ 能量（用於形成 ATP）

2. 硫循環與硫化細菌

生態系中的生產者，可吸收硫酸鹽等無機含硫物質，轉化成含硫的有機物質（例如胺基酸、蛋白質、部分脂質與維生素等）。硫元素的循環可由硫化菌經氧化作用，將環境中的硫化氫（H_2S）氧化成硫分子（S），硫分子（S）再氧化形成亞硫酸鹽（SO_3^{2-}）或硫酸鹽（SO_4^{2-}）。生物體內的含硫有機物質，經代謝可產生其他種類的含硫有機物質，也可帶謝形成無機物硫化氫（H_2S）。

硫化菌所參與之含硫物質的氧化作用，也稱為硫化作用。硫化作用可使執行的微生物獲得能量而產生 ATP，其反應式如下：

$$2H_2S + O_2 \rightarrow 2S + 2H_2O + 能量（用於形成 ATP）$$
$$2S + 2H_2O + O_2 \rightarrow 2H_2SO_3 + 能量（用於形成 ATP）$$

含氮無機物與含硫無機物各經過硝化作用與硫化作用，最後氧化成硝酸鹽與硫酸鹽，這些反應過程中，可由氮元素與硫元素的氧化數變化，得知硝化作用與硫化作用皆屬於氧化過程。利用氧化數的變化來判斷氧化還原反應的方式，可見案例 6。由此亦可知，亞硝化菌、硝化菌、硝化作用與硫化菌、硫化作用等名詞中的「化」字，應是指

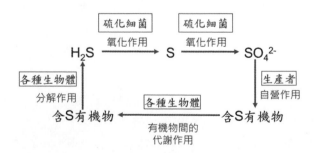

圖二：生態系中硫元素的循環，與各種生物所參與的作用。此處的「自營作用」指含硫無機物轉化成含硫有機物的過程。

「氧化」之意。因此，除高中教科書外，大多數生態學或微生物書籍或文獻，多以「硫氧化細菌」而非「硫化細菌」描述這些氧化無機硫化物的細菌。

因為硝化作用與硫化作用的過程中可產生 ATP，因此這些反應的執行者亞硝化菌、硝化菌與硫化菌被歸類於生產者，背後原因要從生產者的定義開始說起。

二、什麼是自營生物與化學自營生物？

生態系中的生產者包含綠色植物、藻類與許多種的細菌，常被稱為自營（性）生物（autotroph）。所謂自營生物是指可於環境中獲得能量，將無機物轉變成有機物，這些有機物則可建構其身體組成，故為「自己營造出身體組成成分」的自營生物。自營生物可利用二氧化碳、水與無機鹽等無機物，合成醣類、胺基酸、核苷酸等有機分子，這些同化作用所需的能量，則由環境中的光能或化學能所驅動，化學能是指透過化學反應所釋放而使生物體獲得的能量。以光能驅動有機分子合成的自營生物稱為光合自營者（photoautotrophs），而以化學能驅動有機分子合成的自營生物稱為化學自營者（chemoautotrophs）。

在生物體獲得有機物的過程中，依據碳元素的來源、能量的來源與電子的來源，可將生物體的營養方式區分成不同類型（表一），一般自營其實包含了自營生物與無機營生物，也就是在合成有機物的過程中，碳元素來自無機物（自營生物，autotrophs）與電子來自無機物（無機營生物，lithotrophs）兩種指標，前者字根的 auto 代表自我，troph 代表營養或消耗，autotroph 代表自我營養；litho 代表岩石，lithotroph 代表「消耗岩石者」（rock-eater）；這些字根皆來自希臘文。自營與無機營常常同時發生，也就是合成有機物的過程中，若碳元素來自無機物，電子也常常來自於無機物。

合成有機物的過程中，若依據驅動有機物合成的能量來源，可分為光營

與化營生物。前者由光能驅動，後者由放能的化學反應（常是氧化反應）所釋放的能量趨動，且無論是有機物或無機物的氧化反應，只要能驅動有機物合成，皆屬於化營生物。

表一：生物體獲得有機物的過程中，依據碳元素的來源、能量的來源與電子的來源，可區分成不同類型（修改自：Willey, *et al.*, 2014）。

分類依據	類型	性質描述
碳元素的來源	自營	以無機物——二氧化碳作為碳元素來源
	異營	以有機分子作為碳元素來源
能量的來源	光營生物	以光能做為能量來源
	化營生物	以氧化有機物或無機物所釋放的能量，作為能量來源
電子的來源	無機營生物	由無機物分子提供電子
	有機營生物	由有機物分子提供電子

若將上述各種營養方式經由整合，可將生物體的營養方式歸納成五種（表二），其中以光無機自營生物（photolithoautotroph）、化學無機自營生物（chemolithoautotroph）、化學有機異營生物（chemoorganoheterotroph）三種最為常見。生物課堂上，將硝化細菌、亞硝化細菌與硫化細菌歸類於化學自營菌，就是指上述的「化學無機自營生物」。

三、硝化細菌、亞硝化細菌、硫化細菌如何作為化學自營生物？

由上文可知，硝化細菌、亞硝化細菌與硫化細菌等微生物，可透過氧化無機物而獲得能量（產生 ATP）。這些氧化反應中失去電子與獲得電子的物質，與各反應的自由能變化可見表三，這些氧化反應的自由能皆為負值，代表皆為釋能反應。有關自由能的意義與判讀方式，可見案例 11。

表二：生物體的五種營養方式（修改自：Willey, *et al.*, 2014）。

營養方式	碳元素來源	能量來源	電子來源	例子
光無機自營生物	二氧化碳	光能	無機物	紫硫菌 綠硫菌 藍綠菌 矽藻
光有機異營生物	有機含碳物質	光能	有機物	紫色非硫菌 綠色非硫菌
化學無機自營生物	二氧化碳	無機化學能	無機物	硫（氧化）細菌 氫（氧化）細菌 產甲烷菌 亞硝化細菌 硝化細菌 鐵（氧化）細菌
化學無機異營生物	有機含碳物質	無機化學能	無機物	部分硫（氧化）細菌可兼行，例如白硫菌屬（*Beggiatoa*）
化學有機異營生物	有機含碳物質	有機化學能	有機物	大部分生物

　　化學自營生物利用表三中的各種氧化還原反應獲得能量，驅動了 ATP 的形成，再利用 ATP 與這些無機物質氧化過程所釋出的電子，驅動了無機物質合成有機物質的反應。因此，硝化細菌、亞硝化細菌、硫化細菌符合「利用環境中的能量，驅動無機物合成有機物的反應」的自營者條件，且該能量來自無機物的化學反應，所需的電子亦來自無機物質，故這些微生物屬於「化學無機自營生物」。許多學生在高中課堂中無法想像硝化細菌、亞硝化細菌、硫化細菌屬於生產者，是因為在元素循環的課程中，主要在描述這些微生物所參與的硝化作用與硫化作用，這些反應皆是無機物間的轉換，無法直接與「生產者」（自營者）概念連結。

　　光合自營者（圖三上）利用光能驅動水的分解（光水解作用），產生的電子經過電子傳遞鏈，驅動氫離子跨膜運輸而建立化學滲透壓，再透過化學滲透

表三：各種化學自營菌所進行的氧化反應（修改自 Peterson, 2009）。

反應類型		氧化還原反應式	自由能變化（$\Delta G°'$）/轉移電子數	電子提供者	電子接受者
有氧環境	硫氧化	$HS^- + 2O_2 \rightarrow SO_4^{2-} + H^+$	-750 / 8	HS^-	O_2
	甲烷氧化	$CH_4 + 2O_2 \rightarrow HCO_3^- + H^+ + H_2O$	-750 / 8	CH_4	O_2
	氫氧化	$2H_2 + O_2 \rightarrow 2H_2O$	-460 / 2	H_2	O_2
	鐵氧化[註1]	$4Fe^{2+} + O_2 + 4H^+ \rightarrow 4Fe^{3+} + 2H_2O$	-177.4 / 4	Fe^{2+}	O_2
	錳氧化	$2Mn^{2+} + O_2 + 2H_2O \rightarrow 2MnO_2 + 4H^+$	-100 / 4	Mn^{2+}	O_2
	硝化作用	$2NH_4^+ + 3O_2 \rightarrow 2NO_2^- + 4H^+ + 2H_2O$	-550 / 12	NH_4^+	O_2
無氧環境	硫氧化 /脫氮作用[註2]	$HS^- + 4NO_3^- \rightarrow SO_4^{2-} + 4NO_2^- + H^+$ $5HS^- + 8NO_3^- + 3H^+ \rightarrow 5SO_4^{2-} + 4N_2 + 4H_2O$	-118 / 8 -93 / 40	HS^-	NO_3^-
	產甲烷	$4H_2 + CO_2 \rightarrow CH_4 + 2H_2O$	-131 / 8	H_2	CO_2
	硫酸還原	$SO_4^{2-} + H^+ + 4H_2 \rightarrow HS^- + 4H_2O$	-170 / 8	H_2	SO_4^2

註 1：Groysman, 2010。

註 2：https://nanopdf.com/download/supplementary-table-s3-docx-98k_pdf

磷酸化，產生 ATP；電子最後由 $NADP^+$ 接收而形成 NADPH。上述反應（稱為光反應）所產生的 ATP 與 NADPH，驅動無機物 CO_2 進入卡爾文循環，形成有機物醣類。化學自營者（圖三下）利用無機物氧化釋出電子，電子經過電子傳遞鏈，驅動氫離子跨膜運輸而建立化學滲透壓，再透過化學滲透磷酸化，產生 ATP；電子最後由另一無機物接收而還原。無機物氧化所釋出電子，亦可經由另一電子傳遞鏈，最後由 $NADP^+$ 接收而形成 NADPH。所形成的 ATP 與 NADPH，驅動 CO_2 進入卡爾文循環形成醣類。

由上文可知，自營者需要產生 ATP 與還原性輔酶，再透過 ATP 水解所提供的能量與還原性輔酶氧化所提供的電子，將無機物（二氧化碳）經合成作用

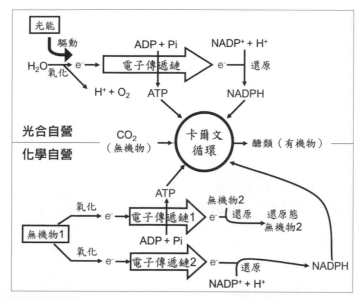

圖三：光合自營與化學自營生物所參與的產 ATP/NADPH 反應（光能驅動 / 無機物氧化）
與卡爾文循環（無機物合成有機物）之間的關係（參考 Ishii, *et al*., 2015、Shively,
et al., 1998）。

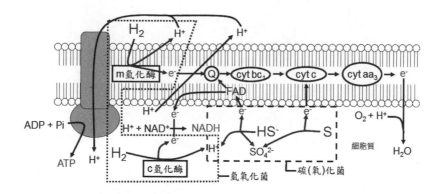

圖四：氫氧化菌與硫氧化菌透過氧化無機物，獲得 ATP 與還原性輔酶的電子傳遞過程（參
考 Madigan, *et al*., 2010）。 m 氫化酶：膜型氫化酶；c 氫化酶：細胞質型氫化酶；
cyt：細胞色素；Q：輔酶 Q/ 泛醌（ubiquinone）。

產生有機物（醣類）。化學無機自營生物實際上是如何透過氧化無機物，而獲得 ATP 與還原性輔酶呢？圖四為氫氧化菌與硫（氧）化菌透過氧化無機物，獲得 ATP 與還原性輔酶的反應機制；圖五為氨氧化菌（亞硝化菌）與亞硝酸鹽氧化菌（硝化菌）的反應機制。這些化學無機自營生物皆是透過氧化無機物引發電子傳遞，最後的電子接收者中，部份如表三所示，這些電子傳遞過程可累積氫離子的化學滲透壓（如圖三電子傳遞鏈 1），驅動 ATP 的形成，但也有部分的電子接收者為氧化態性輔酶（如 NAD$^+$ 或 NADP$^+$，圖三電子傳遞鏈 2），最後可形成還原性輔酶（如 NADH 或 NADPH）。

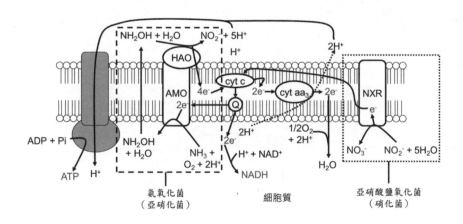

圖五：氨氧化菌（亞硝化菌）與亞硝酸鹽氧化菌（硝化菌）透過氧化無機物，獲得 ATP 與還原性輔酶的電子傳遞過程（參考 Arp and Stein, 2003、Madigan, *et al.*, 2010、Lücker, *et al.*,2010）。AMO：氨單氧化酶；HAO：羥胺氧化還原酶；NXR：亞硝酸氧化還原酶；cyt：細胞色素；Q：輔酶 Q/ 泛醌。

結案

◎亞硝化菌與硝化菌，參與了氮元素循環中的硝化作用。硝化作用是指銨鹽（NH_4^+）氧化成硝酸鹽（NO_3^-）的過程，可使微生物獲得能量而產生 ATP。

◎硫化菌參與硫元素循環的硫化作用，可使微生物獲得能量而產生 ATP。

◎在生物體獲得有機物的過程中，依據碳元素的來源、能量的來源與電子的來源，可將生物體的營養方式區分成不同類型。一般所謂的自營其實包含了自營生物（碳元素來自無機物）與無機營生物（電子來自無機物）。

◎硝化細菌、亞硝化細菌與硫化細菌屬於「化學無機自營生物」。

◎化學自營者利用無機物氧化釋出電子，電子經過電子傳遞鏈，驅動氫離子跨膜運輸而建立化學滲透壓，再透過化學滲透磷酸化，產生 ATP；電子最後由另一無機物接收而還原。無機物氧化所釋出電子，亦可經由另一電子傳遞鏈，最後由 NAD(P)$^+$ 接收而形成 NAD(P)H。所形成的 ATP 與 NAD(P)H，驅動 CO_2 進入卡爾文循環形成醣類。

情
資
來
源

Arp, D. J. and Stein, L. Y. 2003. Metabolism of inorganic N compounds by ammonia-oxidizing bacteria. *Crit. Rev. Biochem. Mol.* Biol. 38(6): 471-95.

Chain, P., Lamerdin, J., Larimer, F., Regala, W., Lao, V., Land, M., Hauser, L., Hooper, A., Klotz, M., Norton, J., Sayavedra-Soto, L., Arciero, D., Hommes, N., Whittaker, M. and Arp, D. 2003. Complete genome sequence of the ammonia-oxidizing bacterium and obligate chemolithoautotroph *Nitrosomonas europaea. J. Bacteriol.* 185(9): 2759-73.

Groysman, A. 2010. *Corrosion for Everybody*. Springer

Ishii, T., Kawaichi, S., Nakagawa, H., Hashimoto, K. and Nakamura, R. 2015. From chemolithoautotrophs to electrolithoautotrophs: CO2 fixation by Fe(II)-oxidizing bacteria coupled with direct uptake of electrons from solid electron sources. *Front. Microbio*l. 6: 994.

Lücker, S., Wagner, M., Maixner, F., Pelletier, E., Koch, H., Vacherie, B., Rattei, T., Damsté, J. S., Spieck, E., Le Paslier, D. and Daims, H.2010. A *Nitrospira metagenome* illuminates the physiology and evolution of globally important nitrite-oxidizing bacteria. *Proc. Natl. Acad. Sci. U. S. A.* 107(30): 13479-84.

Madigan, M. T., Martinko, J. M., Stahl, D. A. and Clark, D. P. 2010. *Brock Biology of Microorganisms* (13th Edition). Benjamin Cummings.

Nitrification. (2018, August 26). In *Wikipedia, the free encyclopedia*. Retrieved June 28, 2018, from https://en.wikipedia.org/wiki/Nitrification

Peterson, J. M. 2009. Diversity and ecology of chemosynthetic symbioses in deep-sea invertebrates . Ph.D. Thesis, Max Planck Institute for Marine Microbiology, Bremen.

Shively, J. M., van Keulen, G. and Meijer, W. G. 1998. Something from almost nothing: carbon dioxide fixation in chemoautotrophs. *Annu. Rev. Microbiol.* 52:191-230.

Willey, J. N., Sherwood, L. M. and Woolverton, C. J. 2014. *Prescott's Microbiology* (9th ED.). McGraw-Hill.

案例 32

物種豐富度與均勻度如何影響物種多樣性？

　　生物學課堂上教導物種豐富度與物種均勻度皆是物種多樣性的指標，其中物種豐富度或均勻度越高，代表物種多樣性越高。許多高中教師授課內容或是坊間參考書、試題詳解等，多有比較不同群集間的物種多樣性的例子，所教導的比較策略為：先比較物種豐富度，物種豐富度較高的群集，其物種多樣性較高，若兩者物種豐富度一樣，再比較物種均勻度，物種均勻度高者的物種多樣性較高。如此「先比物種豐富度再比物種均勻度」用於判斷物種多樣性的方式是否合理？物種多樣性有比較的指標嗎？為何物種多樣性與物種豐富度或均勻度有關？

偵查與破案

一、生物多樣性與物種多樣性

　　生物多樣性的定義在不同的教科書、文獻中略微不同，依據國際性的資料也許比較有「公信力」。1992 年 6 月 5 日於里約熱內盧簽署的聯合國《生物多樣性公約》（CBD）為具有國際法律約束力的條約，由約 168 個國家所簽署，目的為保護與持續發展生物多樣性。《生物多樣性公約》中文版對「生物多樣性」的定義為：「生物多樣性是指所有來源的形形色色生物體，這些來源除其他外，包括陸地、海洋和其他水生生態系統及所有其所構成的生態綜合體；這包括物種內部、物種之間和生態系統的多樣性」。但艦長覺得此段文字的句型與意義較難理解，而將原文翻譯成「生物多樣性是指各種生物間的變異性，不論這些生物是屬於陸域生態系、海洋或其他水域生態系，或屬於生態複合體（ecological complexes）；此變異性包含了物種內、物種間與生態系統的多樣性」。由此定義可知，生物多樣性是指物種內、物種間和生態系統等不同

層次內的變異性／多樣性（diversity），或變化程度（variability）；而在高中生物教科書中，則是以遺傳多樣性（物種內的變異）、物種多樣性（物種間的變異）與生態系統多樣性（環境棲地的變異）來描述。

　　生物多樣性包含了各種層次的變異性，中文的「變異性」概念較為抽象，故常以「多樣性」來描述，也就是「樣態或種類的複雜程度」。生物多樣性（多種層次）當然也包含了物種多樣性（單一層次），物種多樣性是指在一限定的時空裡，生物物種的複雜程度，屬於「物種間」的層次。

《生物多樣性公約》

生物多樣性公約包含前言、公約條文（共 42 條）與三個附件。公約全文可見生物多樣性公約網站：https://www.cbd.int/convention/text/default.shtml，網站中有阿拉伯文、中文、英文、法文、俄文與西班牙文等版本。

二、物種多樣性的指標

　　在一群集中，如何測量、比較物種間的複雜程度？生態學家以機率的概念切入：若一群集的物種組成複雜度很高，則隨機捕捉兩隻生物個體，這兩隻生物個體屬於同一種機率則會很低；若群集的物種組成很單純，則隨機捕捉兩隻個體常常會是同一種。由這個概念所衍生出的物種多樣性指標稱為辛普生多樣性指數（Simpson's diversity index），指「捕捉兩隻個體，兩隻個體屬於同種的機率」，其公式如下：

$$辛普生指數 = \sum_{i=1}^{S} P_i^2$$

Pi 是捕捉之個體屬於第 i 個物種的機率，S 是總物種數。由以下群集為例：某群集共三種物種，A 物種有五隻、B 物種有三隻、C 物種有一隻，共有 9 隻個體。任抓兩隻個體（抓完後放回）而兩個體屬於同種的情形，有以下三種可能性：兩隻皆為 A 種、兩隻皆為 B 種、兩隻皆為 C 種，其機率各是：抓到 A 種個體機率 ^{2}、抓到 B 種個體機率 ^{2}、抓到 C 種個體機率 ^{2}，也就是 $(\frac{5}{9})^2$、$(\frac{3}{9})^2$、$(\frac{1}{9})^2$，此三種情形之機率的總和，即為「捕捉兩隻個體，兩個體屬於同種的機率」。若以辛普生指數的公式計算，A 物種為第 1 種、B 物種為第 2 種、C 物種為第 3 種生物，其算式如下：

$$辛普生指數 = \sum_{i=1}^{3} P_i^2 = P_1^2 + P_2^2 + P_3^2 = (\frac{5}{9})^2 + (\frac{3}{9})^2 + (\frac{1}{9})^2 = 0.4321$$

辛普生指數可用來代表任兩隻個體屬於同一種的機率，其數值越大代表物種多樣性越低（物種組成越單純）。由於辛普生指數和多樣性成負相關，若改以「任取兩隻個體屬於不同種的機率」作為指標，則更能代表物種多樣性的高低，這個指標就是吉尼－辛普生指數（Gini-Simpson index）。由於任取兩個體只可能有兩種情形：兩隻為同種或兩隻為不同種，兩情形各自機率的和為 1（100%），也就是「辛普生指數」與「吉尼－辛普生指數」的和為 1，故「吉尼－辛普生指數」的公式如下：

$$吉尼 - 辛普生指數 = 1 - 辛普生指數 = 1 - \sum_{i=1}^{S} P_i^2$$

若以「吉尼－辛普生指數」作為物種多樣性的指標，比較表一中各群集的物種多樣性大小，探討物種豐富度與物種均勻度兩項因子的角色。表一中的四個群集，總個體數皆一致；甲群集與乙群集之間為物種豐富度相同，但物種均勻度不同，物種均勻度高者（甲群集），其吉尼－辛普生指數較高。丙

群集與丁群集之間為物種均勻度相似，但物種豐富度不同，物種豐富度高者（丙群集），其吉尼－辛普生指數較高。由以上模擬的群集試算後，可得知物種豐富度與物種均勻度任一者一致時，物種多樣性就會由另一者決定。但這個結論無法說明物種豐富度與物種均勻度何者對物種多樣性的影響較大，也無法說明是否應該先比較物種豐富度再比較物種均勻度。

比較表一中的乙群集與丙群集，前者物種豐富度較高但物種均勻度較低，但丙群集的物種多樣性指標較高，這說明了不一定可以由「先比較物種豐富度，後比較物種均勻度」來判斷物種多樣性，且物種豐富度的效應不一定大於物種均勻度。

綜上所論，吉尼-辛普生指數是以「抽樣出不同物種」的機率，應用於比較物種的多樣化程度，而物種豐富度與物種均勻度皆會影響「抽樣出不同物種」的機率，並無何者較為重要或應先比較何者的情形。

表一：物種豐富度或物種均勻度不同但總個體數一樣的群集，比較其物種多樣性指標（吉尼－辛普生指數與香農指數）。

	物種 a	物種 b	物種 c	物種 d	物種 e	總個體數	吉尼-辛普生指數	香農指數
甲群集	10	10	10	10	10	50	0.800	1.609
乙群集	19	19	4	4	4	50	0.692	1.342
丙群集	13	13	12	12	0	50	0.750	1.385
丁群集	17	17	16	0	0	50	0.666	1.098

除了「辛普生指數」與「吉尼－辛普生指數」外，物種多樣性也有許多其他的指標，例如「香農多樣性指數」（Shannon diversity index）是最常使用的物種多樣性指標，該指標又稱為香農-威納多樣性指數（Shannon-Weiner diversity index）。「香農指數」是源自資訊理論，也就是訊息的「不確定性」越高，所帶來的訊息量就越多（林與山，2013；吳與羅，民 99）。該指數是以「訊

息的不確定性」作為指標，以一堆未知花色與數字的撲克牌為例，若連抽 100 張皆為紅心 A，第 101 張抽到的牌有很高的機率仍是紅心 A；但若連抽 100 張撲克牌，每種花色與數字皆隨機出現過，則第 101 張抽到的牌就很難預測其花色與數字，也就是後者的「訊息不確定性較高」。資訊理論引用熱力學的「熵」（Entropy，或稱亂度）來描述某事件的「不確定性程度」，故「香農多樣性指數」也稱為「香農熵」，其公式如下：

$$香農指數 = -\sum_{i=1}^{S} P_i \ln P_i$$

與「辛普生指數」一樣，「香農指數」公式中的 P_i 代表取樣出屬於第 i 個物種之個體的機率，S 是總物種數；由於 P_i 不可能大於 1，故其自然對數（$\ln P_i = \log_e P_i$，其中 e = 2.71828……）必為負值，因此「香農指數」的公式中加入一負號使「香農指數」為正值。表一中的各群集，除了計算其「吉尼－辛普生指數」外，也一併計算了「香農指數」，兩者在各群集間的大小趨勢相符。

三、物種豐富度與物種豐度

上文所稱「一群集中之總物種數」（S）就是高中生物課堂中所介紹的「物種豐富度」（species richness）。另有一名詞為「物種豐度」（species abundance），兩者意義不同，但有時皆翻譯成「物種豐富度」，易造成混淆與誤解。物種豐富度是指群集中物種的數量（有幾種物種？），而物種豐度是指各物種的個體數量（某單一物種有幾隻？）。「相對物種豐度」可用來比較一群集中，各物種的優勢程度，優勢種（Dominant Species）的「相對物種豐度」數值通常較高。某一物種的「相對物種豐度」可依以下公式計算：

$$某一物種的「相對物種豐度」 = \frac{該物種的個體數}{所有生物個體數數} \times 100\%$$

四、物種均勻度與其指標

「物種均勻度」顧名思義就是在群集中各物種之個體數分配的均勻程度，常用「皮盧均勻度指數」（Pielou's species evenness index）作為指標，該指標是以物種多樣性指標為基礎，在物種數不變的情形下，若各物種數目最均勻時，會具有最大的物種多樣性，所以若物種多樣性未達最大，代表物種均勻度未達最大。故皮盧均勻度指數就是以物種均勻度最大時的物種多樣性作為比較的指標，其公式如下：

$$皮盧均勻度指數 = \frac{物種多樣性指標}{物種多樣性指標最大值} = \frac{-\sum_{i=1}^{S} P_i \ln P_i}{\ln S}$$

算式中的分子是以「香農指數」作為物種多樣性指標；而分母（$\ln S$）是該物種多樣性指標達最大值時的數值，其計算方式是：假設每個物種的個體數皆一致（物種均勻度最大），則取樣到某物種的機率（P_i）為物種數的倒數，例如有 10 種物種，各物種的個體數皆一致（很均勻）且為 5 隻，則取樣得某一物種的機率為 5/（10 X 5）＝ 1/10。若物種數為 S，則該群集的「香農指數」達最大值的演算如下，可得 $\ln S$：

$$香農指數_{最大值} = -\sum_{i=1}^{S} P_i \ln P_i = -\sum_{i=1}^{S} \frac{1}{S} \ln \frac{1}{S} = -(S \times \frac{1}{S}) \ln(S^{-1}) = -(-\ln S) = \ln S$$

五、相關考題解析

91 年學年度指定科目考試的生物科試題單選第五題，是比較不同群集的物種多樣性，題目為：附圖為四個群集（M、N、O、P）之物種出現頻率圖，橫軸為物種序號，縱軸為群集內物種百分率，試問下列哪一群集的物種歧異度（多樣性）最大？（A）M （B）N （C）O （D）P。

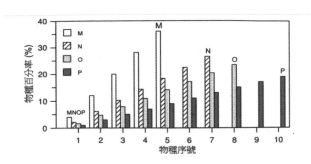

　　此題答案為（D）。教師解析時，常以物種豐富度作為各群集物種多樣性的判斷依據：M 群集有 5 種（物種 1－5），N 群集有 7 種（物種 1－7），O 群集有 8 種（物種 1－8），P 群集有 10 種（物種 1－10）；其中，P 群集的物種豐富度最高，故其物種多樣性最大。但這樣的解析方式，過度強調物種豐富度的角色，沒考慮物種均勻度的影響，也沒有從物種多樣性的定義或意義來思考。此題若以「抽樣出不同物種的機率」觀點（吉尼－辛普生指數），或「訊息的不確定性」觀點（香農指數）來比較物種多樣性，要如何比較呢？

　　由題目的附圖，先判讀各群集中各物種組成的個體百分比（即附圖的縱座標數值），此數值就是前文所謂的「相對物種豐度」（注意：非「物種豐富度」）。各物種組成的個體百分比即為取樣出該物種個體的機率（P_i），可用於計算各群集的「吉尼－辛普生指數」與「香農指數」（表二）。雖然由「吉尼－辛普生指數」與「香農指數」皆可推知 P 群集是物種多樣性最大者，但並不是「只因為其物種豐富度最大」所造成的結果，因為四個群集的物種均勻度亦不同。只依物種豐富度判斷物種多樣性會過於簡化而失真。

表二：91 指考生物科單選第五題附圖中四個群集，各自的相對物種豐度、物種豐富度、物種均勻度與兩項物種多樣性指數。

		物種編號										物種豐富度	物種均勻度	吉尼-辛普生指數	香農指數
		1	2	3	4	5	6	7	8	9	10				
群集編號	M	4%	12%	20%	28%	36%	0%	0%	0%	0%	0%	5	0.888	0.736	1.429
	N	3%	6%	10%	14%	18%	23%	26%	0%	0%	0%	7	0.913	0.813	1.776
	O	2%	5%	8%	11%	14%	17%	20%	23%	0%	0%	8	0.918	0.837	1.909
	P	1%	3%	5%	7%	9%	11%	13%	15%	17%	19%	10	0.918	0.867	2.113

結案

◎《生物多樣性公約》定義：生物多樣性是指各種生物間的變異性，不論這些生物是屬於陸域生態系、海洋或其他水域生態系，或屬於生態複合體；此變異性包含了物種內、物種間與生態系統的多樣性。

◎「生物多樣性」包含遺傳多樣性(物種內的變異)、物種多樣性(物種間的變異)與生態系統多樣性（環境棲地的變異）等不同層次的歧異性。

◎「物種多樣性」是指在一限定的時空裡，生物物種的複雜程度。

◎「物種多樣性」常用的指標：

- 吉尼－辛普生指數：以「任兩隻個體屬於不同種的機率」作為指標。
- 香農指數：以「訊息的不確定性」作為指標。

◎「物種豐富度」與「物種均勻度」皆會影響物種多樣性，並無何者較為重要或應先比較何者的情形。

◎「物種豐度」是指各單一物種的個體數量，與「物種豐富度」意義不同，後者是指一群集中之總物種數。

◎「物種均勻度」是指群集中各物種之個體數分配的均勻程度，常以皮盧均勻度指數作為指標。

情資來源

生物多樣性公約 (CBD)(1992)。

網站：https://www.cbd.int/convention/text/default.shtml(檢索日期：2018.09.08)。

吳世卿、羅右翔，民 99。淺談生物多樣性。雲林國教第 55 期。

林朝欽、陸聲山，2013。生物多樣性名詞與指數使用之釐清。國家公園學報，23(1)，13-23。

趙蓮菊、邱春火、王怡婷、謝宗震、馬光輝，2013。仰觀宇宙之大，俯察品類之盛：如何量化生物多樣性。中國統計學報，51，8-53。

第八偵查室

遺傳與分子生物

案例 33

為何新形成的核苷酸鏈或去氧核苷酸鏈，聚合方向需由 5' 至 3' 進行？

核酸的複製與基因的表現，是高中生物課程中遺傳學的重要內容。DNA 的複製是以一條 DNA 的兩股作為模板，聚合出新的去氧核苷酸鏈，最終形成兩條雙股 DNA（圖一）。DNA 轉錄出 RNA 的過程稱為轉錄，是以 DNA 一股作為模板，聚合出新的核苷酸鏈，形成 RNA（圖二）。

無論是 DNA 的複製或是轉錄，新形成的去氧核苷酸鏈（單股 DNA）或是核苷酸鏈（單股 RNA）皆是由 5 端至 3 端形成（圖一與圖二）。為何新去氧核苷酸鏈或核苷酸鏈，皆是由同一方向聚合（5' → 3'），為何不能由 3' 端至 5' 端聚合出新的去氧核苷酸鏈或核苷酸鏈？

　　許多老師會以 DNA 聚合酶與 RNA 聚合酶的催化方式具有專一性，故聚合的方向亦具專一性，所以專一性地催化由 5' 端至 3' 端進行聚合，但此答案無法滿足許多師生，因為此說法只回答了「如何運作」，並未解決「為什麼這樣運作」。若由 3' 端至 5' 端聚合新的核苷酸鏈或去氧核苷酸鏈，會發生什麼事？對生物有不利的效應嗎？

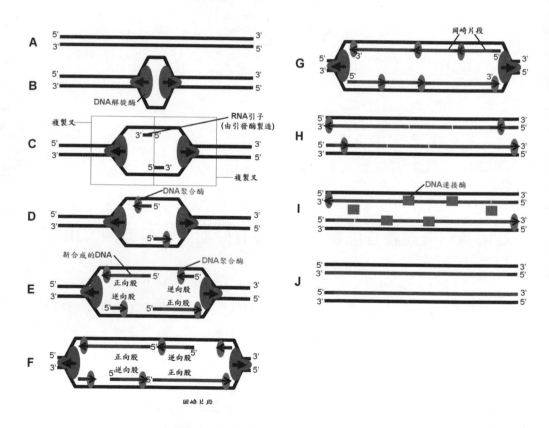

圖一：DNA 複製的過程簡圖，A 至 J 依序為 DNA 複製的步驟，注意新股 DNA 的 5' 端為頭部，3' 端聚合成新的 DNA 成份，使 RNA 向 3' 端尾部延伸。

DNA 複製（圖一）

A：DNA 為雙股結構，兩股方向相反，一股若為 5' → 3'，另一股則為 3' → 5'。

B：DNA 解旋酶於複製啟始點作用，使雙股分開，兩個 DNA 解旋酶分別向兩端移動，像解開拉鍊般使分開範圍增加。

C：形成兩個複製叉（圖中方框內為一個複製叉）。在 DNA 特定的序列上，RNA 引發酶配對 DNA 鹼基，產生一段「核糖核苷酸鏈」（一般約 18 至 22 個核苷酸所構成），即為 RNA 引子（RNA primer）。

D：DNA 聚合酶接續著 RNA 引子的 3' 端，以 DNA 為模版，合成新的一股去氧核苷酸鏈。

E：新股的去氧核苷酸鏈不斷延長。由於新股的合成方向為 5' → 3'，在 DNA 複製叉中的兩股中，一股的新股可不斷向 3' 端聚合，使新股不斷延長，且新股聚合延伸的方向與此複製叉 DNA 解旋酶的解旋方向相同，此股稱為引導股（又稱順向股、領先股）。另一股需等到 DNA 解旋酶解開至露出特定的 DNA 序列後，RNA 引發酶才可形成 RNA 引子，才由 RNA 引子的 3' 端開始聚合新股 DNA（由 DNA 聚合酶催化），且其新股聚合延伸的方向與此複製叉 DNA 解旋酶的解旋方向相反，此股稱為延遲股（又稱逆向股）。

F：隨著 DNA 解旋酶的不斷解旋，延遲股再度露出特定的 DNA 序列，RNA 引發酶形成第二個 RNA 引子。

G：延遲股（逆向股）上會逐漸形成許多去氧核苷酸鏈小片段，稱為岡崎片段，由日本科學家岡崎令治（Reiji Okazaki, 1930-1975）發現。DNA 聚合酶順著 RNA 引子的 3' 端，合成新的一股去氧核苷酸鏈，直到遇到前一段 RNA 引子，即將 RNA 改以 DNA 取代（剔除核苷酸鏈，以去氧核苷酸鏈取代）。

H：最後 DNA 聚合酶將所遭遇的各 RNA 引子皆改以 DNA 取代，但不同段的去氧核苷酸鏈間並無形成分子鍵結。

I：經 DNA 連接酶的催化，形成去氧核苷酸鏈間的共價鍵。

J：最後使得去氧核苷酸鏈連接形成完整的新股 DNA，形成兩條雙股的 DNA，其中一股為舊股，一股為新股，完成 DNA 複製。

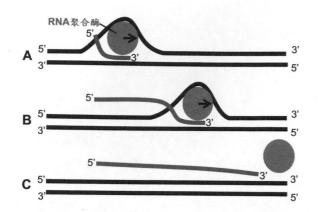

圖二：DNA轉錄RNA的過程，A至C依序為DNA轉錄出RNA的步驟，注意RNA的5'端為頭部，3'端聚合成新的RNA成分，使RNA向3'端尾部延伸。

DNA 轉錄 RNA

轉錄是以一股 DNA 作模版，製造出一股 RNA 的過程，分為起始、延長、終止三個階段，其步驟如下（圖二）：

A：RNA 聚合酶將 DNA 雙股螺旋解開，露出啟動區（promotor），RNA 聚合酶以該區 DNA 序列為模版，製造出一股 RNA，此階段稱為「起始階段」。

B：RNA 聚合酶沿著 DNA 滑行，繼續由 5' → 3' 的方向聚合出 RNA，此階段稱為「延長階段」。

C：終止：當 RNA 聚合酶遇到代表終止的 DNA 序列，RNA 聚合酶與 RNA 分子脫落，DNA 復合、恢復成雙股螺旋，轉錄結束。

偵查與破案

DNA（去氧核苷酸鏈）與 RNA（核苷酸鏈）分別由去氧核苷酸與核苷酸所聚合而成，其中去氧核苷酸的英文縮寫前以「d」代表去氧（deoxy-），兩類核苷酸皆含有磷酸根、五碳糖與含碳鹼基。依磷酸根的數量，分為單磷酸核苷酸（NMP）／單磷酸去氧核苷酸（dNMP）、雙磷酸核苷酸（NDP）／雙磷酸去氧核苷酸（dNDP）與三磷酸核苷酸（NTP）／三磷酸去氧核苷酸（dNTP）（圖三）。五碳糖的種類，分為核糖與去氧核糖，前者構成核苷酸，後者構成去氧核苷酸；五碳糖含有五個碳原子，連接含氮鹼基的碳原子編號為 1 號，相鄰的碳原子再依序標號為 2、3、4、5，5 號碳連接磷酸根，核苷酸鏈的 5' 端與 3' 端，即是以五碳糖上不同方向的碳原子編號命名的。含碳鹼基的種類，包含腺嘌呤（adenine, A）、胞嘧啶（cytosine, C）、鳥嘌呤（guanine, G）、胸腺嘧啶

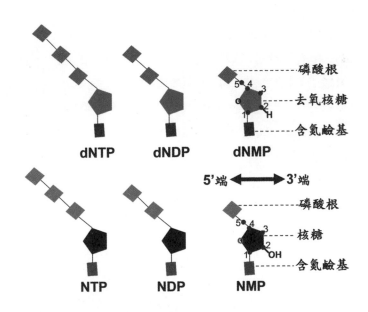

圖三：各種去氧核苷酸與核苷酸的分子組成與表現方式。

（thymine, T）與脲嘧啶（uracil, U），核苷酸的含氮鹼基種類包含 A、U、C、G 四種，去氧核苷酸的含氮鹼基種類包含 A、T、C、G 四種。後文各種核苷酸的表達方式，皆以圖三的圖示方式表達。

　　無論是聚合出新的 DNA（DNA 複製出新的 DNA）或聚合出新的 RNA（DNA 轉錄出新的 RNA），聚合的原料各為三磷酸去氧核苷酸（dNTP）與三磷酸核苷酸（NTP），以下以 DNA 複製出新的 DNA 為例，說明為何聚合出新的核苷酸鏈時，皆是以 5' → 3' 的方向聚合。

一、若新的核苷酸鏈的聚合方向為 5' → 3'，會發生什麼事？

　　若 DNA 複製過程，新核苷酸鏈的聚合方向為 5' → 3'，則 DNA 聚合酶在 RNA 引子的 3' 端，以 dNTP 為原料開始聚合出新的去氧核苷酸鏈，其步驟如下（圖四）：

　　A：① RNA 引子已產生；

　　　　② DNA 聚合酶位於 RNA 引子的 3' 端；

　　　　③不同的去氧核苷酸嘗試與舊股上相對應的鹼基進行配對。

　　B：若某三磷酸去氧核苷酸（dNTP）與舊股 DNA 配對成功，例如 A 配對 T 或 C 配對 G，以氫鍵連接（含氮鹼基之間）並緊鄰 RNA 引子 3' 端。

　　C：①在 DNA 聚合酶的催化下，該三磷酸去氧核苷酸（dNTP）之磷酸根間的鍵結斷裂，使剩餘唯一的磷酸與 RNA 引子 3' 端的核糖，形成共價鍵，形成穩定結構；

　　　　②磷酸根間的鍵結斷裂後，形成焦磷酸根（PPi）釋出；

　　　　③另有雙磷酸去氧核苷酸（dNDP），嘗試進行下一輪配對。

　　D：此雙磷酸去氧核苷酸（dNDP）與舊股 DNA 配對成功，之間以氫鍵連接，並緊鄰新股 DNA 的 3' 端。

　　E：①由於雙磷酸去氧核苷酸（dNDP）的能量不足以形成新的共價鍵，無

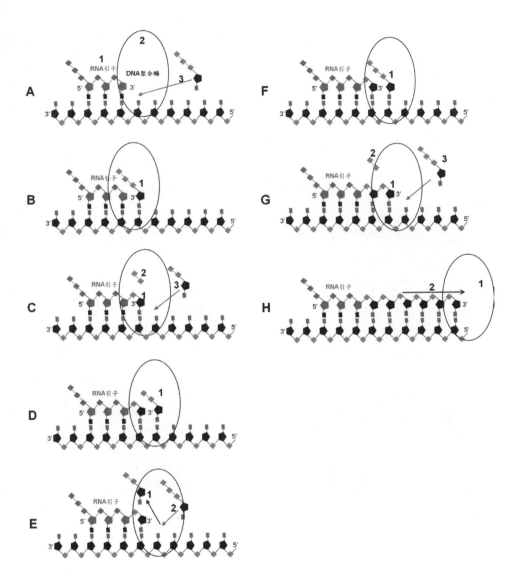

圖四：若新的核苷酸鏈的聚合方向為 5' → 3'，聚合出新去氧核苷酸鏈的步驟。

　　法形成穩定的結構（氫鍵為弱鍵，容易分離），該雙磷酸去氧核苷酸（dNDP）離開此位置；

　　②另有三磷酸去氧核苷酸（dNTP）嘗試與舊股 DNA 配對。

F：該三磷酸去氧核苷酸（dNTP）與舊股 DNA 配對成功，之間以氫鍵連接，並位於緊鄰新股 DNA 的 3' 端。

G：①在 DNA 聚合酶的催化下，該三磷酸去氧核苷酸（dNTP）的磷酸根間的鍵結斷裂，使剩餘唯一的磷酸與新股 DNA 3' 端的核糖，形成共價鍵，形成穩定結構；

　　②磷酸根間的鍵結斷裂後，形成焦磷酸根（PPi）釋出；

　　③另有三磷酸去氧核苷酸（dNTP），嘗試進行下一輪配對。

H：①在 DNA 聚合酶的催化下，上述反應不斷進行；

　　②最後形成穩定的新股去氧核苷酸鏈，完成 DNA 的複製（以一股舊股 DNA 為模板，聚合出一股新的 DNA），其中新股的聚合方向為 5' → 3'。

　　由上述步驟可知，DNA 複製過程可順利進行，即使偶有能量不足的雙磷酸去氧核苷酸（dNDP）或單磷酸去氧核苷酸（dNMP）與 DNA 模版進行配對，但不會形成穩定的鍵結，容易脫離而不會影響 DNA 新股的聚合過程。

二、若新的核苷酸鏈的聚合方向為 3' → 5'，會發生什麼事？

　　若 DNA 複製過程，新核苷酸鏈的聚合方向為 3' → 5'，則 DNA 聚合酶在 RNA 引子的 5' 端，以 dNTP 為原料開始聚合出新的去氧核苷酸鏈，其步驟如下（圖五）：

A：① RNA 引子已產生；

　　② DNA 聚合酶位於 RNA 引子的 5' 端；

　　③某三磷酸去氧核苷酸（dNTP）嘗試與舊股相對應鹼基配對。

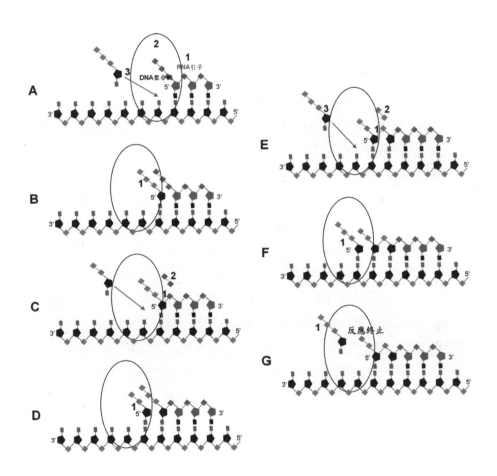

圖五：若新的核苷酸鏈的聚合方向為 3' → 5'，聚合出新去氧核苷酸鏈的步驟。

B：若此三磷酸去氧核苷酸（dNTP）與舊股 DNA 配對成功，例如 A 配對 T 或 C 配對 G，之間以氫鍵連接，並緊鄰 RNA 引子 5' 端。

C：①在 DNA 聚合酶的催化下，RNA 引子 5' 端之三磷酸的磷酸根間的鍵結斷裂，使剩餘唯一的磷酸，與新進之三磷酸去氧核苷酸（dNTP）的核糖形成共價鍵，形成穩定結構；

②磷酸根間的鍵結斷裂後，形成焦磷酸根（PPi）釋出；

③另有雙磷酸去氧核苷酸（dNDP），嘗試進行下一輪配對。

D：此雙磷酸去氧核苷酸（dNDP）與舊股 DNA 配對成功，之間以氫鍵連接，並緊鄰新股核酸的 5' 端。

E：①在 DNA 聚合酶的催化下，使新股核酸 5' 端之三磷酸的磷酸根間的鍵結斷裂，使剩餘唯一的磷酸，與新進之二磷酸去氧核苷酸（dNDP）的核糖形成共價鍵，形成穩定結構；

②磷酸根間的鍵結斷裂後，形成焦磷酸根（PPi）釋出；

③另有三磷酸去氧核苷酸（dNTP），嘗試進行下一輪配對。

F：該三磷酸去氧核苷酸（dNTP）與舊股 DNA 配對成功，之間以氫鍵連接，並位於緊鄰新股 DNA 的 5' 端。

G：由於新股 DNA 之 5' 端的雙磷酸，能量不足以形成新的共價鍵，故無論 5' 端新進入何種去氧核苷酸，皆無法繼續形成新的共價鍵，亦即無法形成穩定的結構，而使新進的去氧核苷酸容易分離，使得新股 DNA 的聚合過程無法進行而終止反應。

　　由上述步驟可知，DNA 複製過程可能因 5' 端加入單磷酸去氧核苷酸（dNMP）或雙磷酸去氧核苷酸（dNDP），使得新股 DNA 5' 端不具「含足夠能量的三磷酸」，故無法繼續形成穩定鍵結，造成 DNA 新股的聚合過程提前終止，影響細胞分裂的進程，造成細胞死亡，也對生命的延續與遺傳不利。

結案

◎新聚合的 RNA 或 DNA，皆是以 5' 端作為頭部，3' 端進行聚合而向 3' 端尾部延伸。

◎若新核苷酸鏈或去氧核苷酸鏈聚合方向為 5' 至 3'，只有具三磷酸的核苷酸 / 去氧核苷酸進入新股核酸的 3' 端時，才有足夠能量形成穩定共價鍵，其餘能量不足的核苷酸 / 去氧核苷酸則無法形成穩定結構，無法成為新核酸的組成成份。以上性質可確保新核酸的聚合過程不被中斷。

◎若新核苷酸鏈或去氧核苷酸鏈聚合方向為 3' 至 5'，若能量不足的核苷酸 / 去氧核苷酸進入新核酸的 5' 端，仍可形成穩定結構，進而成為新核酸的組成成份，但如此會造成新核酸的 5' 端不具足夠能量，無法繼續形成新的共價鍵（缺乏三磷酸結構），造成新核酸的聚合提前終止，對生命的延續與遺傳不利。

◎本篇為艦長的思考與推論。

案例 34

X 與 Y 染色體是否為同源染色體？是否可進行聯會？

X 與 Y 染色體皆為性染色體，但大小與形狀不同，它們互為同源染色體嗎？減數分裂時的聯會過程，可確保同源染色體可均勻分配到不同子細胞中，那 X 與 Y 染色體會聯會嗎？

偵查與破案

一、X 與 Y 染色體是否為同源染色體？

教師介紹染色體與遺傳的相關章節時，必定會介紹同源染色體與其在細胞分裂時與遺傳時的動態與功能。許多學生會提出：人體第 1 至第 22 對染色體為大小、形狀一致的成對染色體，也就是有 22 對同源染色體，那 X 染色體與 Y 染色體成對嗎？它們是同源染色體嗎？

若以國中生物課程的定義：同源染色體是指「大小、形狀與結構一樣的染色體」。則大小不同的 X 染色體與 Y 染色體，應不屬於同源染色體。事實上 X 染色體與 Y 染色體之間的大部分區域，確實不屬於同源序列。

二、X 與 Y 染色體之間是否會聯會與互換？

X 染色體與 Y 染色體雖然不屬同源染色體，但各自含有部分同源的片段，也就是 X 染色體與 Y 染色體有部分序列是同源的，這些序列名為「偽體染色體區」（PAR）的片段，通常位於染色體的兩個末端，各自稱為 PAR1 和 PAR2（圖一）。目前已發現這些序列包含了 29 個基因，這些序列也是 X 染色體和 Y 染色體間可發生聯會與互換的位置（圖二）。

偽體染色體區是體染色體演化成性染色體的遺跡，可作為研究體染色體

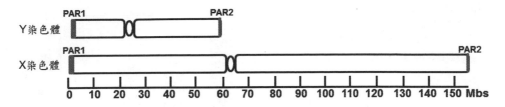

圖一：X 染色體與 Y 染色體上之偽體染色體區（PAR）的位置。

圖二：X 染色體和 Y 染色體
　　　間發生聯會與互換示意
　　　圖（修改自 Haqq and
　　　Donahoe, 1998）。

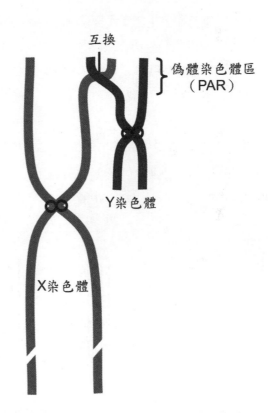

如何演化成性染色體的重要證據（Bachtrog and Charlesworth, 2001；Graves, 2006）。性染色體的演化過程經歷許多階段，包含 Y 染色體發生多次倒位（inversion），結果抑制了 X 與 Y 染色體之間的互換頻率。以下為性染色體演化過程各階段的說明（圖三）：

A：某體染色體中，其中一條獲得決定性別的關鍵基因，例如 SRY（sex-determining region of Y-chromosome）基因，則該條染色體成為 Y 染色體的原型染色體，另一條染色體則為 X 染色體的原型染色體。

B：Y 染色體發生第一次倒位（圖三中的 1），形成單孔類動物的性染色體。

C：Y 染色體發生第二次倒位（圖三中的 2），形成有袋類動物的性染色體。

D：Y 染色體發生第三次倒位（圖三中的 3），形成非類人猿之胎盤哺乳類動物的性染色體。

E：Y 染色體發生第四次倒位（圖三中的 4），形成人類的性染色體。

　　隨著 Y 染色體多次發生倒位現象，使得 X 染色體與 Y 染色體的同源片段（偽體染色體區）越來越小，其餘區域皆屬非同源片段。

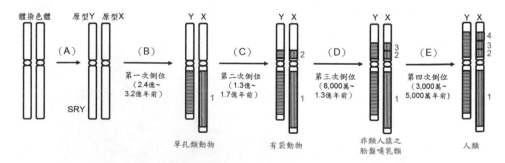

圖三：體染色體演化成性染色體（修改自 Bachtrog and Charlesworth, 2001；Graves, 2006）。圖中橫條紋代表 Y 染色體專有的片段，直條紋代表 X 染色體專有的片段，空白區域代表同源片段，即「偽體染色體區」。

真染色質與異染色質

早期是以染色的程度區分真染色質與異染色質的差異：真染色質染色後較淡，異染色質則較深。後者因組蛋白包覆率及雙螺旋化的程度較高，結構較為緊密，故染色後顏色較深；由於其 DNA 處於緊密組合的結構中，轉錄作用受到限制。

真染色質區域的 DNA 較為鬆散，故染色後顏色較淺，多可在細胞周期的 S 期進行複製，且通常具有轉錄活性而表現蛋白質。

三、人體染色體？

若以染色體為討論對象，X 染色體與 Y 染色體並非同源染色體，故不能將 X 染色體和 Y 染色體稱為第 23 對染色體，而應為：X 染色體為人體第 23 號染色體，女性的 XX 染色體屬於第 23 對染色體，Y 染色體則為人體第 24 號染色體，正常男性的 X 染色體與 Y 染色體並不成對。X 染色體與 Y 染色體雖然不同源，但具有同源的序列，使 X 染色體與 Y 染色體於減數分裂時可聯會，甚至可發生互換，以確保此兩個染色體於減數分裂時排列整齊，在分離時可確保其分配到兩個子細胞中，避免性染色體無分離的現象。X 染色體與 Y 染色體之間的聯會現象，也是唯一非同源染色體之間發生聯會的例子。

四、Y 染色體上不與 X 染色體重組的區域，有哪些基因？

人體 Y 染色體中的非重組區域（NRY）所佔比例很大。包含了約 24 Mbs 的真染色質（euchromatin）區域，與約 30 Mbs 的異染色質（heterochromatin）區域。染色體的兩端為「偽體染色體區」，分別只有約 2.6 Mbs 和 0.4Mbs。Y 染色體的非重組區域中，含有許多只在 Y 染色體上具有的基因（圖四左側），也含有與 X 染色體基因同源的基因（圖四右側）。

在X染色體上沒有的基因				與X染色體基因同源的基因		
基因	功能	重複次數		基因	功能	重複次數
全：SRY	轉錄因子-性別決定	1	PAR			
			1	全：RPS4Y	核糖體小次單位的蛋白質	1
睪：TTY1	testi transcript a	多		全：ZFY	鋅指轉錄因子	1
睪：TSPT	cyclin B 連接蛋白	多	2	腦：PCDHY	protocadherin-細胞黏附	1
睪：PRY	蛋白質酪胺酸磷酸酶	多		全：PRKY	Ser/Thr 蛋白激酶	1
睪：TTY1	testi transcript 1	多	3	齒芽：AMELY	牙齒珐瑯質生成	1
睪：TTY2	testi transcript 2)	多				
睪：TSPT	cyclin B 連接蛋白	多	4A			
			4B			
				全：USP9Y	去泛素酶	1
				全：DBY	DEAD-box RNA解旋酶	1
				全：UTY	TPR-motif	1
				全：TB4Y	肌動蛋白封存	1
			5			
				睪：VCY	可變電荷蛋白	2
睪：CDY	chromodomain蛋白	多				
睪：XKRY	膜運輸蛋白	多		全：SMCY	轉錄因子	1
				全：EIF1AY	轉錄抑制因子	1
				睪：RBMY	RNA結合蛋白	30
睪：PRY	白質酪胺酸磷酸酶	多	6			
睪：TTY2	testi transcript 2	多		睪：RBMY	RNA結合蛋白	30
睪：DAZ	RNA結合蛋白	4				
睪：BPY	基本蛋白	多				
睪：PRY	蛋白質酪胺酸磷酸酶	多	7		異染色質（Heterochromatin）	
睪：CDY	chromodomain蛋白	多	PAR			

圖四：人類 Y 染色體上非重組區域的遺傳圖譜（1 至 7 區），1 至 6 區為真染色質，第 7 區為異染色質。左側為具 Y 染色體專一性的基因種類，右側為與 X 染色基因同源的基因，PAR 為「偽體染色體區」（修改自 Bachtrog and Charlesworth, 2001）。全：不具器官專一性；睪：只在睪丸表現；腦：只在腦中表現；齒芽：只在齒芽表現。

結案

◎ X 染色體與 Y 染色體並非同源染色體。

◎ X 染色體與 Y 染色體具有同源的序列，稱為「偽體染色體區」（PAR），
PAR 是 X 染色體與 Y 染色體發生聯會與互換的區域。

◎ X 染色體與 Y 染色體發生聯會，確保性染色體平均分配到兩個子細胞中。

情資來源

Bachtrog, D. and Charlesworth, B. 2001. Towards a complete sequence of the human Y chromosome. *Genome Biol.* 2(5): reviews1016.1–reviews1016.5.

Euchromatin. (2018, April 25). In *Wikipedia, the free encyclopedia.* Retrieved May 28, 2018, from http://en.wikipedia.org/wiki/Euchromatin

Graves, J. A. 2006. Sex chromosome specialization and degeneration in mammals. *Cell.* 124(5):901-14.

Haqq, C.M. and Donahoe, P. K. 1998. Regulation of sexual dimorphism in mammals. *Physiol. Rev.* 78(1):1-33.

Heterochromatin. (2018, March 5). In *Wikipedia, the free encyclopedia.* Retrieved May 28, 2018, from http://en.wikipedia.org/wiki/Euchromatin

Kolas, *et al.* 2005. Localization of MMR proteins on meiotic chromosomes in mice indicates distinct functions during prophase I. *J Cell Biol.* 171(3):447-58.

Pseudoautosomal region. (2018, March 23). In *Wikipedia, the free encyclopedia.* Retrieved May 28, 2018, from http://en.wikipedia.org/wiki/Pseudoautosomal region

案例 35

動物粒線體 DNA 一定是母系遺傳嗎？如何維持這種現象？粒線體 DNA 可能基因重組嗎？

生物課指出動物的粒線體 DNA 為母系遺傳、具較高的突變，且其遺傳過程無重組現象，這些特質使得粒線體 DNA 成為研究動物演化、族群遺傳與生物地理學的強力工具。粒線體如何表現母系遺傳？粒線體為何表現母系遺傳？粒線體 DNA 有可能具有父系遺傳與重組現象嗎？

偵查與破案

一、教科書中的粒線體與新發現

粒線體是真核生物重要的發電廠，是執行有氧呼吸的重要場所，也具有一部份相關的基因。動物的粒線體 DNA 為母系遺傳、具較高的突變率，且其遺傳過程無重組現象，這些特質使得粒線體 DNA 成為研究動物演化、族群遺傳與生物地理學的強力工具，透過這個工具，我們已知「粒線體夏娃」（mitochondrial Eve）生活於約 17.1 萬年前的非洲，這個證據亦支持了「遠離非洲理論」（out of Africa）。

這個好用的工具最近遇到挑戰，植物與真菌界的粒線體 DNA 普遍存在重組現象，動物的粒線體中發現了 DNA 重組所需酵素，暗示動物粒線體亦可能發生重組。但在 1990 年代以前，由於缺乏直接證據，科學界一致認為動物粒線體 DNA 不會發生重組，尤其是人類。直到 2002 年 8 月，瑪莉安尼·史瓦茲（Marianne Schwartz）與約翰·維辛（John Vissing）在《新英格蘭醫學雜誌》（*NEJM*）報導了一名 28 歲男性病患，罹患一種特殊代謝性疾病，他的肌肉細胞中同時含有母系與父系的粒線體，打破了人類粒線體 DNA 必定是母系遺傳的鐵則，往後研究（見下文）更讓科學家重新認識了粒線體。

粒線體夏娃

1987 年，加州大學柏克萊分校的芮貝卡•肯恩（Rebecca Cann,1951-
迄今）與埃倫•查理士•威爾森（Allan Charles Wilson,1934-1991），
收集各人類種族的粒線體 DNA 進行分析，由於粒線體 DNA 具母系
遺傳的特性，其研究指出現代人最早的雌性共同祖先約於 15 至 20
萬年前，由現今衣索比亞、肯亞或坦尚尼亞地區的共同祖先分別繁
衍而來，當時媒體以「粒線體夏娃」為標題進行報導，後來常以「粒
線體夏娃」代表人類最早的雌性共同祖先。該證據支持現代人為單
一起源（遠離非洲理論）。

二、粒線體與母系遺傳

　　除了雙殼貝少數幾個科的雄性子代可遺傳自父、母雙方的粒線體，已知
許多動物粒線體 DNA 具母系遺傳模式，此模式可透過不同的機制完成：數種
淡水螯蝦的精子缺乏粒線體；尾索動物亞門（Tunicate，又稱被囊類動物）的精
子在受精時，粒線體不進入卵細胞；哺乳類動物受精時，約有 100 個父系的
粒線體進入卵細胞，但在受精後數小時內被破壞，破壞的機制是透過泛素
（ubiquitin）標定而引發酵素分解（圖一），這些機制皆確保了粒線體為母系遺
傳。但在動物界中的少數個體，曾發現具有父系的粒線體，以小鼠與果蠅為
例，每次受精父系粒線體成功逃過破壞的機率粗估約 10^{-3} 至 10^{-4}。

　　除了父系粒線體不進入卵或在卵細胞中被破壞之外，也可透過粒線體的
創始者效應與瓶頸效應完成去除父系粒線體的作用。一般體細胞包含 500 至
1000 個粒線體，卵細胞（oocyte）包含 10^4 至 10^5 個，卵細胞中如此大量的粒
線體，來自原始生殖細胞中少數的粒線體（約 10 至 100 個）分裂而來，透過創

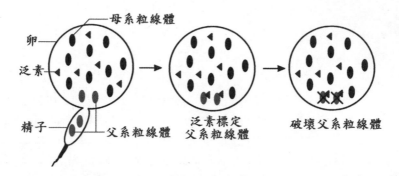

圖一：進入卵細胞的父系粒線體，可經由泛素的標定，引發酵素的分解作用。

泛素

泛素為一種存在於大多數真核細胞中的小分子蛋白，由 76 個胺基酸組成，分子量大約 8500 道爾頓（Da），其生理作用為標記需要被分解的蛋白質，使其被分解酵素水解。亞倫‧傑哈諾佛（Aaron Ciechanover）、阿夫拉姆‧賀希科（Avram）與歐文‧艾倫‧羅斯（Irwin Allan Rose）因發現泛素媒介的蛋白質降解機制，獲 2004 年諾貝爾化學獎。

始者效應的作用（圖二），原始生殖細胞中極少量（通常是沒有）的父系粒線體幾乎沒有機會增殖放大而消失。而在受精卵發育的早期，哺乳類胚胎的粒線體含量變化不大，即細胞分裂時粒線體未經分裂等分至子細胞中，但胚胎組織中只有少數細胞（內細胞群）可發育成胚胎，粒線體分配至內細胞群的微小機會，透過瓶頸效應使得數量遠小於母系的父系粒線體（卵為精子的 10^3 至 10^4 倍，圖三），幾乎沒有機會存在於子代。

創始者效應

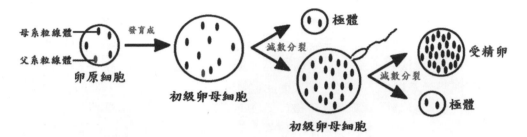

圖二：卵細胞的發育過程中，卵細胞內的大量粒線體是由少量的粒線體分裂而來，透過創
　　　始者效應，常使原本比例就極少的父系的粒線體消失。

瓶頸效應

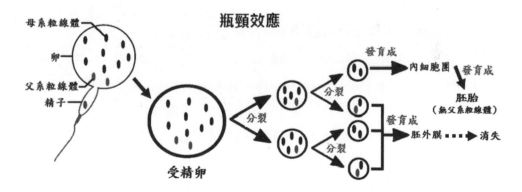

圖三：受精卵發育的過程中，只有少數細胞形成胚胎，最後形成子代個體，而其他形成胚
　　　外組織（胚外膜）的細胞，則無法將其細胞中的粒線體傳遞給子代，透過瓶頸效應，
　　　原本比例就極少的父系粒線體難以傳遞給子代細胞。

三、粒線體為何表現母系遺傳？

為何大多數動物的子代，不同時獲得父、母的粒線體，而避免獲得父系的粒線體？目前有兩個理論解釋此現象，其中以前者具有較多的支持者：

避免粒線體的自私行為：若父、母雙方的粒線體皆可進入同一細胞，因資源有限而相互競爭，可能造成細胞的損失，例如部分粒線體缺失一些基因使其分裂速度變快，造成此粒線體獲得優勢而比例增加，但該突變可能降低該寄主細胞產生能量的效率，因此演化的過程削弱了這種情形發生的機率。

異配生殖（anisogamy）的演化結果：精子因游泳運動，粒線體生產 ATP 的過程中產生過氧化物或其他代謝產物，造成粒線體基因的危害與突變，這些有缺陷的粒線體若進入受精卵，將降低受精卵能量代謝的效能，甚至產生疾病。這個問題可透過異配生殖的方式解決，換句話說，若其中一種配子在

受精過程無可避免地破壞了粒線體，而另一種配子若保留健康的粒線體以供受精卵使用，可增加子代的代謝效能與生存機會。

四、粒線體 DNA 具有父系遺傳與重組現象的直接證據

前文所提罹患代謝性疾病的男性病患，病徵為只需輕微運動，肌肉即產生大量乳酸，就像正常人劇烈運動後一樣，但其母親、父親、姊妹與叔叔皆健康。研究者發現其肌肉組織的粒線體大多來自父親（粒線體數量父：母 =10：1），而其他組織的粒線體皆正常且皆為母系。肌肉組織中來自父親的粒線體 DNA 發生突變（*ND2* 基因缺失），此突變常發生於受精過程或胚胎發育早期的精子粒線體。這個病患給了科學家研究粒線體遺傳的機會。2004 年 3 月，《科學》期刊刊登一篇葉芙根妮亞・格里茲貝克（Yevgenya Kraytsberg）等人的後續研究，以巧妙的實驗設計，證明該患者的肌肉細胞中，約有 7％的粒線體 DNA 具有父系與母系的部分片段（經重組而來），是第一個人類粒線體 DNA 可重組的直接證據。

上述研究證明人體的粒線體 DNA 可發生重組，但只在體細胞（肌肉），無法證明粒線體 DNA 的重組可發生於健康人類的生殖細胞，如此這般，粒線體 DNA 的重組現象會影響族群的遺傳過程嗎？

貝亞特・烏伊瓦里（Beata Ujvari）等人於 2007 年發表一篇有關澳洲傘蜥（*Chlamydosaurus kingii*）的族群遺傳研究，在兩個族群中發現一個特殊個體，其粒線體 DNA 相似於某一族群，但其 *ND2* 基因卻像另一個族群，該研究以四種統計方法確認該基因是經過重組過程而獲得。此研究為第一個野外陸生脊椎動物的種內粒線體 DNA 重組的證據。同年凱特・濟博羅夫斯基（Kate L. Ciborowski）等人分析 717 隻從 1948 年至 2002 年，由西班牙北部四條河流收集而來的大西洋鮭魚（*Salmo salar*），發現其中一個個體的 *ND1* 基因同時有鮭魚與褐鱒（*Salmo trutta*）的序列，而在該地常有鮭魚與鱒魚雜交的現象，此為

種間粒線體 DNA 重組的例子。這些例子皆指出粒線體 DNA 的重組可發生於野生動物族群。

五、新發現的效應

在演化與族群遺傳學的研究工作上，動物的粒線體 DNA 一直是方便有效的工具，但由於一些基本架設（母系遺傳與不發生重組）逐漸改變，使得這項工具在數學模式與統計學的運算上變為複雜，而結果亦需修正，如過去高估了粒線體 DNA 的突變率。根據學者計算，若考慮粒線體 DNA 可發生重組，夏娃其年歲可能低估了 40 至 50％，若考量父系遺傳的可能性，則夏娃應四倍於目前已知的年代。這個結果也許振奮了支持人類多源說（the multiregional hypothesis）的學者，他們比較現代人的解剖特性認為智慧人種起源更早（約 170 萬年前），且不只源自於非洲。不過，在 Y 染色體與其他體染色體的研究結果支持下，目前「遠離非洲理論」依然有較多的證據支持。

結案

◎一般認為動物的粒線體 DNA 為母系遺傳，具較高的突變 ，且其遺傳過程無重組現象，這些特質使得粒線體 DNA 成為研究動物演化、族群遺傳與生物地理學的工具。

◎粒線體母系遺傳的機制：哺乳類動物受精時，進入卵細胞的父系粒線體，透過泛素標定而破壞；也可透過粒線體的創始者效應與瓶頸效應完成去除父系粒線體。

◎粒線體母系遺傳的演化假說：

- 避免父、母雙方的粒線體因相互競爭而降低細胞產生能量的效率。
- 精子因游泳運動造成粒線體基因的危害與突變，破壞父系粒線體而保留健康母系粒線體，可增加子代的代謝效能與生存機會。

◎科學家發現人類與野生動物族群，粒線體 DNA 可重組的直接證據。代表過
　去的研究高估了粒線體 DNA 的突變率。

情
資
來
源

Bromham, L., Eyre-Walker, A. Smith, N. H. and Smith, J. M. 2003. Mitochondrial Steve: paternal inheritance of mitochondria in humans. *Trends Ecol. Evol.* 18(1): 2-4.

Rokas, A., Ladoukakis, E. and Zouros, E. 2003. Animal mitochondrial DNA recombination revisted. *Trends Ecol. Evol.* 18(8): 411-417.

Schwartz, M. and Vissing, J. 2002. Paternal inheritance of mitochondrial DNA. *N. Engl. J. Med.* 347(8): 576-580.

Slate, J. and Gemmell, N. J. 2004. Eve'n' Steve: recombination of human mitochondrial DNA. *Trends Ecol. Evol.* 19(11): 561-563.

White, D. J., Wolff, J. N., Pierson, M. and Gemmell, N. J. 2008. Revealing the hidden complexities of mtDNA inheritance. *Mol. Ecol.* 17: 4925-4942.

本文修改自：蔡任圃 (民 99)。你變了，粒線體 DNA。科學月刊，483，226-229。

案例 36

教科書上的染色體互換實驗，為何只探討雌果蠅？互換率受性別影響嗎？

　　湯瑪士・杭特・莫甘（Thomas Hunt Morgan）的果蠅實驗，一直是生物課程中遺傳學的必舉之例，因其實驗數據完整地解釋了「性聯遺傳」（sex-linked inheritance）、「連鎖」（linkage）、「互換」（crossing over）與「重組」（recombination）的現象，為遺傳學發展的重要里程碑。

　　不知你注意到了嗎？教科書上所展示的基因互換例子，皆是異型合子的雌果蠅與隱性雄果蠅進行雙性試交（Test cross）。為何所見之例皆為雌蠅發生基因互換？事實上，莫甘於 1912 年即發現雄蠅並無基因互換的現象（雌蠅的互換率約 21.9％或 3.0 cM/Mb，雄蠅為 0％或 0 cM/Mb）。為何基因互換率，在雌雄個體的表現並不一致？這個在民國肇建之初就已發現的現象，在近一世紀的探索後，謎團反而越滾越大。對於性別如何影響基因的互換率，當我們瞭解的越多，越顯得撲朔迷離。

偵查與破案

一、莫甘的實驗——謎團的顯現

　　與許多偉大而重要的發現一樣，莫甘的若干重大發現，其論文的篇幅亦不多，例如於 1910 年發表於《科學》的 < Sex Limited Inheritance in Drosophila >，與 1911 年發表於同期刊的 < Random Segregation versus Coupling in Mendelian Inheritance >，奠定了性聯遺傳與連鎖、互換的遺傳現象。這些實驗的發現確認了特定基因位於特定的染色體上，若位於性染色體上則為性聯遺傳，是染色體學說的重要基石。但相對而言，莫甘在 1912 年的發現卻常常被遺傳課堂所遺忘，這項發現開啟了一個到現在仍無法完善解釋的謎團。

　　莫甘於《科學》發表的論文＜ Complete Linkage in the Second Chromosome of the Male Drosophila ＞，在基因互換的現象中發現了一個詭異的事實。該論文的其中一個實驗，將黑身長翅的雌蠅與灰身殘翅的雄蠅進行交配，第一子代之雄蠅進行試交，其實驗結果如下：

親代（P）性狀：純系黑身長翅雌蠅 ✕ 純系灰身殘翅雄蠅

第一子代（F1）性狀：異型合子之灰身長翅雄蠅（與黑身殘翅雌蠅進行試交）

第二子代（F2）性狀	黑身長翅 雌蠅	黑身長翅 雄蠅	灰身殘翅 雌蠅	灰身殘翅 雄蠅
子代數	514	478	355	366

　　若以 B 表示顯性的灰身等位基因，b 為隱性的黑身等位基因，V 為顯性的長翅等位基因，v 為隱性的殘翅等位基因。則可表示為：

　　此結果顯示雄蠅產生配子的過程中，未發生互換（雄蠅互換率＝0）。

在同樣的實驗架構下，若親代為灰身長翅雌蠅與黑身殘翅雄蠅，觀察第二子代的性狀表現，其實驗結果如下：

親代（P）性狀：純系灰身長翅雌蠅✕純系黑身殘翅雄蠅

第一子代（F1）性狀：異型合子之灰身長翅雄蠅（與黑身殘翅雌蠅進行試交）

F2 性狀	灰身長翅雌蠅	灰身長翅雄蠅	黑身殘翅雌蠅	黑身殘翅雄蠅
子代數	213	171	154	123

這個實驗可表示成：

結果顯示，其 F1 雄果蠅產生的配子，仍無發生互換（雄蠅互換率＝0）。

但若 F1 挑選雌蠅進行試交，結果卻大不相同，例如 F1 雌蠅黑身（b）與長翅（V）等位基因位於同一條染色體，灰身（B）與殘翅（v）位於同一條染色體，其實驗如下：

親代（P）性狀：純系黑身長翅雌蠅 ✕ 純系灰身殘翅雄蠅
第一子代（F1）性狀：異型合子之灰身長翅雌蠅（與黑身殘翅雄蠅進行試交）

F2 性狀	黑身長翅雌蠅	黑身長翅雄蠅	灰身長翅雌蠅	灰身長翅雄蠅	黑身殘翅雌蠅	黑身殘翅雄蠅	灰身殘翅雌蠅	灰身殘翅雄蠅
子代數	696	717	305	273	180	127	606	511

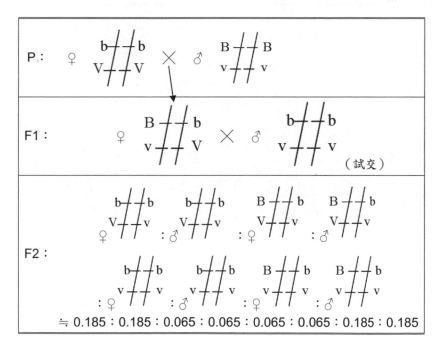

雌蠅互換率約為 26%。

同樣的，若 F1 雌蠅黑身（b）與殘翅（v）等位基因位於同一條染色體，灰身（B）與長翅（V）位於同一條染色體，實驗結果如下：

親代（P）性狀：純系灰身長翅雌蠅 ╳ 純系黑身殘翅雄蠅

第一子代（F1）性狀：異型合子之灰身長翅雌蠅（與黑身殘翅雄蠅進行試交）

F2 性狀	黑身長翅雌蠅	黑身長翅雄蠅	灰身長翅雌蠅	灰身長翅雄蠅	黑身殘翅雌蠅	黑身殘翅雄蠅	灰身殘翅雌蠅	灰身殘翅雄蠅
子代數	222	191	1018	928	668	657	202	146

這個實驗可表示成：

≒ 0.0475：0.0475：0.2025：0.2025：0.2025：0.2025：0.0475：0.0475

雌蠅互換率約為 19 %。

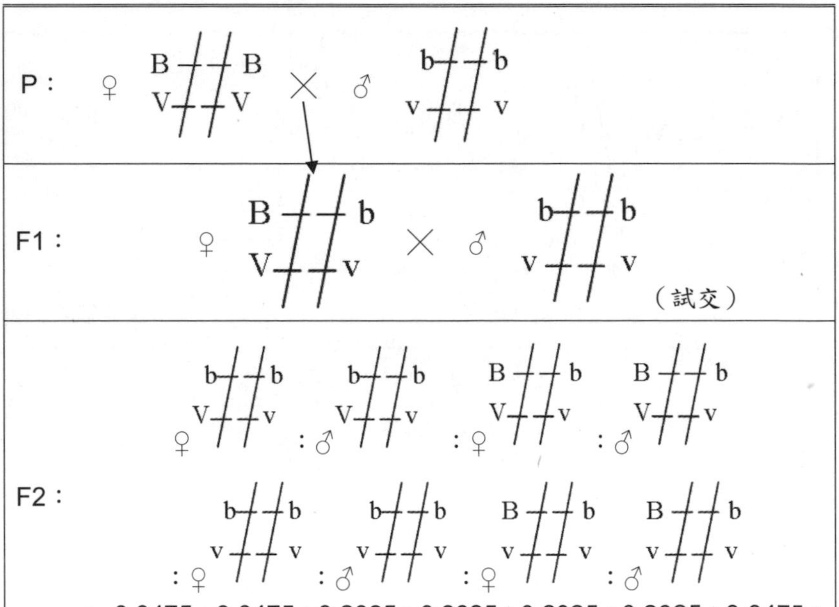

由以上的實驗結果，莫甘認為雄性果蠅的第二對染色體（灰身／黑身，長翅／殘翅基因所在之處）不會發生互換，而雌性果蠅可以（平均互換率約21.9％）。但為何有如此的差異？雖然莫甘無法解釋這項發現，但自此引發了解謎的序曲。因此莫甘不只發現了重要的遺傳現象、提出了重要的遺傳理論，也提出了重要的問題—基因互換率的性別差異，為何與如何發生的？

二、第一個理論

接續著 1912 年莫甘的發現，1914 年日本科學家田中 義麿（Tanaka）於蠶蛾屬（*Bombyx*）發現雌蟲的基因不發生互換，而蠶蛾的性別決定是屬 ZW 系統。這暗示著似乎不發生基因互換的性別，為性染色體屬異型合子的性別（如 XY 雄或 ZW 雌），故約翰·波登·山德森·何爾登（John Burdon Sanderson Haldane）於 1922 年提出一個理論，認為體染色體的重組率在單一性別的個體為零，是避免性染色體互換機制的副作用，而朱利安·索雷爾·赫胥黎爵士（Julian Sorell Huxley）於沙蝦（*Gammarus chevreuxi*）發現一致的規則，故 Haldane-Huxley 法則為該現象的第一個理論：為了避免異型合子的性染色體發生互換，該性別的個體會抑制所有染色體的互換現象，包含體染色體。

三、其他物種的情形

2005 年，派翠克·洛奇（Patrick D. Lorch）收集了眾多生物種類的相關資料，發現有些物種只有一種性別會發生基因互換，但其他的物種則是兩性皆會。在單一性別發生重組的種類中，五種為雌性發生基因互換，八種為雄性，但皆為同型配子性別（如 XX 雌或 ZZ 雄）。而在兩性皆會重組的種類中，雌性互換率大於雄性的種類有 45 種，雄性大於雌性為 21 種，另有九種物種不具性別差異。科學家也發現，沒有任何一種生物兩性皆不發生基因互換，可見基因互換對生物的演化具其重要的角色，且若一性別不發生重組，另一

性別的基因互換率會較高，此現象稱為「重組的互補」。

在雌雄性別皆具重組現象，但兩性重組率不同的物種中，也發現了一些有趣的現象。例如互換率在不同性別的差異，在不同的體染色體上具有變異。而一些雌雄同體的生物，雄性與雌性配子形成過程的減數分裂，其基因互換率亦具有明顯的性別差異，但牠們並不具性染色體，可見其差異與「性染色體」無關，而是與「性別」有關。此外，部分生物種類的異型配子性別（如 XY 雄或 ZW 雌），互換率大於同型配子的性別。這些發現與疑問，Haldane-Huxley 法則無法解釋。

四、Trivers 的理論

1988 年羅伯特·崔弗斯（Robert Trivers）提出理論，認為雄果蠅為完全連鎖，是因為同一染色體上的基因配對，存在著一種最佳組合。若染色體上的基因已經處於最佳的組合狀態，任何的變動都是不利的，故天擇偏好染色體的互換率降低，甚至消失。但隨著其他物種的遺傳實驗持續進行，發現許多遺傳現象並不符合這個理論。

五、其他理論

1994 年，亞伯拉罕·本特斯約諾維奇·科羅爾（Abraham Bentsionovich Korol）、伊利亞·普雷熱爾（Ilya A. Preygel）與蘇菲亞·普雷熱爾（Sophia I. Preygel）提出三個理論：

1. 雌性動物為了生育的目的，具較高的代謝率，這個生理現象增加了卵產生過程中的氧化傷害，故需要具備較高的重組率，以幫助 DNA 的代換與修補。這個理論無法解釋雄性具較高重組率的物種，如部分的直翅目（Orthoptera）、鱗翅目（Lepidoptera）與毛翅目（Trichoptera）昆蟲。
2. 演化對基因連鎖的選擇，同時也包含了性別的決定與分化的機制，使

得不同性別的重組率不同。換句話說，若有超過一個基因參與性別的決定，則天擇將強烈選擇將這些基因連鎖在一起，故具異型配子的性別（如 XY 雄或 ZW 雌），其互換率較低或不發生重組。這個理論在只有單一性別發生基因互換的物種成立，在兩種性別皆發生基因重組的種類則不一定（部分種類的互換率不具性別差異）。

3. 性擇常只對一種性別的配子具有影響力，且通常是雄性。性擇一般偏好選擇降低雄性減數分裂時的互換率，而使較好的基因組合保留下來。而在雄性重組率大於雌性的物種，通常可發現雄性對生殖的投資較大，這個現象可降低對雄性的性擇，或是對雌性的選擇壓力較大。

六、單倍體選擇理論

在 2005 年，托馬斯・萊諾曼德（Thomas Lenormand）與朱利安・迪泰伊（Julien Dutheil）提出了單倍體選擇理論，將崔弗斯（1988）的理論進行修正，認為在生物單倍體時期的天擇，造成兩性互換率的差異。由於雌性動物不具單倍體時期，因此在雄性單倍體時期，天擇會留下最佳組合的基因與性狀，故雄性互換率較低（使最佳的基因組合緊密連結）。而在植物，若天擇對於雌性配子體時期具較大的壓力（如松科），或對雄性配子體的天擇壓力較弱（如高度自花授粉的種類），雌性的減數分裂則會表現較低的互換率。

七、人類的情形

人類的平均重組率約 1.3cM/Mb，男性為 0.9 cM/Mb，而女性為 1.7 cM/Mb。人類的體染色體無性別專一的序列，但其中部分區段在互換率呈現較大的性別差異，若仔細比較不同區段的互換率，可發現雄性染色體端粒附近較雌性高，雌性則是著絲點附近較高。

八、結語

　　基因的互換率在許多物種身上，兩性呈現不相等的情形。從莫甘首先於果蠅發現雄果蠅在減數分裂時，配子不發生基因互換的現象後，在其他物種亦陸續發現兩性在基因互換率上具有差異。但為何有這個奇異現象，目前已有許多理論來解釋其可能的演化成因，但目前為止，沒有人敢宣布這個謎團已經解決，因為生物界總是有例外。

結案

◎莫甘發現雄性果蠅的第二對染色體不會發生互換，而雌性果蠅可以。

◎洛奇發現不同性別的基因互換情形，部分物種發生在單一性別，皆為同型配子性別（如 XX 雌或 ZZ 雄）；其他則兩性皆會，但無兩性皆不互換的物種。

　若一性別不發生重組，另一性別的基因互換率較高，稱為「重組的互補」。

◎「基因重組率的性別二型性」相關理論

- Haldane-Huxley 理論：為了避免異型合子的性染色體發生互換，該性別一同抑制了體染色體的互換。

- Trivers 理論：若同一染色體上的基因為最佳組合，天擇偏好降低染色體的互換率。

- Korol、Preygel 與 Preygel 的三個理論：

  1. 雌性動物為了生育而具較高代謝率，氧化傷害較嚴重，需較高的重組率以利 DNA 的修補。

  2. 若性別的決定由多個基因參與，則天擇偏好將這些基因連鎖在一起。

  3. 性擇常只作用於一種性別的配子，選擇較佳基因組合的選擇壓力降低該性別減數分裂時的互換率。

- 單倍體選擇理論：生物單倍體時期的天擇，造成兩性互換率的差異。

情
資
來
源

Gorlov, I. P. and Gorlova, O. Y. 2001. Cost-benefit analysis of recombination and its application for understanding of chiasma interference. *J. theor. Biol.* 213-1-8.

Huxley, J. 1928. Sexual difference of linkage in *Gammarus chevreuxi. J. Genet.* 20: 145–156.

Lenormand, T. and Dutheil, J. 2005. Recombination difference between sexes: A role for haploid selection. *PLoS Biol.* 3(3): 0396-0403

Lorch, P. D. 2005. Sex differences in recombination and mapping adaptations. *Genetica* 123: 39-47.

Morgan, T. H. 1910. Sex-limited inheritance in Drosophila. *Science.* 32: 120-122.

Morgan, T. H. 1911. Random Segregation versus Coupling in Mendelian Inheritance. *Science.* 873: 384-384.

Morgan, T. H. 1912. Complete linkage in the second chromosome of the male Drosophila. *Science* 934: 719-720

Nachman, M. W., 2002. Variation in recombination rate across the genome: evidence and implications. *Curr. Opin. Genet. Dev.* 12: 657-663.

本文修改自：蔡任圃 (民 97)。基因互換率 男女有差異。科學月刊，460，277-278。

蔡任圃 (民 100)。兩性「互換」大不同！ -- 談基因重組率的性別二型性。科學教育月刊，338，29-36。

互換率是指機率還是頻率？能否代表基因間的距離？

　　生物課堂上，介紹過去科學家研究同一染色體上的基因順序及相對距離，繪製出染色體區域圖（chromosome map）時，其理論依據為阿爾弗雷德·亨利·史德提文特（Alfred Henry Sturtevant）提出之「兩等位基因相距越遠，則發生交換的機會越大」的關係，因此基因間相對距離，可以互換率的數值作為指標。但兩者之間是正比關係嗎？互換率是一個穩定的指標嗎？若是比較基因互換的「機率」而非「頻率」會有什麼發現？

偵查與破案

一、繪製染色體區域圖的原理

　　美國遺傳學家史德提文特是莫甘的學生，他提出：兩對基因相距越遠，發生互換的頻率越大，即兩基因間互換率越高，因此，互換率的大小可作為同一染色體上兩個基因之間相對距離的量尺。史德提文特利用多個連鎖的性狀，其異型合子試交實驗所測量出不同基因間的互換率後，定出基因間的順序及相對距離，於 1913 年發表提出人類史上第一個染色體區域圖。

二、互換頻率與互換機率的不同

　　生物課所介紹基因間的互換率，是指互換頻率而非互換機率。在比較基因間的互換機率時，無法直接比較其實際重組事件的數目（互換頻率，即遺傳距離），而遺傳距離是高中生物課堂上常常教授的方法：計算多少比例的配子發生互換，定義為互換率，並作為遺傳距離的指標。為何直接以實際重組事件的頻率代表互換機率是不適宜的？用以下例子說明：

　　若一對同源染色體上有 ABC 三個基因，其排列方式如圖一，其中 A、B、C 連鎖，A'、B'、C' 連鎖。在產生配子的過程中，A、B 之間容易產生互換，還是 A、C 之間容易產生互換？相信學過遺傳學的學生都能馬上回答：A、C 之間互換率高（A、C 遺傳距離較 A、B 大），也就是 AB'C' 與 A'BC 的配子（AB 之間發生互換），少於 AB'C' 與 A'BC（AB 之間發生互換）以及 ABC' 與 A'B'C（BC 之間發生互換）的配子總和數目。但這只能代表 AC 之間的距離大於 AB 之間的，距離越大，可發生互換的位置就越多，因此發生互換的次數自然而然就越大。就像是問：同一列火車，行駛一公里的距離與行駛一百公里的距離，何者出軌的機率較大？當然是後者為大，因為一百公里的距離中，可發生出軌的地點比一公里多，自然出軌機率就較大。但若想知道某一車站發生出軌的機率為何，則必須剔除行駛距離的因子。因此，由發生互換的配子比例可推算其遺傳距離（常用之單位為 cM，若互換率為 5％則可表示成 5 cM），但若求染色體上某一點發生互換的機率，也必須剔除距離這項因子。所以互換機率的單位常常以 cM/Mb 表示，以方便進行相互之比較。

圖一：兩同源染色體進行聯會，形成四分體。
　　　ABC 是位於染色體上的三個不同基因，其中 A、B、C 連鎖，A'、B'、C' 連鎖。

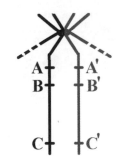

三、不同染色體區域間的互換機率並不相同

在生物課堂上，教師常常教述染色體的基因互換（頻）率，在著絲點（centromere）附近幾乎為零，而越接近端粒（telomeres）互換率越高。事實上，這個觀念是錯誤的！若直接觀察遺傳距離（cM，圖二 a），在著絲點附近，遺傳距離似乎變化不大。但若觀察互換機率（cM/Mb，圖二 b），在染色體的部分段落，其互換機率較高，稱之為熱點（hotspots）。故互換機率不是越遠離著絲點而越高，端看熱點的密度與強度而定。但一般而言，中位著絲點染色體（metacentric chromosome，圖三 a）的中心附近，互換機率較低。而末端的互換

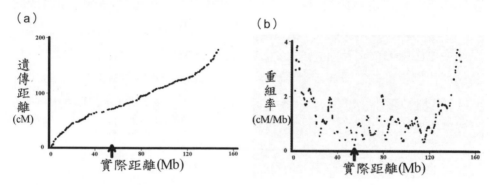

圖二：人類第十對染色體遺傳距離（a）與互換機率（b）在染色體上不同位置的變化（修改自 Nachman, 2002）。箭頭代表著絲點位置。

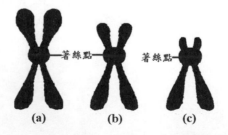

圖三：染色體依著絲點的位置分成三種形式。（a）中位著絲點染色體；（b）偏中位著絲點染色體；（c）側位著絲點染色體（acrocentric chromosome）。

機率較高。但在側位著絲點染色體(acrocentric chromosome，圖三 c) 則不一定。例如雌果蠅的第二、三對染色體（屬中位著絲點染色體），互換機率在中心附近受到高度抑制，而第四對染色體（X 染色體，屬於側位著絲點染色體）的整體平均互換機率幾乎為 0，但在中心附近的互換機率只被適度抑制。

另一方面，由圖二 a 的遺傳距離（互換頻率）資料亦可知，兩基因間的實際距離越大，遺傳距離確實越大，但並非線性關係。換句話說，基因間的實際距離與遺傳距離，互為正相關，但並非正比關係。

四、基因互換事件間不一定互為獨立事件

在生物課堂上，教導學生有關基因互換的機率時，常常引入數學機率的乘法定裡（當 A 與 B 事件同時成立，機率為 A、B 事件獨立發生機率之乘積），但在生物遺傳的神秘領域，該定理不一定成立。當一個重組現象發生，常常也會影響另一個重組的發生機率（A 與 B 並非獨立事件），也就是重組的干擾現象。幾乎所有的物種皆具有此類干擾現象，該現象的廣泛分佈，顯示其具有天擇上的優勢，至於該現象的生物意義，又是另一個謎團了！

五、人類的基因互換

人類的平均互換機率約 1.3cM/Mb。若觀察各對染色體的情形，會發現染色體的長度與該染色體的平均互換機率呈負相關，例如第 22 對染色體（平均互換機率為 2.11 cM/Mb）比第 1 對染色體（平均互換機率為 0.96 cM/Mb）大。人類重組的熱點相距約 10-100 kb，部分熱點的互換機率大於 100 cM/Mb，約是非熱點區域互換機率的三倍尺度（約小於 0.1 cM/Mb）。

結案

◎史德提文特提出「兩對基因相距越遠，發生互換的頻率越大」的觀念，透過測量不同基因間的互換頻率，定出基因間的順序及相對距離，可繪製出染色體區域圖。

◎生物課所介紹基因間的互換率，是指互換頻率而非互換機率。

◎互換頻率可作為遺傳距離（cM），而互換機率的計算需剔除距離因子，故其單位為 cM/Mb。

◎基因間的實際距離與遺傳距離，互為正相關，但並非正比關係。

◎當一個重組現象發生，常常也會影響另一個重組的發生機率。

情
資
來
源

Gorlov, I. P. and Gorlova, O. Y. 2001. Cost-benefit analysis of recombination and its application for understanding of chiasma interference. *J. theor*. Biol. 213-1-8.

Nachman, M. W., 2002. Variation in recombination rate across the genome: evidence and implications. *Curr. Opin. Genet. Dev*. 12: 657-663.

Sturtevant, A. H. 1913. The linear arrangement of six sex-linked factors in Drosophila, as shown by their mode of association. *J. Exp. Zool*. 14: 43-59.

本文修改自：蔡任圃 (民 100)。兩性「互換」大不同！ -- 談基因重組率的性別二型性。科學教育月刊，338，29-36。

案例 38

體細胞有減數分裂嗎？為何有些肝細胞會有兩個細胞核或多倍體現象？

　　脊椎動物的生殖母細胞經分裂，產生配子的過程中，染色體的套數由雙套形成單套，染色體數目減半，故此分裂過程稱為「減數分裂」（meiosis）。在生物課堂上，我們學到：脊椎動物只有生殖細胞可進行減數分裂，那麼，體細胞可以透過分裂的過程將染色體的數目減少嗎？此外，於高三生物實驗課程「豬肝細胞的探討活動」中，常可發現許多豬肝細胞具有兩個細胞核（圖一），為何部分肝細胞會有兩個細胞核呢？

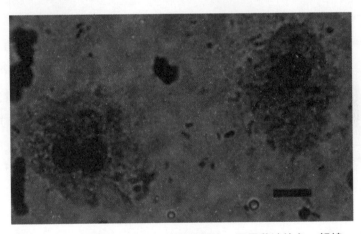

圖一：具有雙核（圖左）及單核（圖右）的豬肝細胞。亞甲藍液染色，粗線＝ 10μm，白色箭頭指示細胞核的位置。

偵查與破案

一、肝細胞常可見多核或多倍體的情形

　　科學家發現幾乎所有哺乳動物，肝臟中同時具有單核與雙核之肝細胞，且其細胞核中的染色體套數，除了一般體細胞的二倍體（2n）外，還常有四倍體（4n）、八倍體（8n）、十六倍體（16n）或更多的多倍體細胞核。最近科學家發現，肝細胞除了具有染色體倍數增加的現象之外，也具有染色體數目減少的現象。「肝臟含有雙核細胞」與「肝細胞染色體數目的增、減」有何關連？

二、肝細胞為何形成多核或多倍體？

　　在一般的細胞中，若染色體套數過度增加（advanced polyploidy），常代表該細胞處於衰老或極度分化的狀態，但肝紳胞的「多倍體化」（polyploidization）卻是正常的現象。例如剛出生的小鼠體內，其肝細胞全數皆為二倍體細胞，在斷奶後部分肝細胞開始進行多倍體化，當成長為成鼠時，只剩 10％肝細胞為二倍體細胞，70％的肝細胞為四倍體細胞，20％的肝細胞為八倍體細胞；而在多倍體的細胞中（一個細胞所含的染色體超過兩套），20 至 30％的細胞為雙核細胞（具兩個 2n 或兩個 4n 的細胞核）。人類的多倍體肝細胞比例較小鼠低，成人的肝細胞中約有 20 至 30％為多倍體細胞。

　　無論是多核或多倍體細胞，其細胞內所含的染色體含量比一般單核二倍體細胞多，可透過數量較多的基因經轉錄與轉譯，產生更多量的蛋白質產物，例如：更大量的酵素，可增加該細胞生理代謝的效率，進而可使細胞質量與體積增加。另一方面，增加細胞內基因的數量，可降低因基因突變而造成損害的機率；多倍體就像是具有許多基因備胎，當部分基因突變而失去功能，仍有多餘的基因可以運作；例如肝細胞解毒時可能產生大量過氧化物與其他代謝產物，這些物質可能引發細胞死亡或基因的突變而使肝細胞轉變成癌細胞，而多倍體細胞的染色體數目較多，就可作為備胎而保護細胞免於死亡或癌化。

三、肝細胞如何形成多核或多倍體？

　　科學家曾研究小鼠肝細胞的細胞分裂情形，發現單核二倍體（1x2n）的肝細胞中，有20％的細胞行細胞分裂時，沒形成收縮環（contractile ring）而無法完成細胞質分裂（cytokinesis），最後產生了雙核二倍體（2x2n）細胞。此類雙核二倍體細胞可經染色體複製，於細胞進行分裂初期時，在兩極各有的中心體會形成兩個紡錘體（雙極紡錘體，bipolar spindle），再各自進行姊妹染色體分離，經細胞質分裂，最後產生兩個「單核四倍體（1 x 4n）細胞」（圖二）。據此顯示雙核細胞在多倍體化過程中，具有重要的角色。

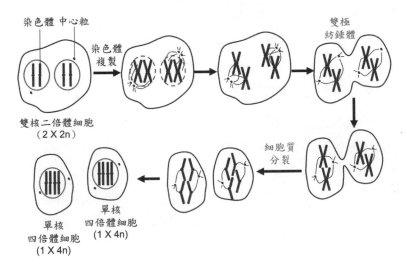

圖二：雙核二倍體細胞經染色體複製與有絲分裂、產生單核四倍體細胞之過程。

四、多倍體可以恢復成二倍體嗎？

　　科學家曾以實驗證明多倍數的肝細胞具有倍數恢復（ploidy reversal）現象，此過程稱為「體細胞減數有絲分裂」（somatic reductive mitosis）。他們利用X染色體上具有A基因[註1]的雄性小鼠（X^AY），從其肝臟中分離出高純度

（＞99％）的游離八倍體肝細胞，將這些細胞種植至體染色體上 B 基因[註2] 缺失的雌性小鼠（bb）肝臟中，使外來（donor）的肝細胞在母鼠體內增殖六至八週後，其數量已超過混合肝細胞族群的 70% 時，利用酵素分離此母鼠肝細胞，再將此混合肝細胞族群藉由染色體螢光染色[註3] 與檢測 A、B 基因活性的技術，偵測此外來的八倍體肝細胞在母鼠體內增殖的後代，細胞染色體倍數的變化。結果發現混合肝細胞族群裡，為八倍體的肝細胞中有 90％、四倍體肝細胞中有 83％、二倍體中有 59 % 的細胞表現 A 基因（代表屬於外來細胞）。另一方面，八倍體肝細胞中有 89％、四倍體中有 86％、二倍體中有 67% 的細胞表現 B 基因（代表屬於外來細胞）；且八倍體與二倍體細胞的分裂速率一樣，證明此結果並非增殖速率差異所致。換句話說，原本八倍體的肝細胞族群，部份細胞可經倍數恢復過程，轉變成四倍體與二倍體細胞。

五、肝臟細胞具有染色體數目多樣性

剛斷奶的小鼠，大部分的肝細胞屬於二倍體，而生長至成年時，約 60％肝細胞的染色體數量不正常，也就是形成非整倍數體（aneuploid，圖三）。在上述肝細胞移植的實驗中，科學家亦發現捐贈者的肝細胞在生長分裂後，大部分細胞的染色體數目亦為非整倍數體（表一、圖三）。科學家認為肝細胞的多倍體化、倍數恢復與非整倍體現象，可增加肝細胞族群的遺傳多樣性，以適應外來毒物或代謝過程對細胞的可能傷害。

【註 1】文中所稱之 A 基因為 *LacZ*，此基因可表現 β - 半乳糖苷酶（Beta-galactosidase），此酵素可分解乳糖（lactose）成半乳糖（galactose）以及葡萄糖（glucose）。

【註 2】文中所稱之 B 基因為 *Fah*，此基因可表現延胡索醯乙醯乙酸水解酵素（FAH），此酵素為一種酪氨酸代謝途徑的關鍵酵素。

【註 3】文中所稱之螢光染色是指 Hoechst 33342 染色法，Hoechst 33342 為一種螢光染劑，常用於 DNA 的染色。

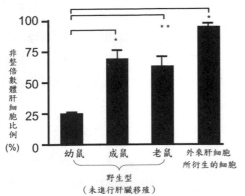

圖三：野生型小鼠的肝細胞與移植的肝細胞族群中，皆含有非整倍數體的肝細胞。*：$p < 0.006$；**：$p = 0.01$。（引用自 Duncan, *et al.*, 2010）

表一：捐贈者小鼠的肝細胞在生長分裂後，其染色體的增、減情形（n＝3）。（引用自 Duncan, *et al.*, 2010）數字代表染色體的編號（Y：Y染色體）；x2：增加或減少兩條染色體；一：無增或減。

	染色體數量	增加之染色體	減少之染色體
雙套（2n）	36	4, 5, 11	3, 7, 9, 10, 13, 15, 18
	40	1, 3, 4, 17, 18	7, 11, 13, 14, 19
	41	1, 2, 3x2, 8, 12, 14, X	5, 7, 11x2, 13, 16x2
	45	4, 9, 12, 16, 17, X	14
四套（4n）	73	15, Y	1, 6x2, 7, 10x2, 12x2, 13, 14
	79	15	8x2
	80	1	Y
	82	9, Y	一

結案

◎肝細胞除了具雙核細胞的現象外，也具有染色體倍數增加或減少的現象。

◎染色體倍數增加的可能好處：

- 細胞內若含有數量較多染色體，代表有較多的基因數量，可產生更多量的蛋白質產物。

- 細胞內若含有較多基因，可降低因基因突變而造成損害的機率。

◎染色體倍數增加的機制：單核二倍體（1x2n）的細胞，若於細胞分裂時沒完成完成細胞質分裂，可產生雙核二倍體（2x2n）細胞。再經染色體複製，與雙極紡錘體各自進行姊妹染色體分離，最後產生單核四倍體（1x4n）細胞。

◎科學家以實驗證明多倍數的肝細胞具有倍數恢復現象，稱為「體細胞減數有絲分裂」。例如八倍體的肝細胞族群，部份細胞可經倍數恢復過程，轉變成四倍體與二倍體細胞。

◎科學家認為肝細胞的多倍體化、倍數恢復與非整倍體現象，可增加肝細胞族群的遺傳多樣性，以適應外來毒物或代謝過程對細胞的可能傷害。

情資來源

Duncan, A. W., Taylor, M. H., Hickey, R. D., Newell, A. E. H., Lenzi, M. L., Olson, S. B., Finegold, M. J. and Grompe, M. 2010. The ploidy conveyor of mature hepatocytes as a source of genetic variation. *Nature* 467: 707-711.

Guidotti, J-E., Brégerie, O., Robert, A., Debey, P., Brechot, C. and Desdouets, C. 2003. Liver cell polyploidization: A pivotal role for binuclear hepatocytes. *J. Biol.* Chem. 278(21): 19095–19101.

Ugo, D. M. 2007. Focusing experimentally on polyploidy in physiology and pathology of mammals. *Caryologia* 60(3): 226-232.

本文修改自：蔡任圃 (民 103)。體細胞有「減數」分裂嗎？ -- 談肝細胞的多倍體化、倍數恢復與染色體數目多樣性。科學教育月刊，369，17-21。

案例 39

人類有幾種 tRNA ？自然界只有 20 種胺基酸嗎？

　　高中教授 DNA 的轉譯時，必定會介紹 mRNA 的 64 種密碼子，也會說明核糖體、tRNA 如何透過密碼子與反密碼子配對，最後形成特定序列的多肽鏈。常有學生提出：既然密碼子有 64 種，代表反密碼子也有 64 種，那攜帶反密碼子的 tRNA 是否也是 64 種？此外，高中課程中介紹胺基酸有 20 種，自然界的胺基酸只有這麼多嗎？若有其他胺基酸，又有什麼特殊之處？

偵查與破案

一、查詢 tRNA 資料庫

　　加州大學聖塔克魯茲分校的托德・羅威教授（Todd M. Lowe），建立了各種生物基因體 tRNA 的資料庫[註1]，可供 tRNA 最新研究進展的查詢。讀者若透過以上網址無法連結該資料庫，可搜尋「Genomic tRNA Database」等關鍵詞。依據其資料庫，人類的 tRNAs 目前已知有 631 種（最後更新日期為 2006 年，描述兩種以上的 tRNA 時，會以複數 tRNAs 表示），其中攜帶 20 種胺基酸的 tRNA 有 513 種，攜帶第 21 種胺基酸－硒半胱胺酸的 tRNA 有三種（表一）。若將抑制性的 tRNA 或功能未知的 tRNA 一併統計，人體 tRNA 已發現 522 種。若再加上可能為假基因（pseudogene）的 tRNAs（約 109 種），人體 tRNA 已發現 631 種。無論是五百多還是六百多種，tRNA 總類的數量比師生一般所估計的量還多不少，代表雖然反密碼子（anti-coden）最多只能有 64 種，但 tRNA 其他分子結構的核苷酸序列仍有許多種排列組合。

【註 1】http://gtrnadb2009.ucsc.edu/Hsapi/
　　　　http://lowelab.ucsc.edu/GtRNAdb/Hsapi（檢索日期：2018.05.27）

另一方面，雖 tRNAs 的種類很多，但人體的不同器官常會表現不同種類與程度的 tRNAs，也就是 tRNAs 的表現具有組織／器官的特異性（Dittmar, *et al.*, 2006）。

表一：人類各種 tRNA 的基因種類數目。

tRNA 類型	種類數量
攜帶一般 20 種胺基酸的 tRNA （tRNAs decoding standard 20 AA）	513
硒半胱胺酸的 tRNA （Selenocysteine tRNA）	3
可能的抑制性 tRNA （possible suppressor tRNA）	3
未確定或未知類型的 tRNA （tRNA with undetermined or unknown isotypes）	3
預測的假基因（predicted pseudogenes）	109
tRNAs 總類總數	631

二、第 21 與第 22 種胺基酸

除了教科書所介紹的 20 種胺基酸外，目前科學家已經發現第 21 與第 22 種胺基酸，各自名為硒半胱胺酸（Selenocysteine，簡寫為 Sec 或 U）與吡咯賴胺酸（Pyrrolysine，簡寫為 Pyl 或 O）。

　　硒半胱胺酸存在於所有生物界的生物中，但只有少數酶中含有此胺基酸（例如：穀胱甘肽過氧化酶、甲狀腺素 5'- 脫碘酶、硫氧還蛋白還原酶、甲酸脫氫酶、甘胺酸還原酶和一些氫化酶等），其結構和半胱胺酸（cysteine）類似，但其中硫原子被硒取代（圖一）。

　　硒半胱胺酸的密碼子編碼為 UGA，UGA 一般作為終止密碼子，但如果在 mRNA 的序列中含有一個「硒半胱胺酸插入序列」（SECIS）（Berry, *et al.*, 1993），此時 UGA 就會被特定的 tRNA 配對成硒半胱胺酸（圖二）。

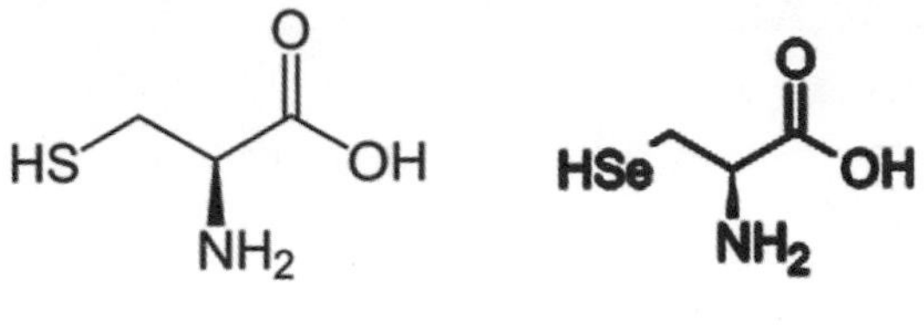

圖一：半胱胺酸（左）與硒半胱胺酸（右）的分子結構。

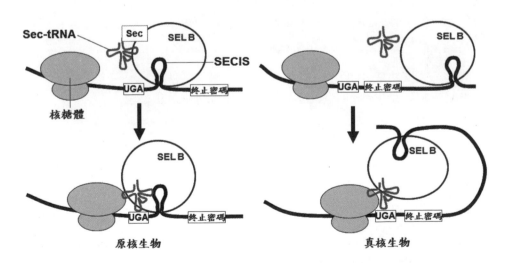

圖二：原核生物與真核生物透過 mRNA 上的 SECIS 序列，使 UGA 配對出硒半胱胺酸（Sec）
　　　（修改自 Berry, *et al.*, 1993）。SEL B：硒半胱胺酸特異性轉譯因子。

　　吡咯賴胺酸是另一個自然存在而少見的編碼胺基酸，此胺基酸的分子結構類似賴胺酸（lysine，圖三），但多了一個名為「吡咯」的官能基。吡咯賴胺酸目前在部分甲烷古細菌發現，含有此胺基酸的蛋白質多為與甲烷代謝有關的酵素，其密碼子為 UAG（一般作為終止密碼子）。

圖三：吡咯賴胺酸（左）與賴胺酸（右）的分子結構。

結案

◎人類 tRNA 不只 64 種，光是攜帶 20 種一般胺基酸的 tRNA 就有 513 種。

◎除 20 種一般胺基酸外，生物體內另還有硒半胱胺酸（簡寫為 Sec 或 U）與吡咯賴胺酸（簡寫為 Pyl 或 O）兩種胺基酸。

◎硒半胱胺酸存在於所有生物界的生物中，但只存在於少數酶中。

◎吡咯賴胺酸為少見的胺基酸，目前發現於部分甲烷古細菌。

情資來源

Berry, M. J., Banu, L., Harney, J. W. and Larsen, P. R. 1993. Functional Characterization of the Eukaryotic SECIS Elements which Direct Selenocysteine Insertion at UGA Codons. *The EMBO Journal*. 12(8): 3315–3322.

Dittmar, K. A., Goodenbour, J. M. and Pan, T. 2006. Tissue-specific differences in human transfer RNA expression. *PLoS Genet*. 2(12): e221.

Selenocysteine. (2015, January 5). In *Wikipedia, the free encyclopedia*. Retrieved February 28, 2015, from http://en.wikipedia.org/wiki/Selenocysteine

Pyrrolysine. (2015, February 13). In *Wikipedia, the free encyclopedia*. Retrieved February 28, 2015, from http://en.wikipedia.org/wiki/Pyrrolysine

國家圖書館出版品預行編目資料

生物學學理解碼 / 蔡任圃著. – 初版. -- 臺北市：紅樹林出版：家庭傳媒城邦分公
司發行,民108.03 296面；17 X 23公分. -- (Earth008)
ISBN 978-986-7885-98-2(平裝)
1.生物 2.教學法 3.中等教育

524.36　　　　　　　　　　　　　　　　　107023887

EARTH 008

生物學學理解碼

作　　　者／蔡任圃
企 畫 選 書／辜雅穗
特 約 編 輯／巫佳陽
責 任 編 輯／盧心潔

行 銷 業 務／鄭兆婷
總 編 輯／辜雅穗
總 經 理／黃淑貞
發 行 人／何飛鵬
法 律 顧 問／台英國際商務法律事務所 羅明通律師
出 版／紅樹林出版
　　　　　　台北市 104 民生東路二段 141 號 7 樓
　　　　　　電話：(02) 2500-7008　傳真：(02) 2500-2648
發 　 行／英屬蓋曼群島商家庭傳媒股份有限公司 城邦分公司
　　　　　　台北市中山區民生東路二段 141 號 2 樓
　　　　　　書虫客服服務專線：02-25007718；25007719
　　　　　　24 小時傳真專線：02-25001990；25001991
　　　　　　服務時間：週一至週五上午 09:30-12:00；下午 13:30-17:00
　　　　　　郵撥帳號：19863813　戶名：書虫股份有限公司
　　　　　　讀者服務信箱：service@readingclub.com.tw
　　　　　　城邦讀書花園：www.cite.com.tw
香 港 發 行 所／城邦（香港）出版集團有限公司
　　　　　　香港灣仔駱克道 193 號東超商業中心 1 樓　信箱：hkcite@biznetvigator.com
　　　　　　電話：(852) 25086231　傳真：(852) 25789337
馬 新 發 行 所／城邦（馬新）出版集團 Cite (M) Sdn. Bhd.
　　　　　　41, Jalan Radin Anum, Bandar Baru Sri Petaling,
　　　　　　57000 Kuala Lumpur, Malaysia.
　　　　　　電話：(603) 90578822　傳真：(603) 90576622　信箱：cite@cite.com.my

封 面 設 計／李東記
印　　　刷／卡樂彩色製版印刷有限公司
電 腦 排 版／極翔企業有限公司
經 銷 商／聯合發行股份有限公司
　　　　　　電話：(02)29178022　傳真：(02)29110053

■ 2019 年（民 108）3 月初版
■ 2023 年（民 112）11 月初版 5 刷

Printed in Taiwan

城邦讀書花園
www.cite.com.tw